真説・長州力
1951-2015
田崎健太
集英社インターナショナル

真説・長州力

1951-2015

プロローグ　端っこの男

初めて長州力を見たのは、ぼくが中学生のときだった。黒い髪をなびかせた長州はテレビの中で、いつも不機嫌な顔をしていた記憶がある。それから三十数年経った二〇一三年五月、実際の彼は穏やかで優しい笑みを浮かべていた。その後、二、三ヶ月に一度の割合で、六本木にある彼の行きつけの居酒屋で酒を飲みながら話を聞くことになった。

壁には料理名の書かれた紙がいっぱいに張られ、威勢のいい女将が切り盛りしているこの店を長州は気に入っていた。二〇畳ほどの店には木製テーブルが並べられており、いつも背広にネクタイをした人間たちで混んでいた。気取らない、どこにでもありそうで、実際はなかなかない居心地のいい店だ。

長州の坐《すわ》る場所はいつも同じだった。一番奥のテーブルで、入口に背を向けて坐った。上座を勧めると、長州は首を振った。

「ぼくはいつもここです。端っこがいいんです」

きちんと足を揃えて、ちょこんと物静かに坐る姿は、リングの中とはまったく違っていた。

「中学校ぐらいから、ぼくはいつも端っこでしたね。なるべく後ろ側の端っこ。高校時代は完全に真後ろの端っこでしたね。大学時代、よく映画館に行ったんですけれど、コマ劇場の後ろ。坐る場所は決まっていました」

彼の話は味わい深いものだった。プロレスラーたちの豪快な酒の話をひとしきり話した後、ぽつりと言ったことがある。

「親父がね、仕事が終わった後、毎日ビールを一本か二本飲むんです。あるとき、俺はこの年まで酒を一度も旨いと思って飲んだことがないと言った。学問も何もない親父ですけれど、その言葉がなんか頭から離れない。寄り合いなどに出かけて、酔っぱらって帰ってよくお袋と喧嘩するのに、旨いも不味いもないだろうとそのときは思っていた。今から考えれば親父なりの苦しさがあったのかなと」

長州は少し間を置いた後、笑みを浮かべながら続けた。

「旨い酒でも楽しい酒でも、いつか底が見えますよ」

「底が見えるとは?」

ぼくは訊き返した。

「人間はみんな永遠に酒を飲めると思っているんでしょうね。やっぱり勢いがいいときは、どんな仕事の世界でも旨い酒を飲めます。でも、いつまでも旨い酒は飲めない。だんだん透明になって底が見えてきた」

そして「ああ、ぼくは底が見えていますね」と小さく頷《うなず》いた。

「だから缶珈琲で割ってしまおうかと」

長州は泡盛を珈琲で割った、黒い液体が入ったグラスを上げた。

こんな風に彼の口から出る言葉は、ごつごつとした岩のようなずっしりとした重みがあった。

当時、ぼくは執筆活動のほか、早稲田大学でスポーツジャーナリズムの授業を受け持っていた。彼は名前を覚えるのが苦手だということもあっただろう、大学で教えていることを知ると二〇以上年下のぼくを「先生」と呼ぶようになった。話しぶりはいつも丁寧で、年下だから軽く見るということは一度もなかった。ただ、取材という形で話をするのは好きではないようだった。いつも二時間程経つと、

「先生、そろそろ仕事はいいじゃないですか？　飲みましょうよ」

と取材を切り上げようとした。

初対面のとき、ぼくは自分の取材方法についてこう説明していた。

「どうして、と思うほど細かなところまで訊《たず》ねるかもしれません。細部を積み重ねることで原稿に奥行きが出ると考えているのです」

長州が取材嫌いであることは教えられていた。しかし、ぼくは必要だと思うことについては、彼にとって不都合であっても納得するまで訊ねる。そして「分かるでしょ」という類の阿吽《あうん》の呼吸には応じないという宣言のつもりだった。すると長州は「はい」と軽く頭を下げた。

とはいえ、取材嫌いという心配は杞憂だった。彼との会話はいつも和やかで愉快なものだった。質問に考え込むことはあったが、誠実に答えようとしていることは伝わった。

しかし、である。

その場ではなんとなく分かったような気になった話が、あとから録音を聞き直してみると、意味をなさないことも多かった。話が急に飛んでいることもあり、文意を正確に理解できない箇所もあった。

何より、彼は細かな記憶が曖昧だった。ある事柄を知りたいと、細かく訊ねていくと「まったく覚えていないんです」と言い切ることがあった。不都合なことを隠すために、わざと覚えていないと言っているのかと疑ったこともある。ただ、首を捻《ひね》って「……だと思います」と困った顔をするのを見ると、悪意があるようには思えなかった。

人間として魅力があり協力的であるが、厄介な取材相手であった。

取材開始から一年以上経っても、彼の言葉がぷかりぷかりと浮かんでいるだけで、一冊の本となる手応えはなかった。

ある夜のことだった。

その日は、さまざまな資料を参考にして書き込んだ年表を見ながら、関係者への取材で明らかになったことをぶつけていくことにした。もう険悪な雰囲気になってもいいとぼくは開き直っていた。すると、長州はすでに二〇人以上の関係者に会っていたぼくの努力を認めてくれたのか、敬愛するマサ斎藤の話をきっかけに、話が止まらなくなった。

そんなとき、店にアントニオ猪木が真っ赤なマフラーを垂らして、藤原喜明らを連れて姿を現した。猪木もまったく偶然に、この居酒屋を贔屓《ひいき》にしていたのだ。

長州は店に入ってきた猪木の姿を認めると、立ち上がって挨拶した。それまで、長州は猪木のブラジルへの投資で新日本プロレス社内から反発が出ていた時代の話をしていた。猪木に挨拶した後、多少声を落としたものの、表情を変えず何事もなかったかのように長州は話を続けた。猪木は小一時間、酒を飲むと、店の客からの要望で「イチ、ニー、サン、ダーッ」と雄叫びを上げて、近くの店に移っていった。彼は見事にアントニオ猪木を演じていた。その姿を静かに眺めていた長州と対照的だった。

その日の取材は五時間に及んだ。以前の取材データを読み込み質問をしたこともあったろう、それまで斑《まだら》になっていた話の隙間が埋まりつつあった。ようやく一冊の本になるという手応えを感じたのだ。

つまり——。

長州力を描くことは、吉田光雄という、本質的に慎ましい、店に入ると隅に坐ってしまう在日朝鮮人二世の人生を描くことだ。ただ彼の周りにはプロレスという虚と実が入り混じった靄《もや》がかかっていた。

長州はプロレスが最も華やかな時代の「ど真ん中」を駆け抜けてきた。この本を書き上げることは、彼を覆う膜を一枚一枚めくり上げていく旅であり、同時に昭和という時代のプロレスの興亡を描くことなのだ——。

◉目次

プロローグ　端っこの男　3
第一章　もうひとつの苗字　11
第二章　ミュンヘンオリンピック韓国代表　35
第三章　プロレスへの戸惑い　73
第四章　「長州力」の名付け親　115
第五章　メキシコに「逃げる」　143
第六章　「噛ませ犬」事件の〝謎〟　171
第七章　タイガーマスク引退とクーデター　201
第八章　ジャパンプロレスの野望　227

第九章　長州を恨む男　257
第十章　現場監督の秘密　287
第十一章　消されたＵＷＦ　319
第十二章　アントニオ猪木と大仁田厚　351
第十三章　ＷＪプロレスの躓き　379
第十四章　どん底　411
第十五章　再び、「ど真ん中」に　449
エピローグ　赤いパスポート　476
あとがき　486
参考文献　490

装丁　三村漢（niwa no niwa）

第一章 もうひとつの苗字

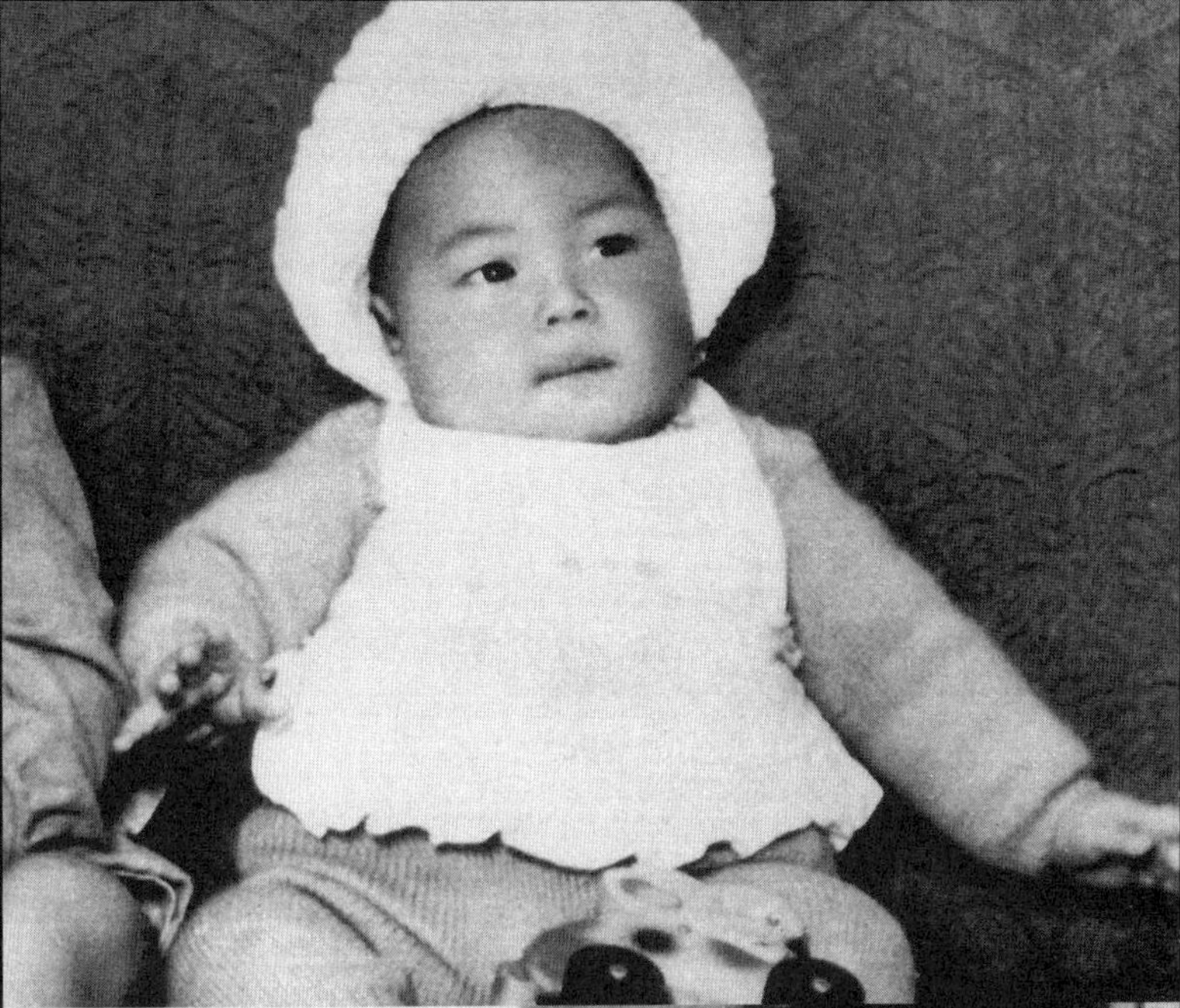

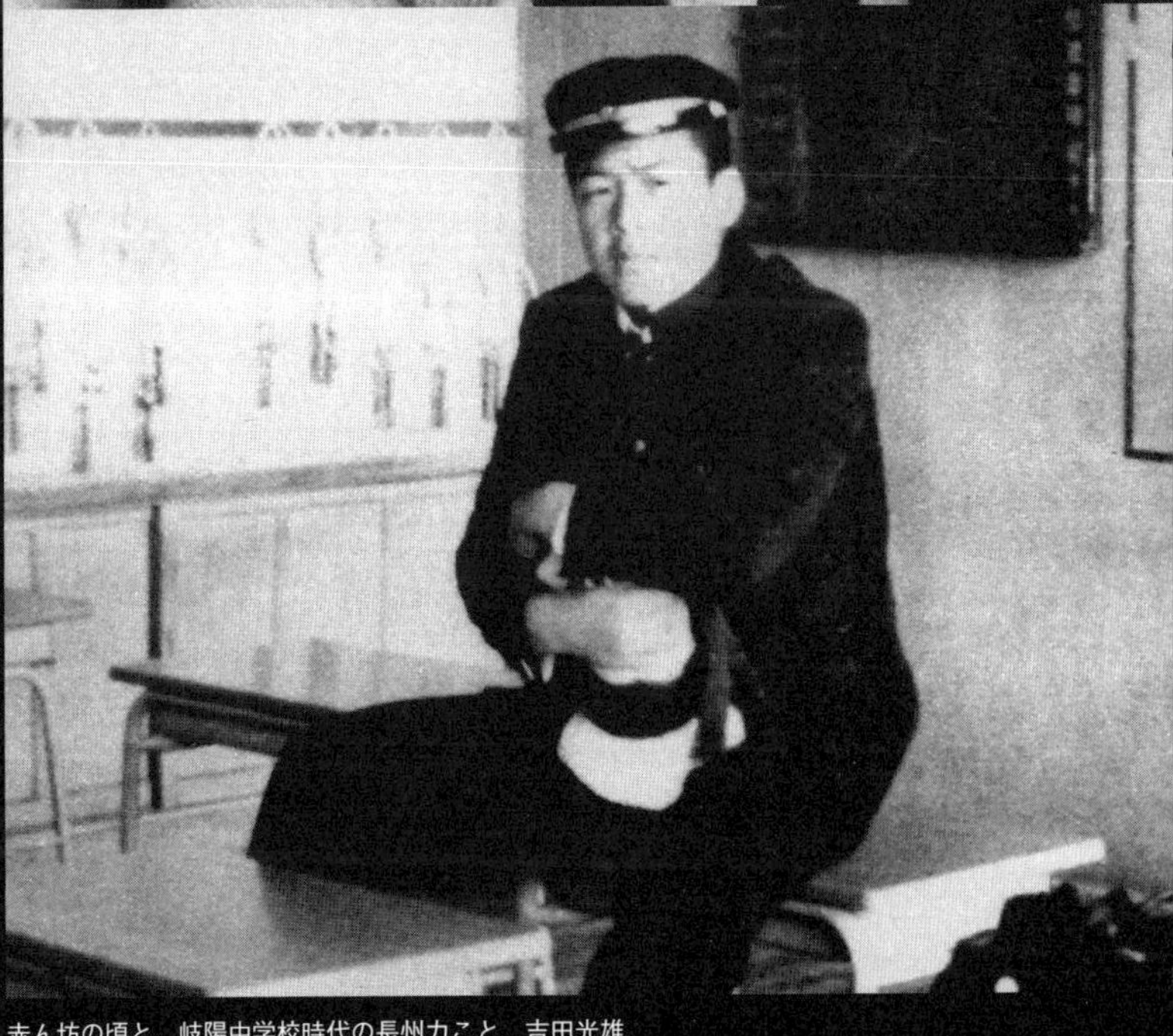

赤ん坊の頃と、岐陽中学校時代の長州力こと、吉田光雄

「朝鮮人」という魔法の言葉

長州力こと吉田光雄は一九五一年一二月三日、山口県徳山市――現在の周南市で生まれた。

徳山は明治以降、富国強兵という国策に深く関わり発展してきたと言っていい。一九〇五年に海軍煉炭製造所が置かれ、その後、船舶の燃料が石油に移った一九二〇年頃から瀬戸内海沿いに次々と重油タンクが建設されている。戦後はこうした施設を生かした石油関係産業で栄えた。

徳山市内には、海沿いから、国鉄、市内線と呼ばれる県道、国道二号線が走っていた。市内線は徳山駅前を通っており、長州が子どもの頃、駅周辺には商店がぎっしりと立ち並び、人でごった返していた。市内線を駅から東に向かうと、東川という小川にぶつかる。長州の一家はその川沿いに住んでいた。海側には化学工場の煙突から灰色の煙が立ち上がるのが見えた。日本の急速な復興の息吹が感じられる街だった。

長州の両親は朝鮮半島出身である。父親は一九三九年にソウルの東南、忠清北道《ちゅうせいほくどう》から日本に来た。一九一〇年八月の韓国併合により、朝鮮半島は日本領となっていた。父親が日本に来た年、ドイツ軍がポーランド西部国境を突破し、第二次世界大戦が始まっている。

「親父はまず北海道に行ったみたいです。それが今でいう強制連行ではない気がする。炭鉱をやっていて、あまりにつらすぎて本土に渡ってきた。北海道で知り合ったかどうかは定かではないんですが、うちのお袋と大阪で一緒に住んでいた」

長州の大学時代の後輩、平澤光志が北海道出身であることを知ると、父親は「樺太から引き揚げてきて食えなかったとき、北海道の人に助けてもらった」としみじみ思い出話をしたことがある。

樺太、つまりサハリンには炭鉱があり、多くの朝鮮人が働いていた。第二次世界大戦終了後、島はソビエト連邦に占拠され、日本人たちは引き揚げ船で北海道に戻っている。その中で、朝鮮半島は日本統治から外れたという理由で、少なくない朝鮮人が船に乗れなかった。サハリンに残された彼らは苛酷な人生を辿《たど》ることになった。

長州の父は、戦争終了前に島を出たのだろう、大阪を経て徳山に辿り着いている。朝鮮半島からの玄関口である下関が近いこともあり、徳山には多くの朝鮮人が暮らしていた。

長州は四人きょうだいの末っ子である。一回りほど離れた長男、姉、一つ違いの次男がいる。

「本当はもう一人長女がいて、戦中か戦後に亡くなっているんです。ぼくの記憶はまったくないです。生まれてもいなかったでしょうから」

朝鮮人の多くは、工場地帯と国鉄線路の間、細長い場所に小さなバラックを建てて住んでいた。そんな中、長州の父親はどのように立ち回ったのか、かなり広い土地を〝確保〟していた。

戦後の混乱期、所有権のはっきりしない土地が少なくなかった。

「勝手に縄を張ったみたいな感じだったのかな。バラック建てのかまぼこみたいな一軒家、そして子どもが遊ぶには不自由しないぐらいの敷地がありましたね。豚小屋もあって二〇匹ぐらい豚がいた。祭りや行事があれば、豚を絞めて。そのときは街の在日の人が集まっていました。庭には離れみたいな小屋があって、親父が碁をやっていたんですが、その先生みたいな日本人のおじいちゃんが住んでいました」

父親は廃品回収業を営んでいた。庭には段ボールや錆びついた自転車、さまざまな物が山積みになっており、その中を両親が真っ黒になって働いていた姿をよく覚えているという。夏場、父親のぼろぼろのランニングシャツ姿が特に印象的だった。自宅の敷地は、もともとの土地所有者が名乗り出てきたため、次第に狭くなっていった。

食事は朝鮮式だった。

朝から唐辛子が入った辛い鍋、竈《かまど》で炊きあげられた米飯、キムチが机に並べられた。キムチは母親が漬けたものだった。

「子どもの頃はつらかったですね。ぼくは魚が好きだったんです。だから焼き魚とか煮魚が食べたかった。今はチゲは好きなんだけれど、あの当時、朝からチゲが出てくると、食欲がわかなかったですね」

ある日、光雄が「朝からチゲなんか食べたくない」とごねると母親は顔色を変えた。殴られると察した光雄は窓から飛び出した。後ろから待てという声が聞こえた瞬間、腹部に何か当たった感覚があった。しばらく雨の中を駆けた後、その場所を見ると服に穴が空いて血が滲んでいた。母親は竈にくべていた火箸を投げたのだ。

別の雨の日のことだ。

家には粗末な傘しかなかった。光雄が「こんなもの持っていけるか」とつっかかると、「このガキ」と傘を投げつけられた。光雄はよけようとしたが、傘の先がまたも腹部に突き刺さった。

とはいえ、母親を恨むことはなかった。子どもなりに、彼女が必死で生きていることを分かっていたのだ。母は廃品回収の手伝いのほか、庭の隅にバラックを建ててホルモン焼き屋を開いていた。マッコリは手製、つまり密造酒である。毎晩、その屋台には日雇い労働者たちが集まった。中には刺青を露わにした気の荒い男たちもおり、揉め事はしょっちゅうだった。光雄はそうした男たちにかわいがられ、小遣いを貰うこともあった。客の中には警察官もいた。密造酒を見逃す見返りとして、彼らが金を払うことはなかった。

父親も気性が荒かった。

「ぼくの小さい頃、毎日夫婦喧嘩していましたね。親父が酔っぱらって帰ってくる。また始まるなと布団の中で思っていると、親父があーだこーだ言って、起きろとかお袋を蹴ったりしている音が聞こえる。そうしたらお袋がバーンと殴る。お袋は一七〇（センチ）ぐらいあったのかな？大きかったですよ。大きく見えたのかな。太っていました」

体格のいい母親に殴り飛ばされた小柄な父親は襖《ふすま》にぶつかって、大きな音を立てて襖ごと倒れた。

「ちっちゃくても親父は親父だから。あーだこーだ言いながら、お袋を叩く。小学校の一、二年ぐらいのときかな、（自分は）泣いて止めようとしたこともありますね」

母親が光雄たちを連れて家出をしたこともある。

「お袋の妹が大阪に住んでいた。学校に行かなくていいのが嬉しくて、休みみたいな感覚。それで美味しい物が食べられる」

母親は父親と喧嘩の後、自分の実家の方が家柄は上だったのだと愚痴をこぼしながら泣いていたこともあった。

「私は奉公人が何人もいるところで育ったんだ。それがあんな奴のところに嫁いで、犬みたいな暮らしで苦労させられた、と」

街にはまだ生々しい戦争の傷跡が残っていた。海軍燃料廠が置かれていた徳山は、戦争中、激しい爆撃に晒《さら》されていた。光雄の通っていた徳山小学校の校庭には、直径一〇メートルほどの大きな爆弾跡があった。戦後しばらく、その穴の底はゴミを燃やすために使われていた。商店街には、首から募金箱をぶら下げた傷痍軍人がアコーディオンを演奏しており、教師の中には出征していた者もいた。

小学校三年生のとき、クラスの担任となった男も従軍経験者だった。その教師は光雄を目の敵にした。

「差別意識が凄かった。ぼくともう一人を毎日殴る。二人とも在日なんです」

悪戯《いたずら》をした、あるいは給食費を持ってくるのが遅れたという理由だった。

──朝鮮人!

──朝鮮の子どもは殴られても痛くないんだよなぁ。

教師はそう言いながら、平手打ちした。

「どういう具合に耐えるか分かりますか？　周りの子どもが、また叩かれているって笑うんです。笑われるとぼくはすごく恥ずかしかった。でも、屈辱で睨むなんてことはしない。恥ずかしいから笑ってやろうと思った。ぼくが叩かれて、にやっと笑うとその先生は余計に殴る」

思い返してみれば、母親が朝鮮戦争で亡くなったという弟の写真を見て、一人で泣いていたこともあった。そして小学校高学年の頃には、吉田のほかに「郭《かく》」という苗字があることを知った。

「小学四、五年生になるとちょっと元気がいいからトラブっちゃうと、やっぱりお前は朝鮮人だからとか言われる。そういう言葉を言われると、軀《からだ》から力が抜けていくのが分かった」

朝鮮人という言葉を聞くと、魔法にかかったかのように自分が小さくなっていく気がしたという。

最強の中学生

二〇一四年一〇月末、ぼくは徳山を訪ねた。周南市は秋から冬に向かっており、薄手の革のコートではすでに肌寒かった。

新幹線停車駅である徳山駅は、建て替えられたばかりで真新しかった。西側は港に繋《つな》がっており、駅からフェリー乗り場の看板が見えた。南東側には商店街が広がっていたが、その多くはシャッターが下りて人通りはなかった。駅の近くに百貨店だったであろう、大きなビルがあった。この百貨店は半年ほど前に閉店し、一帯が一気に寂《さび》れたと後から知った。駅から少し離れた一角が歓楽街となっており、キャバレーのネオンが並んでいた。ネオンの文字はどれも古めかしく、もはや営業していないのではないかと思われる店も少なくなかった。高度成長期の抜け殻のような街だった。

徳山小学校、岐陽《きよう》中学校で光雄と同級生だった高島利治が、白い軽トラックでぼくの泊まっている駅前の古ぼけたビジネスホテルまで迎えに来てくれた。

高島は高校を卒業後、東京の大学へ進学。音楽業界、飲食業界で働いた後、故郷に戻って家業の造園業を継いでいた。

高島の話は、駅北口にあるカレー店で聞くことになった。オールディーズの流れるこぢんまりとした店の主も光雄の同級生だった。

小学校三年生の担任から光雄が激しく殴られたという話をすると、高島はそういった記憶はないと首を振った。そして、彼の小学生時代はほとんど印象がないのだと付け加えた。

高島の記憶に残っている光雄の姿は中学生になってからのものだ。高島はしばしば光雄の家へ遊びに行っていた。

「お父さんは寡黙な人だった。お母さんは優しい人だったね。光雄は一番下だったので、お父さん、お母さんはもちろん、兄貴に対しても、口答えしない雰囲気があった。それがごく普通というように。外で会っているときと、家に帰ったときでは光雄の様子が変わった」

軀を強くするという考えだったのか、吉田家では水代わりに牛乳を飲んでいた。光雄は高島のことを普段「高島ぁ〜」とわざと間延びして呼んでいた。それが彼の家では急に大人しくなり「おっ、牛乳飲むか」ときびきび気を遣ってくれることが高島にはおかしかった。

「長州さんは相当、喧嘩が強かったんですよね」

ぼくが水を向けると、高島は声を上げて笑った。

「強いとかそういうレベルじゃない。誰も喧嘩しようと思わない。中学のとき歯向かったのが一人いたけどね。一〇メートルぐらいピーンッて飛んでいったよ」

徳山市内の中学校の生徒が映画館に集まる映画鑑賞会という行事があった。映画館で隣り合わせた、近隣の太華《たいか》中学校の番長が光雄に喧嘩を売り、近くの空き地で決闘することになった。勝負は一瞬にしてついた。光雄がその番長を一発でのしてしまったのだ。

高島は光雄とは違った高校に進学したが、付き合いは続いた。この頃、高島は祖父母の家に住んでおり、監視の甘い彼の部屋は格好のたまり場となった。

「安いウイスキーを買ってきて飲む。酒の飲み方なんか知らん。頭数で四人ならば四等分にしてコップに入れて飲む。弱い奴は吐きまくる。いつも光雄はええ感じで酔っていた」

高校時代、光雄たちはしばしばキャンプに出かけた。高島は鉄の支柱と折り畳んだテントを抱えてバスに乗った記憶があるという。帆布製のテントは重くかさばった。

「今から考えれば、夜逃げみたいな集団だったろうね」

中の一人がフォークギターを抱えて、加山雄三の曲を歌った。夜になると裸電球の下に集まり、順番に小咄《こばなし》をした。仲間と過ごす、何気ない時間が楽しくて仕方がなかった。

徳山湾にはさまざまな形をした島がいくつもある。その風光明媚な様は見る人を穏やかな気持ちにさせる。その中の一つ、蛇島《さしま》までみんなで泳いで渡ったこともある。潮に流されながら、なんとか泳ぎ着いた。ほっとしたのも束の間、これからまた泳いで帰るのかと光雄たちは顔を見合わせた。

どこにでもいる多少やんちゃで、将来に朧気《おぼろげ》な夢と不安を抱えた高校生だった。

桜ケ丘高校レスリング部

光雄の夢は野球選手になることだった。

小学校高学年のとき、光雄は町内会で作った「ハリケーン」という野球チームで徳山市の大会に出場している。ほかのチームは揃いのユニフォームを着ていたが、光雄たちは帽子にチームの頭文字「H」をつけただけで、服装はまちまちだった。グラブやバットは古く、引け目を感じたという。キャッチャーとして出場した光雄は二年続けてこの大会で優勝している。

同時期、光雄は「暁武道少年団」で柔道も始めている。少年団で一緒だった六藤逸美は、光雄は広島カープが大好きで、中学では野球部に入るつもりだと言っていたことを覚えている。しかし、岐陽中学入学直後、光雄は顧問から強く誘われ、柔道部に入った。

柔道ですぐに頭角を現した光雄は、県内でも名前の知られる選手となった。今度は桜ケ丘高校のレスリング部に勧誘され、特待生として授業料免除で入学した。

桜ケ丘高校は光雄が通っていた徳山小学校のそばにあった。名前の通り、校門に繋がる道の両側には桜の木が植えられており、春になると辺りは桃色に染まった。

徳山の街を車で案内してくれたのは高校時代の同級生、片山勝美だった。

片山が初めて光雄の姿を見たのは中学生のときだった。

片山の通っていた住吉中学の番長が「吉田は大したことがない」と言ったのが光雄の耳に入り、彼が二、三人で学校に殴り込みに来たのだ。校門で待ち構えている光雄たちを見て「吉田が来た、吉田が来た」と不良たちが泡を食っていた。

片山もまた柔道部だった。ただ、階級が違うため、光雄と対戦する機会はなかった。腕っ節には自信があった片山は噂に気圧されながらも「吉田？　大したことない」とうそぶいていた。

高校入学後、片山が教室に入ると、少し後ろの席に光雄が坐っていた。細く鋭い目付き、太い腕、厚い胸板。同じ年齢とは思えない貫禄があった。映画館で喧嘩をふっかけた太華中の番長がぶっ飛ばされたという噂を思い出した。

自分も陰口を叩いていたのが彼の耳に入っているのではないかと、目を合わさないように軀を縮めていた。しかし、これからずっと同じクラスなのだ。どこかで話をしなければならないだろう。片山は意を決して休憩時間に話しかけることにした。

「吉田さん、こんにちは」

思わず敬語になっていた。

「彼からすればぼくのことは眼中になかった。名前すら聞いたことなかったでしょう。仲良くなってから、ぼくが陰口を叩いていたことを明かしましたが、向こうはまったく知らなかった」

愉快そうに片山は軀をゆすって笑った。

片山は中京大学に進学し、卒業後は母校、桜ケ丘高校の体育教師となった。六〇歳を過ぎており、担当授業も少ないので比較的時間の自由が利くのだと、かつて吉田家があった場所に案内してくれた。そこには小綺麗な住居用マンションに挟まれた、古い三階建てのビルが立っていた。屋上に書かれた「麻雀」という文字は雨風に晒されて、すっかり色が落ちていた。

「下のお兄さんが川に鯉《こい》を放していて、光雄も餌をやっておったですよ」

片山は道路から川を覗き込んだ。今も浅い川の中に鯉が泳いでいるのが見えた。

運動部の主力選手たちは片山のクラスに集められていた。その中でも光雄は一目置かれる存在だった。

光雄の強さを聞きつけて、一年生のとき防府《ほうふ》の私立高校の生徒たちが徳山まで来たことがある。相手の学校は、気が荒い生徒が多いことで知られていた。彼らに呼び出された光雄は片山たちを引き連れて市立体育館の裏に向かった。体育館と道路の間に死角があり、喧嘩によく使われる場所だった。

体育館裏では三、四人の男が待ち構えていた。光雄は慌てることなく、前に踏み出すと「来いや」と番長らしき男をけしかけた。

光雄の雰囲気に相手は呑まれていた。さらに光雄は「どうしたんや?」と低い声で挑発した。

「はよ、片づけて帰りたいんやろ」

にやりと笑った。片山たちは後ろで「おらっ、来んかい」と気勢を上げた。勝負はついたと片山は思った。しかし、このままでは引っ込みがつかないと考えたのだろう。一人が飛び出しナイフを取り出した。

そのとき、乳母車に子どもを乗せた婦人が通りがかった。女性はナイフを持っている男を見て、目を丸くした。

「おばさん、危ないよ」

光雄は声を上げた。その声を合図にしたかのように、不良たちは逃げ出していった。

そんな光雄は高校二年生のとき、まったく歯が立たない男と出会う――。

光雄がマットに転がされた

日本体育大学から教育実習でやって来た江本孝允は、男子生徒、特に女子生徒から敬遠されがちな格闘系運動部の生徒たちにとって目障りな存在だった。目鼻立ちのくっきりした顔、ジャージの上からでも見て取れる逆三角形で均整の取れた軀、さらに東京から来たということで女子生徒たちが騒いでいたのだ。

江本がレスリング部の練習に参加すると聞いた片山は「しめた」とほくそ笑んだ。

練習の前、片山は光雄に声をかけた。

「あの江本、練習から踏んづけてやれよ」

「やっちゃるわ。こっぱにしちゃる」

光雄は悪戯っぽく笑った。

すでに光雄の身長は一八〇センチ近くになっており、体重も八〇キロを超えていた。一方、江本は七〇キロもない。レスリングの世界では体重が大きくものをいうと片山は聞いたことがあった。ましてや光雄の強さはとてつもない。期待通り、江本を叩きつぶしてくれるはずだった。

レスリング部の道場は木造の平屋で柔道部と共用になっていた。柔道部の片山たちはレスリング部の練習が始まるのを待ち構えていた。

光雄は「お願いします！」と大きな声を出して、江本に向かっていった。

しかし――。

二人は組み合ったまま、動かない。

(何をしよんかいのぉ)

片山たちがじりじりしていると、光雄はマットに転がされた。再び、江本と向き合ったが、またもや同じだった。その日、二人は練習中ずっとスパーリングを続け、光雄は一度も勝つことはできなかった。このことはすぐに学校中に広まった。

翌日から、片山たちは江本の姿を見かけると、「おはようございます！」と大声で挨拶するようになった。

江本は一九四六年七月一日、瀬戸内海に浮かぶ祝島《いわいしま》で七人きょうだいの三番目として生まれた。祝島は一周約一二キロの小さな島である。周防灘と伊予灘の境界に位置し、一帯は豊かな漁場となっていた。江本の父親は一〇人ほどの若い衆を束ね、鯛や鱧《はも》を獲っていたという。

中学卒業後、江本は島を出て桜ケ丘高校に進学した。最初に入ったのは野球部だった。しかし、高校一年の夏休み、島の海がどうにも懐かしくなった江本は練習をさぼって帰省した。休みが明けて徳山に帰ったが、野球部に戻ることはできない。そんなとき、同じ祝島出身の同級生から、一緒にレスリング部に入らないかと誘われた。

――チャンピオンになったらタダでアメリカへ行ける。

アメリカという言葉が心に響いた江本はレスリング部に入ることにした。

江本はレスリングの才能があった。

得意技はタックル返しだった。足を獲ろうとタックルしてくる相手を面白いようにひっくり返した。高校三年生のとき、六九キロ級で日本一となり、念願のアメリカ遠征メンバーにも選ばれている。

卒業後に進学した日本体育大学では、ミュンヘンオリンピックレスリング代表の山本郁榮《いくえい》、元衆議院議員の松浪健四郎と同級生となった。入学後、江本は六三キロ級へと階級を落とさせられた。もともと贅肉《ぜいにく》のない江本に減量は苦行だった。試合が近づくと江本はひたすらサウナに入り汗を出した。試合では力を出し切ることはできず、大学時代の最高位はインカレ（全日本学生レスリング選手権大会）三位に終わっている。

それでも、江本の強さは本物だった。

江本の教育実習中、アメリカの選抜チームが桜ケ丘高校に来たことがあった。年末から正月にかけて、日本の高校選抜がアメリカへ行き、反対に春の時期、アメリカの選抜チームが日本に来るという慣例だった。

日本とアメリカ、体重別に対戦していくのだが、アメリカには一〇〇キロを超える長身の選手がいた。日本側には彼と釣り合う選手がいない。そこで急遽《きゅうきょ》、江本が光雄のいる日本チームに加わることになった。

小柄な江本の姿を見て、アメリカチームの監督は選手に「怪我させるなよ」と指示した。ところが、試合開始と同時に江本はその選手を持ち上げ、フォールしてしまった。

翌春、江本は大学を卒業すると、桜ケ丘高校に赴任しレスリング部の監督となった。光雄が三年生のときのことだ。

インターハイ

江本はすでに桜ケ丘高校を退職しており、徳山の中心地から車で小一時間の場所に住んでいた。片山の運転する車で国道二号線を東に向かい、小高い丘を切り開いた新興住宅地に入った。そこからなかなか江本の家が見つからなかった。

「本当に久しぶりに来るもんで……」

片山はハンドルを握りながら額を拭《ぬぐ》った。周辺は真新しい一軒家が立ち並んでいた。以前とすっかり景色が変わっているのだという。

一〇分ほど迷った後、江本の家をようやく見つけることができた。家の前に立っていた江本の姿を認めると片山は慌てて車を飛び出した。そして背筋をぴんと伸ばして「ご無沙汰しています」と頭を下げた。おう、と江本が近づくとお辞儀をしたまま後ずさりした。片山にとって江本は体育教師として母校に呼び戻してくれた恩人でもあった。

澄み切った青空が気持ちのいい日だった。

「この田舎に住んだら都会まで出る気がせんのです。街は遠いです。飲んで帰るのは大変ですよ。だから誘いがあっても余程のことがない限りお断り。朝の五時ぐらいから起きて、三時に風呂に入って、七時か八時には寝ます。夏なんかは五時ぐらいから明るいですから、ずっと外にいて一日が終わる」

江本はぼくを中庭に案内してくれた。そこには無数の盆栽が並んでいた。四〇〇個までは孫が数えてくれたのだが、正確な数は分からないと微笑んだ。

光雄のレスリングは初めて見たときから抜きん出ていたという。

「力とバランスがええですね。最初はちょっと線が細かったですけれど。フェイントをかけて相手を崩すのが巧かった」

江本が教育実習で来たとき、彼が叩きつぶすつもりで向かってきたことを知っていましたかと訊ねると、「はい、はい、その話ですか?」と声を立てずに喉の奥で笑った。

「ぼくは彼と比べてはるかに小さいじゃないですか。それで連中が、やっちゃれって焚きつけたみたいですね。練習が始まってすぐ、お願いしますと来たんです。それから練習が終わるまでずっとやっちょったんです。ぼくは強くしてやろうと思っていただけなんですが」

体重差が一〇キロ以上あっても問題なかったのですかと訊ねると鼻で笑った。

「ぼくも大学で四年間飯を食っていましたからね。相手は高校生ですよ。レベルが違います」

相手にならないという風に手を振った。

「ぼくにとっては指導がやりやすくなりましたね。学校の親分をやっつけたわけですから。面白いことに、あれには気をつけろという噂が（隣接する附属の）中学校にまで広がって、しばらくぼくは大きな声を出す必要がなくなった」

とはいえ、高校生の中では光雄の力は群を抜いていた。

「前年（六八年）、広島でインターハイがあったんですよ。そのとき彼は決勝まで行っている。次の年は当然、優勝候補ですよね」

江本は光雄をインターハイ——全国高等学校総合体育大会個人戦で優勝させるほか、桜ケ丘高校を団体戦でもインターハイに出場させたいと考えていた。

県予選は七階級の各校総当たりのリーグ戦で行なわれた。桜ケ丘と県代表の座を争うのは、柳井商工高校だった。鍵となるのは六九キロ級。柳井商工には六九キロ級に好選手がいたのだ。このクラスを抑えれば、七階級のうち四勝が見込め、柳井商工に勝利する。そこで、江本は重量級の光雄を六九キロ級に転級させることにした。重量級には光雄には劣るものの、もう一人の選手がおり、彼でも勝てると踏んでいた。

「お前が六九キロ級に落としたら、団体を獲れる」

江本は主将の光雄を呼んで言った。

すると、光雄は「分かりました」とだけ返した。ほかの部員を全国大会へ連れていくために、減量を受け入れたのだ。

運動部の生徒にとって、食事の時間は最大の息抜きであり楽しみである。授業前、片山はいつものように朝の練習を終えて教室で「早弁や」と弁当箱を開けた。ふと見ると、光雄の前に弁当箱がない。聞くと二週間で五、六キロ落とさなくてはならないので、食事を抜いているのだという。

食事をせずに激しい練習を続け、軀に負担がかかっていたのだろう、極端に彼の口数が少なくなった。クラスの中心である光雄がじっと黙っていると、教室は火が消えたようになった。

教室から光雄がいなくなったこともあった。片山がレスリング部の部室に行ってみると、ジャージを着込んだ光雄が目を閉じていた。空腹の限界を超えると神経が研ぎ澄まされて、音が気になるので寝ていたのだという。暗闇の中、光雄の頬はこけ、目だけがぎらぎらと光っていた。

ところが——。

団体戦の試合は軽量級から始まる。二試合目の五五キロ級で、勝利を計算していた選手が敗れた。光雄は六九キロ級でフォール勝ちしたが、桜ケ丘は三勝四敗で柳井商工に敗戦。試合後、光雄は黙って俯《うつむ》き、負けた選手を責めることはなかった。

光雄は個人戦では危なげなく優勝し、全国大会に進んだ。

「光雄を国体に出します」

一九六九年八月二日、インターハイ・レスリング競技は群馬県館林市民体育館で行なわれた。試合前、対戦表を見た江本は思わず顔をしかめた。七三キロ級には光雄のほか、二人の有力選手がいた。静岡県稲取高校の伊沢厚、秋田商業の茂木優である。特に伊沢は世界ジュニア選手権七五キロ級で三位となっていた。光雄が勝ち抜くためには準決勝で伊沢、決勝で茂木と二人を倒さなければならなかったのだ。

光雄は伊沢に勝利、決勝で茂木と対戦した。

この試合を江本は今も悔やんでいる。

「最初に二点取って、一点取られた。光雄は攻めましょうかって言ってきた。しかし、もうちょっと待っておったほうがいいと答えた。すると同点に追いつかれて、計量になった」

当時の規定では、引き分けの場合、体重判定となり軽い選手が勝利することになっていた。光雄はわずかな体重差で優勝を逃した。

「ぼくの作戦が悪かったのかも分からん。あれには後悔しちょる。今度会ったら謝っておいてください」

江本の自宅は綺麗に片づいており、窓からは太陽の光が差し込んできた。居間に出されていた炬燵《こたつ》の上に、八〇年代に出版された長州に焦点を当てた雑誌類を広げながら話を聞いていた。江本は「懐かしい」と言いながら、ページをめくりモノクロの写真に目を留めた。

漁港を背景に水着姿の光雄が立っている写真だった。

「これは祝島です。インターハイの後、ぼくの家にみんなを連れていったんです」

この頃、江本は光雄を国体——国民体育大会に出場させるかどうか頭を悩ましていた。当時、国体に出場するには日本国籍が必要だった。インターハイで光雄を優勝させてやれなかったという負い目が江本にはあった。日本一という称号を彼に与えたかったのだ。

江本は光雄の長兄と「国籍」について何度か話している。彼とは年が近く、話しやすい間柄だった。

光雄は有望なレスリング選手である。これからも日本代表に誘われることだろう。将来を考え帰化させたらどうかと江本が言うと、兄は「それは難しい」と強く首を振った。

「同胞がとりあってくれんようになる」

在日朝鮮人社会の結びつきは強い。彼らの目があるので、国籍を変えることはできないのだ。

江本は桜ケ丘高校の校長室に行き「光雄を国体に出します」と伝えた。そしてこう続けた。

「問題になった場合、ぼくが責任をとります」

江本の強い意志を感じた校長は、「出せ」と背中を押してくれた。

一〇月、光雄は長崎で行なわれた国体のフリースタイル七五キロ以上級に出場した。国体はインターハイよりも階級が多く、インターハイの決勝で光雄と対戦した茂木が七五キロ級に回ったこともあり、光雄は難なく優勝した。ちなみにこのとき三位となった栄勇《さかえいさむ》は、大相撲を経て国際プロレスに入り、スネーク奄美というプロレスラーになった。

国体優勝の直後、江本は日本レスリング協会へ電話を入れている。

「ぼくは入ったばっかりで知らんじゃったんですが、七五キロ以上級で優勝した吉田光雄は日本国籍ではなかったんです」

できるだけ弱々しく、頼りない声を江本は出した。

インターハイ、あるいは国体に優勝すると優秀選手として、かつて江本がそうだったようにアメリカ遠征メンバーに選ばれる。パスポートの提出を求められれば、光雄の国籍は明らかになるだろう。問題となる前に先回りして、協会に連絡したのだ。江本が新人教員だったことを考慮して、光雄が日本国籍なしに国体へ参加していたことは不問とされた。

ただ、アメリカ遠征メンバーに選ばれた桜ケ丘高校レスリング部の同級生を見送るとき、光雄の顔が寂しそうだったことを江本は今も覚えている。

インターハイの準優勝に加えて、国体で優勝した光雄は大学のレスリング関係者から注目を集める存在となっていた。中でも熱心だったのは、江本の母校でもある日本体育大学だった。

江本の指示で夏休みを利用して、光雄は長崎県で行なわれた日体大の合宿にも参加している。そのほか、早稲田大学と専修大学からも誘われていた。光雄の兄たちは早稲田への進学を強く望んでいた。

しかし、早稲田はある程度の学力が必要だった。学業に興味のない光雄では難しい。そして日体大に進学すれば卒業後の進路が教員に狭まると江本は心配していた。日本国籍がなければ、教員として採用されにくいという噂を耳にしたことがあった。

専修は、授業料免除の特待生待遇で迎えてくれることに加えて、レスリングが最も強い。専修大学に行くべきだと光雄に勧めた。

1972年4月24日 (月曜日)

각광…새重量級레슬러

뮌헨五輪레슬링선발전 라이트・헤비級 석권한 郭光雄

뮌헨・올림픽 출전자격을 다투는 22일의 아마・레슬링최종선발전에 뉴훼이스의 거한이 등장、자유형과 그래코・로망형의 라이트・헤비급을 휩쓸었다。세차례대전모두 가벼운 폴승—。

업치락뒤치락하다가 폴을 뺏는것이아니라 단번에유도의 업어치기로 메쳐버리는 그의 뛰어난 힘에

선수들은 생각했던것보다 약한것같아요。그러니까크게자랑할것도 못됩니다。모국에 처음와서 얼떨떨하군요。」

郭光雄은 두종목에 우승하고도 담담했다。흥분같은건 전혀 찾아볼수도 없었다。하기는 그의 체급이 重量級이어서 올림픽입상전망은 회의적이고 올림픽파견여부도 아직은

올림픽에의 야망때문에 그는 상당히 고심했다고 한다。

『한국인으로 출전할수가없다면 차라리 일본에 귀화하여 올림픽에 나가려했었다』고 그는 솔직한 심경을 털어놓았다。

그는 당초에는 유도선수였다。야마구찌껜 사꾸라오까(櫻丘)고교에 다닐때 2단에올라 촉망을

키… 1백82cm、몸무… kg、중량급이라고 다듬어진 체구。상…으로파고들어 메치… 피드나 누르기의 기술은 우리선수들은 비교가된다。

『역시 일본서 기술을 배운 선수… 첨하고 기초가 잡… 다。그러나 상대가 약하여 아직 실력… 가하기어렵고 중량…

태극마크를 달고 올림픽에 나가는것이 소원이라는 郭光雄은 무뚝뚝한얼굴에 기쁨의 미소를 지어보였다。

업어치기로連戰連勝

꿈은 올림픽 頂上에

관중은 물론 임원들도 눈이 휘둥그레졌다。

그는 재일교포 郭光雄(21・일본명吉田光雄・日本專修大商業科3년)。재일대한체육회가 추천、국내선발전에 특별출전한 그는 역시 국내에서는 보기드문 우수한 레슬러였다。

『꼭 태극마크를 달고싶었읍니다。국내의 중량급

미지수。그러나 이날 그의 경기를 지켜본 金체육회장은 그가 우승만하면 선발하겠다』고 약속했다。

郭光雄은 지난해 全日本학생선수권대회서 우승하고 全日本랭킹2위。일본에서도 그의 유망성을 인정、국제진출에 기대를 걸고있다。그래서그에게인본歸化를강력종용해왔다。

받기도했었다。그러나 레슬링에 보다 흥미를느껴 고교1년때부터 레슬링훈련에 전력하기시작했다。

專修大에서도 중량급선수로는 보기드문 그의소질을 높이평가、그를 스카우트했다。그가 지난해 4월 캘리포니아 全美학생레슬링선수권대회에 출전、자유형1위、그레코・로망형2위를 차지했을때 코치도 큰선수가 될것이

올림픽전망은 무어라할수없다』고 대한아마레슬링연맹 李相均부…은 평했다。

스포츠 話題

ミュンヘン五輪での試合と、光雄の代表入りを報じる韓国のスポーツ紙

専修大学、鬼の加藤先輩

長州力の取材を始めてすぐに気がついたのは、プロレスラーとなった以降の「試合」を「仕事」と呼ぶことだった。

プロレスの世界には、大相撲から引き継がれた隠語が数多くある。長州はしばしば「お米」という「金銭」を意味する言葉を使った。彼は「コ」の部分で舌を少し巻いて発音する。長州にとってプロレスは、お米を稼ぐための「仕事」だった。

当初、「仕事」の話は早く終わらせようとした。一方、プロレスラーとなる前、特に大学時代について話をするときはいつも愉しそうだった。

長州は強気に見えるが、末っ子らしく、慎重に状況をうかがってから動き出すという一面がある。大学進学時の上京でもその性格が出た。レスリング部の練習が厳しいと聞き、出発を先送りしていた。レスリング部のマネージャーから何度も電話が入り、ぎりぎりになって布団一式を担いで寝台特急あさかぜに乗った。荷物を送る時間もなかったのだ。

朝方、東京駅に着くと通勤客で溢れていた。生田にある専修大学の体育寮までの行き方が分からず、東京駅で布団を持って右往左往した。結局、生田までタクシーで向かうことになった。

大学は学生運動の季節だった。

光雄が入学する前年の六九年一月一八日、東京大学本郷キャンパス安田講堂を占拠していた全学共闘会議及び新左翼の学生を警視庁が排除している。いわゆる東大安田講堂事件である。

専修大学でも体育会系の学生は、左翼系学生対策として大学当局に動員されていた。そのため、体育寮の窓ガラスは投石から守るために金網が張られており、屋上には石の入ったミカン箱が置いてあった。

そんな中、光雄はレスリングにどっぷり浸っていた。

「一年生のとき、とにかく練習がひどかった。ひどかったというか凄かった。全国で優勝したような人間がみんな逃げていくんだもの」

自分も逃げ出したかったが、ほかに行き場所は思いつかなかった、だから居続けるしかなかったのだと笑った。

レスリング部員が暮らす第一体育寮は無骨なコンクリートの五階建てだった。レスリング部は四階に固められていた。階段を上がった正面に鉄の扉があり、そこが代々、主将の部屋となっていた。

小さな部屋には木製の二段ベッドが三つ押し込まれていた。下級生は上のベッドを使い、上級生の面倒を見ることになっていた。

体育寮にテレビは一台、それもモノクロだった。

「コマーシャルでスカートがめくり上がるやつがあったでしょ？　あのパンツの色を見たいというのでカラーテレビを買って」

小川ローザの白いスカートがふんわりと舞い上がるという、石油会社のコマーシャルである。
一、二年生全員が駆り出されて、ビルの引っ越しのアルバイトをすることになった。その一日分の給料で寮にカラーテレビが入った。

一年生の光雄は主将の部屋に割り当てられた。部屋を仕切っていたのは四年生の加藤喜代美《きよみ》だった。

加藤は今も頭の上がらない先輩である。レスリング部ＯＢ会の用事で加藤から電話があったとき、携帯電話を持ちながら背筋を伸ばして直立不動になったのだと言った。

「鬼の加藤っていう大先輩なんです。五二キロのフライ級ですから一緒に練習はしないんですけれど、凄い人です。あの人のタックルは本当に豹《ひょう》です。速い。その先輩が跳び上がって、ぼくを殴るんです。考えられない」

加藤の話をするとき、長州は弾けるような笑顔になった。加藤は彼にとって誇らしい存在だった。

「どうして私を殴ってくれないんですか？」

加藤とは、九段下にあるホテルのロビーで待ち合わせした。人が行き交う中、白いスーツを着た加藤の姿はすぐに見つけることができた。すでに定年退職をしていたが、矍鑠《かくしゃく》たる、という表現がぴったりの、すっとした背筋をした男だった。

現在は静岡に住んでおり、この日は専修大学レスリング部ＯＢ会のゴルフコンペのために上京し、このホテルに泊まっていた。

「最初に会ったのは、入学前の二月ぐらいだったと思います。当時は春の合宿が二月ぐらいからあって、新一年生も参加するんです。特待生で強いのが入ってくるのは分かっていましたから、楽しみにしていました。当時は今と違って、すらっとしていたのを覚えています。どんどん大学生と練習をさせたんですけれど、物怖《ものお》じしない。高校生離れした構えというか、あまり突っ込んでこない。重量級の選手はドタドタとやるタイプが多かったのだけれど、彼は違っていて、軽やかだった。センスがある。これは一年生から使えると思いましたね」

レスリング部の朝は早い。

起床は朝六時、準備運動の後、ランニング。体育寮のある専修大学生田校舎は山の中にあり、一帯の道は起伏が激しく、トレーニングに適していた。

練習は四年生の主将が仕切る。軽量級の主将の場合は、ランニングの距離が長くなった。練習熱心な加藤が主将の時代は特に厳しかった。

「一時間半ぐらい、ただ走るだけではなく、坂をダッシュしたりね。走って三〇分ぐらいで重量級は遅れてくる。あまりに遅れて整理体操のときに戻ってきたら、大変ですよ。腕立て伏せをさせられるんです。吉田は必死になって走ってましたね」

上級生がシャワーを浴びている間に、一年生は部屋の掃除を済ませる。そして、寮で朝食を取ると授業に向かった。

午後の練習は三時から、寮の横の石段を登ったところにある第二体育館で行なわれる。一九六

○年に建てられたこの二階建ての体育館は、一階が剣道場になっており、レスリング部は二階を使用していた。

鉄製の外階段で二階に上がると、床の上にレスリング用のマットが二面敷いてある。天井は鉄筋が丸見えで、夏になると太陽の光が天井から伝わって中に熱が籠《こ》もった。窓を開け放しても暑さは和らぐことなく、練習が始まってしばらくすると、マットのへこんだ部分に汗の水たまりができた。

寮の食事は朝と夜の二回。午後の練習の後、夕食だった。

「我々は軽量級なので低カロリー、高タンパクに気をつけて食べていました。彼の場合はなにせ軀を大きくしなきゃいけないっていうので、もの凄く食べていましたよ。当時はいいものってそんなに食えない。部屋でコンロに鍋を載せてラーメンを何個か、卵も入れてね、たまに肉でも入れて食べていたのかもしれない。私の減量が始まると匂いがするからって、ほかの部屋でやっていました。減量が始まったら周りは気を遣って大変ですよ。テレビでビールの宣伝が流れたら、すぐにチャンネルを変えていました」

部屋ごとに日誌の当番があり、毎日の練習内容、感想を書いて四年生に提出するという決まりがあった。上級生の洗濯も一年生の仕事だ。光雄が一年生のときは、「日誌、お願いします」「洗濯物、お願いします」の一日二回ぐらいしか口をきかなかったのではないかと加藤は振り返る。

「日誌は文法が間違っていたり、誤字があったり、あるいは漢字が少なかったら怒られるんです。彼はあまり勉強は好きではなかったから、授業には出ていなかったと思うよ。試験前に、出ろ、出ろって言ったけど、どれだけ出ていたかね。赤点取って、ずいぶん追試を受けていたはずです。当時はスポーツやっている奴はそれが普通だったけどね」

一九七〇年五月末、東日本学生レスリングリーグ戦が駒沢体育館で行なわれた。専修大学のほか、早稲田大、日体大、中央大、東洋大、日本大、国士舘大の七大学による団体戦である。

試合は九階級で行なわれ、五階級を取った側が勝利する。専修は五二キロ以下級の加藤のほか、四八キロ以下級、五七キロ以下級の軽量三階級は勝利が計算できた。しかし、六二キロ以下級から上の中量級から重量級の有力選手が欠けていた。九〇キロ以下級、そして九〇キロ以上級に出場できる光雄は、専修が欲していた選手だったのだ。

光雄の結果が勝利を左右したのは、優勝を争っていた日体大戦だった。専修は九〇キロ以上級を残して、四勝三敗一分け。そして最後に出場した光雄が勝利し、専修はリーグ戦六戦すべてに勝って優勝した。

収まらなかったのは日体大のレスリング部関係者だった。

高校時代の恩師、江本が日体大出身だったことで、光雄には早くから目を付けていた。その光雄に敗れたことで優勝を逃したのだ。それからしばらく江本はレスリングの試合会場で日体大の人間と会うと露骨に目をそらされた程だった。

加藤に「跳び上がって長州さんを殴ったのですか?」と訊くと、ハハハと高い声で笑った。

「練習で気合いが入っていないときに、正座させたり、なんていうのがあったんです。正座だと重量級の選手は膝《ひざ》を悪くするので殴ったりしていた。とはいえ、重量級の選手を殴るとこちらの手が腫れちゃうからね。だから鼓膜が破れないように気をつけて靴で殴っていた」

加藤は大学を卒業した後、三信電気に就職して競技を続けた。三信電気には道場がなかったため、専修大学で練習をしていた。そんなある日、光雄が真剣な顔で加藤のところに来たことがあった。

「どうして私を殴ってくれないんですか？」

「だってお前はちゃんとやっているじゃないか」

加藤が言い返すと、光雄は下を向いた。

「私は強くないから殴ってくれないんですか？」

加藤が手を出す後輩は、見どころのある、強い選手が多かった。

「いや、そんなことないよ。お前は殴る必要がないからだ」

また、別の日――。

飲みに出かけたとき、光雄が「気合いを入れてください」と頼んできたこともあった。

「お前を殴る理由がないから、一人では殴れない」

加藤が断ると、光雄は周りに立つように促した。そして、三人ほどの後輩を店の外に立たせて殴る羽目になった。

「一発殴るたびに、ありがとうございますって。殴った気がしないよね。こっちは軽量級だからあいつからすればビクともしなかったんじゃないの」

加藤は微笑みながら首を振った。

在日本大韓体育会

一九七一年三月末、光雄は大学一年生の春休みに全国大学選抜の一員として渡米した。高校選抜に選ばれなかった光雄には、初めての国外旅行だった。全米各地を転戦し、オレゴン州レスリング選手権ではフリースタイル九〇キロ級で優勝、グレコローマンで二位となっている。

この年の六月、二年生になった光雄は日大講堂で行なわれた全日本選手権に出場。フリースタイル、グレコローマン九〇キロ級で共に和歌山県庁の谷公市《きみいち》に敗れて二位に終わった。谷は国士舘大学時代の六八年大会でグレコローマンのミドル級史上二位の若さで優勝以降、連覇を続けていた。

ちなみに、この大会で最重量級の一〇〇キロ以上級のフリーとグレコで優勝したのが、中央大学の鶴田友美、後のジャンボ鶴田である。

同年九月、光雄は全日本学生レスリング選手権のグレコローマン九〇キロ級で優勝した。これほど強い選手が、レスリングの最高の舞台であるオリンピックに出られないのは理不尽だと専修大学レスリング部監督だった鈴木啓三は考えるようになっていた。

周辺取材をしたいので、関係者を紹介してほしいとぼくは長州に頼んでいる。リストの一番上に名前があったのが鈴木だった。

分厚い軀をした鈴木は八〇歳近いという年齢が信じられないほど、生気に溢れていた。加藤に続いて、若い頃にレスリングで軀を鍛えた人間たちの逞《たくま》しさを感じた。

鈴木は一九三五年に北海道の利尻島で生まれた。稚内高校から専修大学に進学後、柔道からレスリングに転向した。

「大学四年生のとき、ブルガリアのソフィアで世界選手権があって、三ヶ月ぐらいヨーロッパを回った。選手七人と監督、そして八田一朗《はったいちろう》さん。お金がなかったからね、コーチなんか付いていなかったよ。八田さんは頭がいい人でね、選手に柔道着を何着も持たせるんですよ。あの当時は柔道着が珍しくて海外で売れた。ぼくらも模範試合をしたりね。食事に行くぞと言われて、どこに行くかと思ったら大使館。大使館も日本人なんか来ないものだから歓迎してくれて、いい食事をご馳走してくれるんです。ブルガリアのほか、トルコなどレスリングの盛んな国を回った。帰りにはお土産の絨毯《じゅうたん》を背負わされたりね」

日本レスリング協会会長、そして参議院議員を務めた八田一朗は日本レスリングの父といえる存在である。そして日本のレスリングの強化のためならばなりふり構わない男だった。鈴木たちが持ち帰った絨毯は帰国後、売却されて旅費の穴埋めに使われたことだろう。

「大学を卒業すると、八田さんに国を守るところに行けと言われて防衛庁に入ったんです。今の自衛隊の体育学校、練馬の駐屯地の厚生部というところに所属していた。三島由紀夫が切腹した跡を掃除しに行った経験もあるわ」

防衛庁で働きながら、専修大学のレスリング部を教えるようになった。

「そうしたら当時の体育部長だった相馬先生という人がいた。相馬先生は専修大学の創立者の孫なんですよ」

鈴木は相馬から「お前、今、何をしているんだ」と訊ねられた。

「自衛隊です」

「大学に帰ってきたいという希望はあるのか」

大学の教壇に立つことなど考えたこともなかった鈴木は「自分は教員免許も何もないですよ」と返した。

「大学には教員免許はいらないんだよ。お前が学生の頃、世界に行ったりしたのが資格だよ。一芸に秀でていればそれでいいんだ」

六五年四月、鈴木は経営学部講師として専修大学に戻り、レスリング部の監督となった。

光雄を専修大学に誘ったのは鈴木だった。

「高校時代からスピードがあった。凄い投げの強い選手だったね。投げはもう抜群だった。将来、必ずチャンピオンになる。必ず世界に行ける、と」

さらに鈴木が気に入ったのは、光雄の気の強さだった。

「闘うとき、顔は相手に向かっていくでしょ。ちょっと自信がなかったり、相手が強いと思ったりすると下を見ちゃうんです。下を見たらもう駄目。前に向かっていく姿勢が第一。技術面や体力面はあとからついてくる。まずは相手に向かっていくというハートがなきゃ。また、二、三回技をかけて失敗したら、諦めちゃう奴がいる。格闘技というのは、負けてもいいから最後まで闘う姿勢を持つというのが第一。まずハート。ハートがない奴は駄目さ」

光雄が高校三年生の夏に、鈴木は徳山を訪れている。

「無口であまり喋《しゃべ》らなかったね。高校では練習相手がいないから日体大で練習していた。日体大は自分のところに入るものだと思っていたんじゃないかな。こちらに誘ったけど、そのときははっきりした返事はなかった。ぎりぎりまで迷っていたんじゃないかな。専修に来てくれると分かったときは、嬉しかったなぁ」

鈴木は光雄をオリンピックに出場させることはできないかと、つてを辿って在日本大韓体育会に話を持ち掛けた。

在日本大韓体育会は、韓国の体育協会、大韓体育会の日本支部である。このとき、会長を務めていたのは鄭建永《チョンコンヨン》。町井久之という日本名を名乗っていた。

町井を主人公とした『猛牛《ファンソ》と呼ばれた男 「東声会」町井久之の戦後史』（城内康伸著）のプロローグで、町井の略歴を紹介している。

〈戦後、荒れ果てた東京の街で腕力を武器に名を馳《は》せ、愚連隊のボスとして銀座に進出した。一九六〇年代初めには、約千五百人の構成員を擁する暴力団「東声会」を組織。山口組三代目組長、田岡一雄と杯を交わし、伝統ある在京の任侠団体が無視出来ない存在となる。「政財界の黒幕」と呼ばれた右翼の大立者、児玉誉士夫《よしお》の側近であり、児玉の人脈を通じ、自民党党人派の首領で副総裁だった大野伴睦《ばんぼく》や農相や建設相などを歴任した河野《こうの》一郎ら政界の大物とのパイプを築き上げ、日本と韓国との国交正常化交渉の水面下で暗躍。やがて韓国で軍事政権を誕生させた朴正熙《パクチョンヒ》大統領の厚い信頼を得て、日韓をまたに掛けたフィクサーとしてその名を知らしめた——〉

町井は七一年九月から在日本大韓体育会の第八代会長となっていた。

「在日の郭光雄が気炎を吐いて優勝した」

町井は一九二三年に東京で生まれた。両親は朝鮮半島出身で、在日二世に当たる。町井は設立以来、在日本大韓体育会にとって最大の資金援助者であった。表に立つことを避けていたが、どうしてもと頼まれて会長を引き受けたという。

町井は専修大学出身である。しかし、その繋がりはなかったと鈴木は言う。

「早稲田大学のレスリング部関係者からの紹介で、韓国の体育協会の大幹部みたいな人から呼び出されて行った記憶はある。ずっと日本にいた人だと思うんだよね。日本語はぺらぺらだった。向こうは二、三人いてね」

当初、大韓体育会の関係者は光雄の出場に興味を示さなかった。

朝鮮半島は一九五〇年から五三年の朝鮮戦争で韓国と北朝鮮に分断されていた。両国はスポーツの世界で激しく対抗心を燃やしていた。六六年のＦＩＦＡワールドカップ・イングランド大会に初出場した北朝鮮代表は強豪国イタリア代表を破って八強入りしている。サッカーは韓国で最も人気のあるスポーツだった。韓国のスポーツ関係者は、自分たちも結果を残さなければならないと焦っていた。

ただし、韓国は朝鮮戦争後の復興のただ中にあり、強化費、遠征費が限られていた。そのためオリンピックのレスリング競技への派遣は三人。重量級はアジアと世界の差が大きい。メダルが期待できる軽量級の選手を連れていきたいと大韓体育会の人間は考えていたのだ。

それでも鈴木は引き下がらなかった。

「今回のミュンヘンでは通用しないかもしれない。しかし、経験を積めば、その次に生きてくる。次のオリンピックでは必ずいい成績を挙げるでしょう。それだけ能力のある男なのです」

大韓体育会は鈴木の熱意に押されたか、四月にソウルで行なわれる国内選考会に光雄を参加させることになった。

韓国オリンピック協会への根回し、渡航費、宿泊費など一切の費用は会長の町井がみている。長州に町井と会ったことがあるかと訊ねると、一度は「会っていない」と答えた後、言葉を翻した。

「……ぼく、会いましたね。在日の体育会ですか？　あの小さいのがあったんですね、日本に。インパクトありましたね。大きな方で、身長もぼくより大きかったです。独特のもみあげがあった気がします。太い葉巻を吸ってね」

そのときは町井が何者であるか、知らなかったと付け加えた。

七二年四月二二日、漢城女子高校体育館で行なわれた選考会で光雄は全試合フォール勝ちという圧倒的な力を見せつけた。

翌二三日の韓国「日刊スポーツ」は〈在日の郭光雄が気炎を吐いて優勝した〉という大きな見出しで報じている。

また、二四日には同じ「日刊スポーツ」のコラムで話題の人として取り上げられた。

〈ミュンヘンオリンピック出場権最終選考に、ニューフェースの大男が登場し、フリースタイル、グレコローマンのライトヘビー級を席巻した。試合は三戦ともフォール勝ち。判定に持ち込まれることはなかった。柔道の背負い投げを思わせる彼の技に、観客はもちろん選考委員たちも目を丸くした。

彼の名前は、郭光雄《カククカンウン》（日本名・吉田光雄　専修大学商学部三年生）。この最終選考には、在日本大韓体育会の推薦により、特別出場した。

「ぜひ韓国の国旗をつけたかった。国内の重量級選手たちは思ったより弱かったですが、大げさに自慢したくはありません。母国に初めて来て目がくらみそうです」

郭光雄は二種目優勝に対しても淡々としており、興奮した様子はなかった。重量級の選手であったため、最終選考前から五輪派遣については懐疑的な声があった。しかし、この日の競技を観戦していた金体育会長は「彼が優勝すれば五輪に出す」と約束している。

郭は前年、全日本学生選手権大会で優勝、全日本選手権でも二位となっている。日本でも彼の才能は認められており、日本帰化を無理やり勧めるという動きもあった。

「韓国人として出場できなければ、日本に帰化し五輪に出ようとした」

と彼は率直な心境を打ち明けている〉

試合の印象がよほど鮮烈だったのだろう、光雄はフリースタイル九〇キロ級でオリンピックに派遣されることになった。

光雄が入ったことで、押し出された選手がいた。六二キロ以下級の梁正模《ヤンジョンモ》である。梁はこの国内選考会で優勝、代表入りできるものだと信じていた。彼は代表から落ちたことに落胆し、レスリングから一度離れている。その後、周囲の説得で復帰、次のモントリオールオリンピックに出場し、韓国初の金メダルを獲得した。

もちろん、光雄はこうした選手が存在したことを知らない。

七月二二日、銀座の中華料理店で、韓国代表に入った在日選手のため在日本大韓体育会主催の壮行会が開かれた。

出席したのは光雄のほか、柔道の金義泰《キムウィテ》と呉勝立《オウスンリ》の三人だった。そのほかに在日朝鮮人から三人の射撃選手が韓国代表に選ばれていたが、彼らはすでにミュンヘンで合宿を張っていた。

〝同胞〟たちとの直前合宿

光雄は壮行会の後、七月末に韓国に渡り、ナショナルトレーニングセンターである泰陵《テルン》選手村に入っている。

泰陵選手村は、ソウル市内から車で四〇分ほど離れたところにある、総合トレーニング施設である。各競技種目の指導者の育成、代表選手の強化を目的としており、陸上競技場をはじめとした室内外の競技施設、トレーニング施設、食堂、宿泊施設を備えている。

長州はこの直前合宿にいい思い出はない。

「合宿所で覚えているのは、周囲が本当に真っ暗だったこと。選手団のうち何人かが夜中に飲みに行っていたんです。帰ってきたら門の前で捕まっている」

韓国は日本以上に上下関係が厳しく、オリンピック選手でさえ子どものように指導者から厳しく管理されていた。

「言葉が通じないのもあるんですけど、泥棒が多いんです、うん。泥棒というか、勝手に物を持っていってしまう。だから練習着とか干しておけないんです。靴とかランニングシューズとかも。向こうは物がなかったんでしょうね」

高度成長期に入っていた日本と、朝鮮戦争の傷跡の残る韓国の経済格差は大きかった。

さらに――。韓国には光雄の練習相手になる重量級の選手がいなかった。

「(五輪に)出る人間がフライ級とバンタム級ぐらいの選手。ぼくが一番上のクラスでした。(練習相手がいないことを見かねて)たまに高校生ぐらいの大きな子を連れてきてくれた。高校生でこの子は強いというんだけど、レベルが違いますよね。練習にならない。練習相手がいないからただ走るしかない。ウエイト(トレーニングの器具)みたいなものもなかったんじゃないかな。

腕立て伏せやったり、ひたすら走っていました」

ソウルから羽田を経由して、北回りの飛行機でミュンヘンに向かうことになった。トランジットで降りた空港での出来事を今でもよく覚えている。

「ロシアかどこかで飛行機を降りた。夕方に着いて夜、団体でレストランに入ったんですね。中華（料理）。あーだこーだとか言いながら注文して、料理が出てきた。エビチリだったかな。ぼくたちは食べたらエビの殻を皿に置きますよね。ところが彼らはそれを食べると、殻を床にぺっと捨てる。みんなお腹が空いていたせいなのか、きっちりと皿に戻すという余裕がないのか。従業員は途中から、動物に餌を与えるみたいに、皿をテーブルにバンと投げるように……そんな感じでしたね。そのときは自分自身の惨めさ、恥ずかしさ、なんか変なものを感じましたね」

ミュンヘンの選手村でも疎外感があった。日本育ちの光雄に韓国の選手たちは興味津々で、身ぶり手ぶりで話しかけてきた。

彼らはベトナム戦争に従軍したときの写真を見せた。

「凄い写真。うぇってなるような写真。ボクシングの選手なんか特にそういうのが多かった」

お前は兵役に服さず、ベトナムにも行っていないと彼らは光雄に冷ややかだった。言葉は理解できなくとも、陰口を叩かれていることは雰囲気で感じる。彼らのことを「責めるつもりはないんです。柔らかく語ってあげたい」と独特の表現で庇《かば》った。

「ボクシングの選手たちはあまりいい結果を残せなかった。彼らが戦争に行かずにボクシングをずっとやっていたら、凄い勢いで金メダルを獲るんじゃないかと思ったこともありますね」

選手村などミュンヘンオリンピックでの写真を見ると、「ＫＯＲＥＡ」と書かれた服を身につけていない。

韓国代表はいまだ獲得したことのない金メダルを願って、金色のブレザーを新調していた。そのブレザーのほか、韓国代表のジャージやシャツを着た写真も残っていないのだ。

韓国の国旗の入った服を着なかったのはわざとなんですかとぼくが質問すると、長州は胸を突き出し「正直言いましょうか？」とにこやかに笑った。

「支給されたものはほとんどマーク（国旗）が入っているじゃないですか？　違和感はありました。ここまで来れたというのもあった。でも違和感もありましたね」

いつもの癖で「ああ、うん……」と含みのある頷きを挟んだ。

「選手村でも食事に行くと（日本人選手たちに）会うわけじゃないですか？　そうするとみんなが声をかけてくる。ぼくは言葉が分からない同胞、監督と食堂へ行っている。その（日本語の）言葉は分かるけど、こっちのは分からない」

レスリング日本代表には加藤喜代美がおり、コーチとして鈴木啓三が同行していた。日本代表の選手はみな顔見知りだったのだ。

選手村では韓国のレスリングの選手と同部屋だった。しかし、言葉が通じないため会話はほとんどなかった。

「ぼくは退屈しないように、アキバかどっかで音楽を聴くプレーヤーとヘッドフォンを買っていったんです。彼らにとっては滅茶苦茶珍しい。それをしょっちゅう借りにくるんです。貸すのはいいけど、戻ってこないから、わざわざ取りにいかないといけない。それ以外でも、相変わらず……借りるじゃないんです。正直言えば、盗むことが多い」

〝母国〟韓国人にとって光雄は同胞であり、日本で育った妬《ねた》みの対象でもあった。それは非常に居心地の悪い感覚だった。

「ぼくは本当に呉さんにお世話になった。あの方がいなければ、ぼくは（オリンピック）直前の合宿所でさえもたなかったかもしれない」

柔道の中量級韓国代表だった呉勝立だ――。

在日柔道家のオリンピック

待ち合わせの奈良駅の改札に現れた、呉勝立は大柄で、陽性という言葉がぴったりの男だった。長州力のことを訊きに来ましたと自己紹介すると、大きな手でぼくの手を強く握った。

「郭光雄（カク・カンウン）こと吉田光雄。カク・カンウンという名前は忘れへん。ぼくは呉原勝立（クレハラ・ヨシユキ）こと呉勝立（オウ・スンリ）。高校までは呉原で行っていたけど、大学入るときに、もう韓国名にしますかって言われたから、一年のときからゴ・ショウリツで通していた。小学校から高校まではクレハラ、大学はゴ、社会人はクレ。呼び名でどの時代の友達か分かる」

一九四六年、呉は兵庫県神戸市長田区で生まれた。

「ぼくで四世。家の中では日本語やった。おかんは向こうの言葉喋れたけど、済州島の言葉や。ソウルなんか行ったら済州島の言葉は分からへん、通じへん」

中学一年生のときに柔道を始めた。高校は神港《しんこう》学園に進み、高校三年生の夏、重量級の兵庫県予選を勝ち抜き、インターハイに出場している。

彼の才能が開花したのは、天理大学に進んでからのことだ。

天理大学は約一〇〇人の柔道部員がおり、まとめるために学年ごとに主将が選ばれる。呉は一年生から四年生まで主将を務めた。大学二年生で関西学生選手権の中量級で優勝、三年生で重量級、四年生では無差別級を制している。

「普通は最初が中量級やったらずっと中量級しか出さへん。ところが、監督の松本安市先生というのが少し変わっていて、中量級勝ったら、次一階級上げて、また一階級上げていった。そこまで獲ったのは関西では始まって以来や。いまだにおらへんやろ？　学生時代は面白かった。試合出ても、勝つことばっかりやからな」

呉の話を聞いていて、以前会った誰かに似ていると思った。国鉄スワローズと読売ジャイアンツで通算最多の四〇〇勝を成し遂げた〝カネヤン〟こと金田正一である。二人に共通するのは、飛び抜けた才能を持つ人間特有のおおらかさだ。言葉は多少乱暴でも裏がないので、憎めない。

呉は大学一年生から韓国の国体である全国体育大会に出場している。

「言葉は大学時代に独学してん。韓国の女と恋愛してな。それで手紙を書かなあかんやん。だんだん行くたびに言葉がうまくなった。それが後に女房となった。ぶっちゃけた話、そういうことや」

呉は豪快に笑った。

天理大学卒業後、柔道部が新設された河合楽器に就職した。しかし、オリンピックで対戦するであろう、大型の練習相手に困った。そこで河合楽器を退職し、建設会社に籍を置きながら、母校の天理大学で練習を続けることにした。天理大学には国外から多くの柔道家が練習に来ていたのだ。同時に韓国の慶熙《キョンヒ》大学で柔道部の指導もしている。

「大学の隅っこに柔道部の宿舎をこしらえてもらって、学生たち一四、五人と生活していた」

呉は順調に国内予選を勝ち抜き、韓国のミュンヘン五輪代表に選ばれた。

呉が光雄と親しくなったのは、韓国での直前合宿中だったと記憶している。

「じーっと見ていたら日本から来ている学生で日本語しかできひん。なんやかんやで一緒に行動するようになった。俺はどっちかというたら、好き嫌い激しいねん。こいつはあかんと思ったら、物を言わへん。あいつはかわいかったというかな、人間的に好きやったな。出しゃばるわけでもなく、偉そうにもしない。ええ奴やったよ」

呉も、韓国代表の中で〝在日〟に対する冷たい視線を感じていた。韓国で生活した経験があるが故に、彼らの視線の意味をよりはっきりと認識していた。

「本国の奴は対抗心持っておったんちゃう？　やっぱり面白くないやろ。柔道は在日韓国人が強かった。メダルを獲っているのも在日韓国人しかおらんかったからな」

柔道が正式種目に採用された六四年の東京オリンピックで、金義泰が中量級で銅メダルを獲得している。

金は四一年に呉と同じ神戸市長田区で生まれた。呉にとって金は子どもの頃から意識する存在だった。呉が神港学園、天理大学を選んだのは、金の後を追ったからだ。東京オリンピックの次のメキシコシティ大会では柔道競技は採用されなかった。ミュンヘン大会で柔道は復活し、金は再び韓国代表になっていた。

「練習で打ち込みするのでも、韓国の奴とせえへんもんな。要領が分からへんから。全然違うもの。変に力を入れられたりして、怪我させられたら具合悪いやろ。俺は金義泰さんとしかしなかった」

その点でほかに在日の選手がいなかったレスリングで光雄が苦労したことは容易に想像できる。呉は光雄の試合に付き添っている。

「汗拭いてやったり、柔道選手と一緒やからな。俺は試合のときは、レモン党やねん。レモンを切ってがっと囓《かじ》る。あいつにも試合前にレモンを囓らせた」

勢いよく言った後、呉はぼくの顔を見た。

「あいつはオリンピックの試合のことは喋るか?」

「いや、ほとんど覚えていないと」

ぼくが答えると呉はそうやろうなと頷いた。

「はっきり言うたるけど、いい思い出ではなかったと思うわ。あいつの力は日本でも韓国でも桁外れや。でも外国（の選手）と比べたら、力の差はあった。あいつの試合のとき、頑張ってこいって送り出したら、俺がジャージ畳んでいる間にフォールされていた」

残念そうに呉は首を振った。

加藤の金メダルに涙

長州にミュンヘンオリンピックの試合について何度も訊ねたが「減量に苦労しました」と言うだけで、口が重かった。

「緊張感はありましたね……それはもう……でもそれを言い訳にしたくないんです。足は浮いていたと思いますね……浮いていたと思います。まあ、言い訳なんだろうな。力が出せなかった。出し尽くせなかったというのはあります」

足が浮いていたというのは、浮き足立っていたという意味なのだろう。

オリンピックに出ただけで満足だったのですかとさらに質《ただ》すと、口をもごもごとさせた。

「ああ……参加することに意義がある。周りも期待をかけてくれて……なかなかしんどかったですね」

ミュンヘンオリンピックのレスリング競技では、バッドマーク制度という減点方式が採用されていた。

フォール勝ちは減点〇、差が一〇点以上の明確な判定勝利の場合は減点〇・五、判定勝ちでは減点一、引き分けは減点二・五、フォール負けは減点四。選手は持ち点六から始め、それがなくなると失格になる。

光雄は、八月二七日に西ドイツのスピンドラーにフォール負け、翌二八日はルーマニアのモールトンに判定勝利したものの、二九日にキューバのモーガンにフォール負け。バッドマーク九で失格となった。

日本代表のコーチとして帯同していた専修大学監督の鈴木は、光雄の試合ぶりをこう分析する。

「彼は投げは滅法強い。でもディフェンスが弱かった。フリースタイルの原点は脚を獲っていくことなんですよ。手脚の長い選手にタックルされると脆《もろ》かった。

組んでくる相手には強かった。組んでくる相手には光雄は腕を獲ってね、首投げするんだ。投げというのは度胸がなければできない。失敗するとピンチになるからね。彼は度胸があったし、首投げはうまい。スタンドは滅法強いんだよ。でもグラウンドは駄目。手脚の長い人間に脚を獲られると、その手を切れない」

長州がオリンピックの思い出を語るとき、前のめりになるのは五二キロ級の加藤喜代美の試合だ。

レスリング競技は午前、午後に分かれており、光雄の試合は午前中、加藤の試合は午後に行なわれた。

八月二七日、加藤は初戦でイランのゴルバニと対戦している。

「ぼくはその日、午前中に負けていますね。それで午後は加藤先輩が初戦をやるのを見ていました。相手はイランの世界チャンピオンですよ」

ゴルバニは因縁の相手だった。

加藤は七〇年のアジア大会決勝でゴルバニに敗れている。さらにゴルバニは七一年にブルガリアのソフィアで行なわれた世界選手権でも優勝していた。

この世界選手権で加藤は惨敗している。強化委員長の笹原正三は、加藤は日本人相手には強いが、外国人選手には弱いという判断を下した。そして、メキシコシティオリンピックで金メダルを獲得した中田茂男を代表にしようと動いたのだ。ところが、最終選考会を兼ねた全日本選手権で中田は規定体重に落とすことができなかった。

この大会では加藤が優勝したものの、笹原は納得しなかった。グルジア国際大会で二位になっていた日本大学の渥美敏範と加藤のどちらかを強化合宿で代表に決めるとしたのだ。最終選考会で加藤は渥美を破っていた。

これは専修大学レスリング部の成り立ちとも関係がある。日本のレスリングの草創期、柔道の講道館による講道館レスリング部と早稲田大学レスリング部がしのぎを削っていた。専修大学は講道館レスリング部の、レスリング協会は早稲田大学の流れを引き継いでいた。専修大学はレスリング協会と距離があったのだ。

加藤が代表になれたのは、専修大学の監督、鈴木たちの尽力があったからだった。光雄はそうした一連の経緯を目の当たりにしており、加藤が軽んじられていることを憤っていた。

「加藤先輩は、（七〇年アジア大会で）イランの選手にコテッて巻かれてフォール負けしているんです。協会の信頼がなかったみたいですね。だから、自衛隊の中田さんという金メダリストを担ぎ出そうとした。ぼくはできたら、加藤先輩のセコンドに付きたかった」

加藤は初戦のゴルバニ戦でフォール勝ちした後、無敗のまま優勝を成し遂げた。

「後輩として、先輩の悩みが分かっているから。金メダルを獲ったときは泣きましたよ」

光雄は自分の試合が終わった後も選手村に残っていた。オリンピックの雰囲気を最後まで楽しもうと思っていたのだ。

呉が出場した九月二、三日の柔道中量級にも光雄は立ち会っている。

呉は準々決勝で日本代表の関根忍、準決勝でフランスのコーシュに勝ち、決勝に進出した。決勝の相手は敗者復活戦を勝ち上がってきた関根だった。

決勝戦で呉は一方的に攻め続けたが勝負はつかなかった。一〇分の試合終了後、判定に持ち込まれると、二対一。圧倒的に優勢だった呉が敗れた。その瞬間、会場からどよめきが起こった。

試合終了二〇秒前、関根のかけた捨て身の体落としに呉が倒れたと判断されたのだ。表彰台から下りるときの二人の表情が対照的だった。優勝した関根は首をうなだれ、呉は腕を上げていた。

〈「関根先輩とは二回試合して負けています。苦手なんです。きょうは全力を尽くしました。勝ち負けはどうでもいいんです。判定に不服はありません」と、呉はさばさばした表情で話した。

もちろん日本語である。日本の浜野監督、神永コーチに「ありがとうございました」と表彰式の

後にあいさつ。呉は〝美しい敗者〟だった〉（「読売新聞」七二年九月四日付）
試合後、呉が選手村を歩くと、「お前がチャンピオンだ」と声をかけられたという。
ちなみにこの大会以降、準々決勝で負けた選手は敗者復活戦で勝っても決勝には進出できない規定に変更されている。

テロ事件

長州の記憶によると、柔道の中量級決勝の後、選手村の中で呉と祝勝会をしたという。

「韓国の柔道のメンバーの中にぼくが入って飲んでましたね。向こう側に日本のバレー団（日本代表）の大古（誠司）さんたちがいた。向こうもどんちゃん騒ぎしていたのを覚えています。半端じゃないぐらい飲んだと思いますよ」

バレーボール男子日本代表は九月三日に四連勝してグループリーグ通過を決めていた。

一方、呉は飲んだ場所は選手村の中ではなかったと記憶している。

「選手村出て、すぐのところに店があったと思うで。バーというか飲み屋というか、大きなレストランみたいな。日本選手団のバレーの奴も来ていた。日本語で〝お互い良かったのぉ〟ってどんちゃん騒ぎしたなぁ」

五日の朝、光雄は宿舎の扉を開けて外に出た。すると――。

「表に誰もいない。えーっと思った。みんな帰ったのかなと」

選手村から人通りが消えていたのだ。


〈【ミュンヘン臨時支局】ミュンヘン・オリンピックの選手村に現地時間五日早朝、アラブ・ゲリラとみられる武装した一団が乱入、イスラエル選手団二人（一人との説もある）を殺害したうえ、選手ら九人（十人、十三人説も）を人質にしてたてこもった。平和と友好の舞台に政治対決の血が流れ、国際オリンピック委員会（ＩＯＣ）は、同日午後からの競技を中断するという非常措置をとった。ゲリラ側は、イスラエルで投獄されている二百三十人のアラブ・ゲリラの釈放などを期限つきで要求している。期限は小きざみに延ばされてはいるものの「期限をすぎれば一時間ごとに二人ずつ殺す」といっている情報もあり、各国選手団や五輪関係者はオリンピック史上例のない憂慮と衝撃を受けている〉（「朝日新聞」七二年九月六日付）

後に乱入した際に射殺された選手は二人、人質となった選手は九人と判明した。

呉によると、事件の起きたイスラエル選手団の宿舎は、彼の泊まっていた宿舎と中央分離帯のある広い通りを挟んだ反対側だったという。

「みんながわーって言うているときに、俺は新聞記者みたいに写真撮ったりして大変やったんやで。日本の新聞記者は選手村の中に入られへんやろ。記者から頼まれて、部屋まで入った記憶があるけどな。血だらけになったところ。何新聞かは覚えていないなぁ。だいぶ昔の話や。俺も早く出たかったからな」

光雄も日本の記者から写真を撮ってくれと頼まれた。

「（選手村の）フェンスの向こう側にずらっとカメラマンの人がいましたね。もの凄い人垣がフェンスにできていました。ぼくは日本語が分かるから、（日本人の記者から）でっかいカメラを渡されて、ここところを押してくださいって。結局、撮れなかったんですけれどね」

事件は最悪の形で終結した。

ゲリラの要求を受け入れる形で、人質九人と八人の犯人グループはミュンヘン郊外のフュルステンフェルトブリュック空軍基地に移送された。その空軍基地で銃撃戦となり、人質九人及び犯人五人が死亡した。

いわゆるミュンヘンオリンピック事件である。


大会終了後、韓国選手団は日本を経由し帰国している。光雄は親しくなった韓国のバレーボール女子代表選手たちを東京案内し、そこで選手団とは別れた。メダルを獲った呉は韓国に向かっている。韓国代表が獲得したメダルは呉の銀メダルただ一つだった。

「とにかく韓国は金メダルが一個でも欲しかったん。俺が金メダル獲っていたら格好ついたんやで」

韓国では不思議な対応だった。

「飛行場だけは歓迎が凄かった。俺を前面に押し出してインタビューを受けさせられて。でもそれだけや。その後、選手村に一回入ったんちゃうかな。バスの中は真っ暗で、みんなが黙っていたのを覚えている」

この年の一〇月、呉は韓国で結婚式を開いた。ミュンヘンへ出発する前、呉は交際していた韓国人女性と籍を入れていた。呉がメダルを獲得したことで、韓国のメディアに妻が大きく取り上げられ、大々的に結婚式をしなければならないことになった。

「ミュンヘンにおる間に、オウ・スンリの婚約者が喜んでいると、マスコミは俺よりも嫁はんばっかり取り上げていた。えらいことになっているわと連絡を受けた。韓国の国民勲章を貰うことになって、結婚式の前に貰った方がいいとか、結婚式は自分の誕生日の一〇月八日にやれとか、いろいろと振り回された」

あのときは大変やったと懐かしそうに息を吐いた。

彼の結婚式と同時期に開催された韓国の国体——全国体育大会には、在日本大韓体育会の町井の意向で大規模な在日の選手団が結成された。その中には光雄も含まれていた。光雄はこの全国体育大会で優勝、日韓両国体で優勝した初の人間となった。

そして、呉の結婚式にも出席している。

呉はオリンピック出場前に、一眼レフのカメラを購入していた。光雄はそのカメラを持って、呉の結婚式を撮影している。

「写真係や。先輩に言われたから、仕方がないからやってやるという適当な感じやない。一生懸命撮ってくれた。あいつはホンマに気立てのいい、優しい、真面目な奴や」

その後も呉は光雄を気にかけていた。

彼が練習の拠点にしていた天理大学には、世界中から柔道の重量級の選手が訪れていた。競技は違えど、彼らは光雄にとって手頃な練習相手になるはずだった。天理大学で練習を積めば、次のオリンピックではいい結果を出せるだろうと考えていたのだ。

主将・吉田光雄

大学三年生でミュンヘンオリンピックに出場した光雄は、四年生が抜けるとレスリング部主将に就任した。

専修大学で光雄の一学年下にあたる平澤光志は、光雄がキャプテンになってからは、道場にある棒状の物がことごとく折れていたと教えてくれた。

「竹の箒《ほうき》のぼっこは長いものは一つもありませんでしたね。モップも折りましたね。木刀は危ないので、すぐに隠しました。そのうちに、辺りで拾ってきた木の枝とかいろんなものがありましたね」

ぼっこ、とは平澤の出身地、北海道の方言で棒を指す。

――タックル入れ。

——攻めろ。

光雄は練習中、檄《げき》を飛ばした。

「攻めない場合はビシッときますよ。ぼっこを本当に振り回すんです」

平澤は背中から大きく振りかぶるように腕を回した。

「痛いじゃないです。熱い。熱いから痒《かゆ》いに変わって、それから痺《しび》れてくる。練習が終わってみんなで風呂に入ると、何本傷がついているか確認し合うんです」

平澤は笑いながら、「ここの辺とかによく筋が三本ぐらい入っていましたね。毛穴から血が滲んでいるんですよ」と腿《もも》の辺りをさすった。

練習は軽量級と重量級に分かれて行なわれる。平澤は重量級で最も軽い部類に入った。スパーリングで必ず一度は光雄から名前を呼ばれた。

「ぼくはやりたくないから、腰が引けているんですけれど……毎回、光志やるぞ、とご指名かかったですね。光雄先輩は強いっていうもんじゃなかったですね。(脚に) タックルに入っても、木にしがみついている蟬《せみ》みたいなものです。すぐに離される。フェイントかけられるとすぐに倒される。それで必ず袈裟固めでぐっと絞られるんです。そうすると目の前が暗くなる。このまま落ちるのかなと思うと、ふっと力を抜くんです。また目の前が明るくなるんですけれど。その繰り返しです」

平澤は現在、北海道レスリング協会の理事を務め、「札幌ちびっこレスリングクラブ」でレスリングを教えている。優しい目にきちんと横分けにした髪、柔らかな物腰の男だった。丸みを帯びた大きな上半身に現役時代の名残があった。息子の一人、光秀は父親と同じ専修大学のレスリング部に進んだ。卒業後は一般企業に就職したが、プロレスラーへの夢が捨てがたく、新日本プロレスに入った。現在はキャプテン・ニュージャパンというマスクマンになっている。

練習では厳しかったものの、光雄とは楽しい思い出ばかりだったと平澤は振り返る。

「練習の後、寮に帰ってくると一年生に買い物に行かせるんです。電気コンロにフライパンを乗せて、細切れの肉、タマネギ、ニンニクを山盛りで炒めてくれるんです。味付けは醤油と砂糖。食堂から下級生にご飯を持ってこさせて、一リットルの牛乳パックを飲みながら食べる。美味しかったですね。よくご馳走になりましたね」

徳山への帰省に付き合ったこともある。そのとき、光雄の食欲に驚かされたという。寮の食堂で昼飯を食べてから出発。最寄り駅の向ヶ丘遊園の駅前でまた食堂に入った。東京駅で食事を取ってから新幹線に乗った。その間に腹が減ったのだろう、開業したばかりの山陽新幹線の岡山駅で降りると、立ち食いそば屋に入った。さらに、徳山の家ではカレーライスが用意されていた。

「ぼくはもう食べられなかったです。先輩は食べてましたけど。その後、ぼくは食べ過ぎで浮腫《むく》んでました」

昼間は光雄の母校、桜ケ丘高校へ練習に出かけた。平澤は重量級の選手の練習相手にさせられた。夜になると、監督の江本孝允が迎えに来た。

「昼間は練習、高校生で強いのがいたんですよ。夜は毎日酒。これではもたないので先に東京へ帰ってきたのを覚えています」

平澤は頭を掻《か》いた。

以前から光雄は徳山に戻ると、桜ケ丘高校の練習に顔を出していた。ぶっきらぼうではあったが、愛嬌《あいきょう》のある光雄に高校生たちはよく懐いた。レスリングの教え方は丁寧で分かりやすい。こいつに自分の後を継がせれば面白いだろうなと江本は考えていたという。

専修大学監督、鈴木啓三は光雄が主将に就任した直後、運動部の代表が集められた会合を鮮烈に覚えている。理事長を前にして光雄は「レスリング部が最初に春のリーグ戦で優勝します」と宣言したのだ。

レスリング部は光雄が一年生以来、リーグ戦優勝から遠ざかっていた。公約を守るために光雄はこれまで以上に練習を厳しくした。

「そりゃ無茶苦茶やるからね。練習さぼったりなんかしたら、ぶっ飛ばしていたよ。俺は見て見ぬふりをしていたけどね」

鈴木は楽しそうに言った。

「吉田キャプテンが怖くて逃げたくても逃げられない。一番強い上に、自分が率先して練習をする。有言実行なんだから、誰も文句言えないんだよ。格闘技ではああいう性格は絶対必要だね。人間性というか人格というか。やると言った以上はやらなきゃな。さぼっているからビンタを食らわしたり蹴っ飛ばしたりするっていってもね、マットの上ではもっときついんだから。

ぼくはあの頃が一番楽だったなぁ。監督としてはあいつが優勝を宣言した以上、やり遂げるだろうと見ているだけでしたから」

三年生には五七キロ級の吉田栄勝《えいかつ》がいた。

吉田栄勝は八戸電波工業高校三年生のとき、五五キロ級でインターハイに優勝した。高校卒業後、国士舘大学へ入ったが校風に合わず中退、専修大学に入り直したため、光雄とは同じ年だが一つ下の学年となっていた。光雄は彼の才能を高く評価し、練習では特に厳しく接した。二年生のとき、彼は全日本学生選手権大会のグレコローマン五七キロ級で優勝している。彼の娘が吉田沙保里である。

七三年五月、春の東日本学生レスリングリーグ戦は駒沢体育館で開催された。この年から大会方式が変更、参加校を二つに分けて、それぞれリーグ戦を行なうことになった。両リーグの最上位校が優勝決定戦に進出。専修大学はBブロックを勝ち抜き、Aブロック首位の日体大と対戦した。光雄の宣言通り、専修大学は三年ぶり三度目となるリーグ戦制覇を成し遂げた。大会の最優秀選手には光雄が選ばれている。

八月九日から一二日にかけて日大講堂で行なわれた全日本選手権では、光雄はフリースタイル、グレコローマンの一〇〇キロ級で優勝している。

夏が終わり、鈴木は光雄の進路に頭を悩ませるようになった。

彼ほどの実績があれば、就職先には困らない。しかし――。

「重量級の大きい奴は食べるったって、普通じゃない。安いサラリーマンじゃ生活できない。それぐらい量を食べないと軀を維持できないの。チャンピオンだったから手っ取り早いのは自衛隊。

しかし、彼の場合は国籍の問題があった」

まず鈴木に接触してきたのは、全日本プロレスだった。

「ぼくは次のオリンピックまでレスリングを続けてほしいと思っているけど、本人の考えは分からない。本人を口説いてくれ、ぼくは何も言えないと返事したんだ。本人次第ということね」

鈴木は光雄を全日本プロレスのパーティーに連れていっている。その後、光雄は平澤たちと共に世田谷区総合運動場体育館で行なわれた全日本プロレスの大会を観戦した。しかし、この時点ではプロレスラーになる気はなかった。

そんなとき、ある男が光雄に会いに来た——。

第三章 プロレスへの戸惑い

新日本プロレス入門直後、道場でアントニオ猪木の指導を受ける

“仕掛け人” 新間寿

新日本プロレスの新間寿が初めて光雄と会ったのは、七三年秋のことだった。

きっかけは知り合いの新聞記者から専修大学に才能あるレスリングの選手がおり、プロレス向きだと教えられたことだった。そんな男がいるならばぜひ会ってみたいと約束を取り付け、専修大学の生田寮の最寄り駅、向ヶ丘遊園で会うことになった。向ヶ丘遊園は新宿から小田急線で多摩川を越えたところにある長閑《のどか》な駅である。光雄とは駅前にある喫茶店で待ち合わせしていた。

新間の前に現れた光雄は、身長一八〇センチほど、体重は一〇〇キロに満たないぐらいだろうか。上背はそれほどでもなかったが、しっかりした骨格をしていることはすぐに分かった。トレーニングを積めばすぐに軀は大きくなるだろう。何よりレスリング重量級の日本一、そしてオリンピック出場という経歴は魅力的だった。どうしてもこの男を新日本プロレスに入れようと新間は心に決めた。

「新日本プロレスに来てくれ。（アントニオ）猪木も坂口（征二）も待っている。近々、ぜひ猪木に会ってほしい」

新間は切り出した。

「監督と話をしなければならないので、即答できません」

「鈴木監督には私の方できちんと挨拶させてもらいます」

何も言わず光雄は小さく頭を下げた。

「あなたはオリンピックの韓国代表選手でしたね。うちには星野勘太郎がいるし、韓国との関係もいい。あなたがうちに入って、日韓の懸け橋になってほしいんだ」

星野勘太郎は兵庫県出身、在日朝鮮人のプロレスラーだった。あなたの育ってきた背景は分かっているつもりだと、熱を込めたが、心が動いた様子はなかった。

「契約金もあなたに見合うだけのものは出します」

「その話は私ではなくて、監督にお願いします」

「分かりました。あなたの希望をできるだけ、ではなく、必ず叶えますから」

お願いしますと、光雄は頭を下げた。

「プロレスの練習はきついと思っているでしょ?」

「だと思います」

とりつく島がないとはこういうことだなと、新間は目の前に坐っている角刈りの光雄の顔を見ながら思った。人見知りをしているのか、こちらの質問に最低限の返事が戻ってくるだけだった。

レスリング選手では新日本プロレスは前年、苦い経験をしていた。ミュンヘンオリンピック一〇〇キロ級代表だった中央大学の鶴田友美を全日本プロレスにさらわれていたのだ。

七二年一月、アントニオ猪木は新日本プロレスを設立し、三月六日に大田区体育館で旗揚げ興行を行なっていた。同年七月、ジャイアント馬場も日本プロレス脱退を表明、一〇月二二日に日大講堂で旗揚げシリーズ開幕戦を行なっている。

両団体ともに目玉となる若手レスラーを欲していた。

新日本プロレスはテレビ局の関係者を通じて鶴田に接触していた。一方、馬場は彼の父親が入院している病院に行って枕元に見舞金を置き、鶴田の心を摑《つか》んだという。その話を聞かされた新間は、馬場もなかなかやるものだと感心した。

鶴田のときと同じ轍《てつ》を踏むまいと、新間は自ら会って説得することにしたのだ。

新間は一九三五年三月、東京都の新宿で僧侶の息子として生まれた。高校二年生から柔道を始め、中央大学でも柔道部に所属した。一六五センチ、六五キロの小柄な軀を大きくするために通った人形町の日本プロレストレーニングセンター――通称〝力道山道場〟で豊登道春と出会った。

豊登の本名は定野道春といい、五四年に大相撲の先輩だった力道山の後を追って日本プロレスに入っていた。

新間は豊登との出会いをこう書いている。

〈豊登の強さは、人間離れしていた。三船十段、醍醐七段、大沢慶己先生等と柔道をしたが、豊登の強さは、あらゆる格闘技を超えていた。指1本帯にかかると、赤子の如く強く高く持ち上げられ、3メートル向うへ投げつけられた。この力道山道場での2年間、プロレスリングとは、世界最強の格闘技であるとの信念を私は持った〉（『リングの目激者』新間寿、竹内宏介、桜井康雄共著）

以降、新間はプロレスラーに対する憧憬《しょうけい》を生涯持ち続けることになる。

大学卒業後、新間はポンジー化粧品に入社し、九州に配属された。就職後も、近隣にプロレス興行が来ると足を運んでいた。六〇年五月、現在の北九州市にある三萩野体育館で豊登から「将来の世界チャンピオンだよ」と一人の若手レスラーを紹介された。それが猪木寛至《かんじ》——後のアントニオ猪木だった。

六五年一二月、化粧品会社のマックスファクターに転職していた新間のところに、豊登から連絡が入った。

——新しいプロレス団体をつくる。協力してくれ。

プロレスには不思議な磁力がある。ある種の人間はすべてを投げ捨ててでもプロレスに関わることを夢見るものだ。豊登から声をかけられ嬉しさのあまり跳び上がった、という描写を彼の著書『さらばアントニオ猪木』の中に見つけることができる。

豊登は、大木金太郎、そしてアメリカへ修行に出ていたアントニオ猪木が新団体に加わる予定だと打ち明けた。そこで新間は化粧品会社を退職し、この新団体、東京プロレスに入ることにした。

しかし——。

アントニオ猪木が帰国するので当座の現金が必要になる、と豊登から頼まれた新間は、父が工面してくれた一〇〇万円を貸した。しかし、『さらばアントニオ猪木』によると、その金は豊登がすべて競馬に使ってしまったという。

六六年一〇月、東京プロレスは蔵前国技館で旗揚げ興行を行なった。新聞は自らマイクを握り、リングアナウンサーを務めている。

その後、豊登の放漫経営に愛想を尽かした猪木とその周辺の人間が袂《たもと》を分かち、豊登と新聞たちを訴えた。

〈年越しにもかかわらず悪夢を引きずってきたのか、大きな問題が翌年早々に横たわっていた。忘れもしない昭和42年1月、寝耳に水の告訴であった。

「豊登、新間親子、３０００万円横領」

という一面の新聞記事に書き立てられたこの告訴を一部、振り返ってみる。

「会社設立のための資本金３００万円が用立てられず、50万円を用意し、２５０万円を経理事務所から借り入れ、会社設立後ただちに返済した２５０万円も新間は横領着服した」

――こういう記事である〉（『さらばアントニオ猪木』）

新間の著書によると、業務上背任横領のほか、東京プロレス関係の裁判を抱えながら四年間、日光にある小来川銅山で〈百数十人の坑夫と鉱石掘りの毎日〉を過ごした。

その後、猪木は日本プロレスに戻り、ジャイアント馬場と共に〝ＢＩ砲〟として人気を博していた。

裁判のため新間が東京に戻ったとき、猪木が訪ねてきたことがあった。猪木は新間に迷惑をかけたと頭を下げた。その姿を見て新間は一連の事件は猪木が起こしたことではないと確信し、謝罪に現れた猪木に強く惹《ひ》きつけられたという。

七一年一二月、猪木は団体の乗っ取りを企んだとして、日本プロレスを追放された。翌年一月、新間は猪木から呼び出しを受ける。猪木は新団体を立ち上げるので、旗揚げ興行に豊登を呼んでくれと頼み、こう続けた。

〈「そして新間、おまえも新日本プロレスを手伝ってくれよ」
——このことばを私は何年待ちつづけただろうか〉(『さらばアントニオ猪木』)

猪木と行動を共にすることに躊躇《ちゅうちょ》はなかった。

アントニオ猪木との邂逅《かいこう》

新間とは彼の行きつけだという都内のホテル地下にある中華料理店の個室で会うことになった。約束時間に合わせて店に入るとすでに彼は到着しており、丸いテーブルの上に手帳を開いて住所を紙に書き写していた。政治関係のパーティー券を売りさばかなくてはならないのだという。

させた。

痩せ気味で骨張った軀、やや薄くなった髪の毛を綺麗になでつけた頭、大きな目は猛禽《もうきん》類を連想させた。

渡された名刺には、〈NPO法人　海外壮年協力隊　総合コンサルタント〉と記してあった。裏側にはアントニオ猪木のほか、元警察関係者の名前が羅列してあり、彼らの「顧問」と書かれていた。プロレス関係者だったと教えられなければ、永田町に棲息する、怪しげな人間と思ったかもしれない。

「長州の本を書いてくれるの？　嬉しいね。アントニオ猪木は別格として、長州力、藤波辰爾、タイガーマスクを世に出したことは私の誇りだよ。最初の本は買うからさ、長州にサインを貰ってきてよ」

朗らかな声で言った。

長州に、新聞と初めて会ったのは向ヶ丘遊園の喫茶店だったそうですねと確認すると、そうだったかなと困惑した顔で首を傾けた。長州によると、新間に会ったとはっきり覚えているのは、六本木通りにあるビルの地下にあった高級すき焼き店だという。

「鈴木監督が、テレ朝（当時は日本教育テレビ＝ＮＥＴ）の運動局長だった永里さんとご飯を食べに行こうと。永里さんは早稲田のレスリング部ＯＢなんです。監督に言われてぼくはついていった」

永里高平は、早稲田大学在学中の五〇年と五一年に全日本選手権のフリースタイル・フェザー級で優勝。大学卒業後はNETに入社していた。

力道山と街頭テレビの例を引くまでもなく、プロレスの持つ演劇的要素は映像と相性が良い。プロ野球のようにオフシーズンがないため、通年放送できるのも強みである。比較的安い制作費で視聴率が稼げるプロレスは、テレビ局にうってつけだった。

六七年から日本プロレスは日本テレビとNETの二つのテレビ局が中継を分け合っていた。その棲み分けは、馬場の試合を日本テレビ、猪木の試合をNETが中継するというものだった。その後、馬場は日本テレビの後ろ盾で日本プロレスを出て全日本プロレスを立ち上げた。一方、NETは猪木離脱後も日本プロレスの中継を続けていたが、坂口征二の新日本プロレスへの移籍に伴って、七三年から新日本を中継することになった。そして全日本プロレス＝日本テレビ、新日本プロレス＝NETという構図が出来上がっていた。

「食事は、そりゃ見事に旨かったですね。すき焼き屋だったんですけれど、ステーキも食べさせてもらった。すき焼きって野菜を入れるものだと思っていたじゃないですか。それが延々肉なんです。野菜を食った記憶はないです。そうして話しているうちに、猪木さんが入ってきた。新間さんと一緒だったかな。おおっと思いましたね。そりゃ、滅茶滅茶格好よかったです。ぼくはそれから箸が進まなくなった。

向こうが鶴田ならば、うちは吉田でいくか、なんて話をしていた。監督も相槌《あいづち》を打つようにして、〝お前もな、もったいないからこういう世界で頑張れ〟って。永里さんからも〝なぁ、お前、ここでやめたらもったいない〟とかそんなことを言われました。ええっていう驚きがありましたね」

店を出ると、タクシーに乗せられ、新聞から分厚い封筒を手渡された。

「〝軀を大きくしろ〟という感じで貰いました。タクシーの中で封筒を開けたら札束が入っていた。驚きはなかったですね。驚きを通り越して、俺の道は決まったなというのはありましたね」

新聞にこのことを質すと「車代だよ。大したお金は渡していないよ」と吹き出した。

「契約金は三〇〇万円だったたっけな？　吉田とレスリング部のマネージャーか誰かが事務所に来た。吉田はその金を〝これは俺のじゃないから〟ってその人に念を押していた」

契約金は全額、専修大学のレスリング部に渡った。

「監督は〝私たちは新日本プロレスに入った以上は、猪木さん、坂口さんにお任せします。彼の将来をお願いします〟って。なんか専修大学って凄いなと」

監督の鈴木も金を受け取ったことを認め、「あいつには悪いことをした。ピンハネだもんな」と大笑いした。

「貧乏な学生が多かったから、あれは助かったよ。当時の金で三〇〇万っていったら大きいぞ。でも彼の前でやったことだから、彼が納得して渡した。そういうところはあいつはさっぱりしているからな」

光雄は契約金を専修大学に寄付したと新聞が報告すると、猪木は感心したように「吉田というのは、ここがいいな」と胸を指さした。

「猪木さんは〝新聞、あとは俺に任せておいてくれ。ちゃんとする〟と言っていたので、経理と話して、吉田のところにも多少はお金が行ったと思う」

七三年一二月六日、新日本プロレスは南青山の事務所で光雄の入団記者会見を開いた。スーツ姿の猪木に伴われて光雄は壇上に登っている。軀を見せてみろと、猪木に促されて角刈りの光雄は照れくさそうに上半身裸になった。八日付の「東京スポーツ」には〈新日プロに鶴田より凄い新人〉が入ったという見出しの記事がある。

本書ではたびたび、東京スポーツの記事を引用している。

プロレスはスポーツジャーナリズムの中で特異な存在である。一九五〇年代末から一般紙はプロレスから距離を置き、力道山の死後はスポーツ欄からプロレスの記事がほとんど消えた。時折、スポーツ紙が触れることはあるものの、プロレスはスポーツの範疇から外されており、東京スポーツが熱心に追いかけている。

〈猪木代表は、この発表のためにわざわざ新日プロ一行よりひと足先に前夜の試合地福井から帰京し、いかに吉田選手の素質にほれ込んでいるかが分かる。

この吉田選手は、この日正式な入門手続きをすませ、八日からでも新日プロの道場でトレーニングできるというから、意外と早く〝プロの水〟に慣れるのではないか〉（一二月八日付）

しかし、光雄はすぐに新日本の練習に参加せず、しばらくはレスリングのない緩やかな学生生活を楽しんでいる。

「専修大学の寮を出て、同級生の下宿先に転がり込んでいましたね。六畳一間のちっちゃい、フォークソングの〝神田川〟に出てくるようなところで。彼が当時付き合っていた彼女に（新日本から）貰ったお金を渡して、口座を作ってもらいました。飲み歩いてその金がなくなる頃に新日本の道場に入っていました」

引っかかったのは、と長州は恥ずかしそうな顔をした。

「（単位が取れず）卒業できなかったんですよ。その時代の総長は川島正次郎。川島正次郎の総長賞を貰ったのに卒業できない。出席だけしてくれと監督から言われて、新日の寮から生田に通いましたね。四ヶ月ぐらい後に卒業証書を貰いました」

川島正次郎は自由民主党の副総裁を長く務めた大物政治家であり、日本プロレスリング・コミッションのコミッショナーを務めていたこともある。

新日本プロレスの初任給は月七万円だった。

「それまで仕送りが二万五〇〇〇円だったから、約三倍に増えた。寮に住んでいるから食べるものには不自由しない。七万円というのはぼくにとって凄いと思いましたよ」

しかし、収入の多寡はともかく、彼はプロレスの世界には馴染めなかった。

プロレスの洗礼

プロレスとアマチュアレスリングの練習の違いを訊ねると、長州は「まったく違いますよ」と即答した。

「筋力と体力の関係っていうんですかね。プロレスに必要なのは、瞬間的に物を持ち上げたりする力。アマチュアは相手を掴む持久力。粘りのある力っていうんですかね。筋力（の質）がまったく違う。要するにプロレスはウエイト（トレーニング）ですよ。本格的に入門して、小鉄さんと練習したら、朝、腕が上がらなかったですから」

小鉄とは、当時のコーチだった山本小鉄のことだ。山本は六三年に日本プロレスに入門。力道山の最後の弟子の一人である。兄弟子にあたる猪木の新日本プロレス立ち上げに協力し、若手の指導を担当していた。

手がここから上がらないんです、と長州は両手を突き出した。

「腕が曲がらない。顔を下げないと顔が洗えないんですよ」

プロレス特有の練習に下半身を鍛えるヒンズースクワットがある。腕を前後に振りながら、膝を曲げて腰を落とす。

「普通に一日五〇〇回ぐらいやっていたんじゃないですかね。ぼくはもともと下半身が滅茶苦茶強いんだけれど、その筋肉と使うところが違う。だから、歩けないんですよ。多摩川の階段が上がれなかったですから」

新日本の道場と寮は世田谷区野毛の多摩川沿いにあった。日本プロレスから追放された直後、猪木は自宅の庭を潰して道場に、平屋建ての家屋に二階を増築して寮としていた。

練習は毎日午前一〇時から午後二時、三時まで続いた。

道場の屋根の半分は半透明のアクリル板が張られていた。屋根を通して太陽の光が差し込み、レスラーたちの体温も相まって、夏に近づくと練習中の室温は四〇度を超えた。

スクワットをしているレスラーの軀から汗が流れ落ちて、水たまりができる。やがてその水たまりから水分が蒸発して塩分だけが白く残った。スクワットが終わるとレスラーたちは道場の外に我先にと飛び出して、水道の蛇口から水を飲んだという。

リングに上がると、先輩レスラーが光雄に「グラウンドになれ」と指示した。グラウンドとはグラウンドポジションを意味する。光雄はマットに膝をついて、しゃがみ込もうとした。

その瞬間だった。片足が動かず、光雄は前につんのめった。振り返ると、先輩レスラーの木戸修が涼しい顔をして踵《かかと》を踏んでいた。

プロレスというのは、こういう汚いことをするのかと嫌な気持ちになったという。

「木戸さんがどうこうじゃないんです。新人に対する洗礼？　そういうものだったのかもしれませんね」

ちょっと自信過剰なうぬぼれを言ってもいいですか？と長州は一呼吸置いた。

「スタンドからやっていたら、誰もぼくからテイクダウンは取れなかったでしょうね。当時、二〇代のバリバリでしたから。ぼくの後輩だってみんな勝てたんじゃないかなと」

テイクダウンとは、タックルなどで相手を倒すことだ。それには、フットワーク、相手の癖を読む洞察力、駆け引き、タイミング——さまざまな要素が必要とされる。立った状態から始めれば、光雄は誰にも負けない自信があった。

専修大学のレスリング部関係者は「プロレスの人間とは話が合わない」と光雄がこぼしていた姿を覚えている。相変わらず専修大学の道場が光雄の居場所だった。授業に出席するついでに道場に顔を出し、後輩たちの練習に付き合った。

光雄の軀はプロレスのトレーニングで大きく膨れ上がりつつあった。その軀を後輩たちが眩しく見るのをこそばゆく思いながらも、プロレスの練習によりアマレスの力が落ちつつあることも感じていた。

「この力はいつまで出せるだろうか。三〇（歳）ぐらいには出せなくなっているだろうなと、変なことばかり考えていましたね」

プロレスラーとしての初めての試合は、八月八日の日大講堂でのエル・グレコ戦だった。

この日のメインイベントは、アントニオ猪木とカール・ゴッチによる〈実力世界一決定戦・第二弾〉で〈入場者八二〇〇人〉の満員となっていたと東京スポーツは報じている。

翌週、東京スポーツは光雄の試合を特集している。


〈さる八月八日夜、東京・日大講堂――白のトランクス、白のシューズといった、いかにも新人らしいさわやかなスタイル。その吉田を、母校専大OB会、女性歌手などが花束で盛り上げる。セコンドには〝鬼コーチ〟と異名をとる山本、中堅の木戸選手。リングサイドでは若手レスラー総出の応援。客席後方には四日間の特別コーチ〝神様〟カール・ゴッチも目を光らせていた。

（中略）

「吉田はカンがいい、思い通り育ってくれそうだ」と神様・ゴッチにこうつぶやかせたのは、試合開始から5分が過ぎた時だった。ダウンしたグレコの足をクロスさせてデスロックぎみに決めると、クロスさせた足の間へ自分の右足を入れ、太モモでグレコの左足ふくらはぎを、グイと締めあげた。テコの原理。そしてそのまま上体をそらせてエビ固め——。グレコはたまらずギブアップした。

回転逆片エビ固めだ。正式にはレッグロールスピン・クラブ・ホールドといい、別名、サソリ固め。この技をかけられた者は、クロスに決められた足が上にそり返って、その形がサソリそっくりなところから、スコルピオンホールド（サソリ固め）とも呼ばれ、日本マットではほとんど見られぬウルトラC級の必殺技だ〉（八月一七日付）

この試合について、長州は「まったく覚えていない」とさらりと流した。

「なんとなくやったんでしょうね」

リングサイドでこの試合を見ていた新間は前向きな感想を持っていた。

「やっぱり凄いなと思いましたよ。早く海外修行に出したいと。道場にいれば、うちの人間とだけの練習になってしまうじゃない。外国人と練習する機会がない。吉田はこれからスターになっていく人間。彼の進むべき道は海外で経験を積むことだと思ったよ」

ただ、プロレスをよく知るであろう、東京スポーツの「白石」という記者はこうも書いている。

〈だが、ここで一つ問題となるのは、吉田より一足先にプロレス界へデビューし、今や馬場、デストロイヤーと並んで押しも押されもせぬ全日本プロレスの看板スターとなったジャンボ鶴田と比較すると、派手さがないということである。
鶴田の場合は、アメリカで修行、実戦を経験してのデビュー戦であるから、パッと派手にデビューしたのも当然だが、それを差し引いても吉田はちょっと地味だ〉
この指摘が鋭かったことは後から分かる。

〝鬼軍曹〟山本小鉄

リングサイドで光雄のデビュー戦を見守っていた一人が、小林邦昭である。

「デビュー戦というのは普通は日本人同士で、年の近い選手とやるじゃないですか。外国人と試合するには、それから二、三年ぐらいかかる。それがいきなり外国人相手にデビューですからね。やっぱり凄いなと思いましたよ。ぼくは肩書なしで入ってきた人間だし、はたから見ていて羨ましかったですよ」

小林は五六年一月に長野県小諸市で生まれている。子どもの頃から軀が大きく、近所に住んでいる人間から「相撲取りになれ」と言われ続けていた。しかし、相撲は尻を丸出しにしなければならないので気が進まなかった。

高校生になったある日、本屋でプロレス雑誌を立ち読みしていると、アントニオ猪木が新日本プロレスを立ち上げ、新弟子を募集しているという記事を見つけた。そこには応募資格体重七五キロ以上と書かれていた。小林は六五キロもなかった。そこで、上京して新日本の事務所へ行き、直談判することにした。

「一般のサラリーマンになりたくなかったんですよ。毎日同じことの繰り返しで定年までという人生を送りたくなかった。もっと変化に富んだことをしたかった」

新日本プロレスの事務所は代官山のビルの五階にあった。小林はエレベーターの前に立つと急に怖くなった。

（扉が開いたら、事務所じゃないか。猪木がいるかもしれない）

階段で四階まで上ったが、そこから足が動かなくなった。断られたらどうするのだ。心臓が早打ちするのが自分でも分かった。しばらくして勇気を振り絞って五階に上ってみると、部屋はがらんとして、プロレスラーらしき人間は誰もいなかった。聞くとみんな地方興行で東京を空けているという。

自分はプロレスラーになりたいので長野から出てきた、高校も辞めてしまった、入門させてほしいと事務員に必死で訴えた。すると、レスラーたちは一週間ほどで戻ってくるので、一度家に帰り、翌週出直すように諭された。

一週間後、小林は再び東京に向かった——。

小林が事務所に行くと、山本小鉄がいた。

「おう、お前か？　聞いているよ」

ごつい人だ、と思わず目を見張った。身長は低いが分厚い軀をしていた。これがプロレスラーなのだと思った。

「一日でも早く寮に入ったほうがいい。今からすぐに行け。地図描いてやるから」

山本はそう言うと紙に簡単な地図を描き、ポケットから五千円札を出した。

「タクシーに乗って、ここに行ってもらえ」

新日本の道場の前でタクシーを降りて入口を探していると、大きな犬に吠えられた。猪木の飼っていたセントバーナードだった。小林はその鳴き声に立ちすくんだ。そのとき、扉が開いて中から男が顔を出した。山本から連絡が行っていたのだろう、「新弟子か？　こっちにおいで」と手招きされた。

入門テストはなかった。長野から二度も出てくるという熱意を買ったのだとあとから山本に聞かされた。

その日、小林が戸惑ったのは食事だった。

テーブルの上に置かれたアルマイトの大きな鍋を、上半身裸のレスラーたちが箸でつつき始めた。小林は他人が箸を突っ込んだ鍋は不衛生で、食べる気にならなかった。すると、隣に坐っていた木戸がそれに気がつき、パチンと腕を叩いた。

「お前、オカマみたいだな」

その言葉にどっと笑い声が起きた。

もっとも、小林も一週間も経つとレスラーたちと鍋をつくことに慣れた。

「あの頃は滅茶苦茶な時代だったんですよ。飯のときには丼で（米飯を）最低一〇杯食べろとかね。ぼくなんか一日三〇杯ぐらい食べていたかな？　食わないと怒られるんですよ。口の中に突っ込むように飯を食っていました」

米飯を食べることで軀を大きくするというのが山本の方針だった。小林がプロテインサプリメントを飲んでいると、山本が血相を変えて飛んできた。

「馬鹿野郎、プロテインなんか飲むんじゃねぇ。化学の力で軀を大きくしてもしょうがねぇだろう。飯を食え」

山本はプロテインの袋を小林から奪うとゴミ箱に捨てた。

（高い金を払って買ったのに）

小林はゴミ箱に入ったプロテインの袋を恨めしそうに見た。

小林といえば、〝大食い伝説〟が有名である。

入門してすぐの頃、試合のため新幹線で博多に向かうことになった。小林は軽く食べようと食堂車に入ると、山本小鉄が坐っていた。目が合った瞬間、悪い予感がした。

「小林っ、ここに坐れ」

山本は大声で小林を呼びつけると目の前でメニューを広げた。

「好きな物を食え」

「じゃあ、カレーとスパゲティをお願いします」

「馬鹿野郎！」

山本は怒鳴った。

「全部食うんだよ」

「えっ、全部ですか？」

「そう、今日は俺がスポンサーになってやる。メニューの全部を食べろ。飲み物は省いていいから、食べ物、つまみ、全部だ」

そう言うと山本はウエイトレスを呼んで、メニューを上から下まで指さした。

しばらくしてテーブルの上に、次々とカレー、カツカレー、各種のスパゲティなどの皿が並べられた。

何皿か食べると、さすがの小林もお腹が膨れてきた。もう少し待てば山本は座席に戻るだろう。もったいないが残そうと小林は考えていた。しかし、山本は小林の心の中を読んでいたのか、どんと動かなかった。

新幹線は静岡から名古屋、そして大阪を通り過ぎた。そのうち、厨房からコックたちが出てきて、ウエイトレスたちと「頑張れ」と小林を応援していた。

（何を頑張るんだよ）

むっとしながら、小林は必死に食べ物を口に運んだ。東京から博多までは新幹線で約七時間。博多に着く直前、小林は六時間半かけてすべての料理を胃袋に収めた。その後の二、三日、小林の軀は一切の食べ物を受けつけなかった。

カール・ゴッチの関節技

練習は山本以外に、カール・ゴッチが指導することもあった。

ドイツ訛《なま》りの英語を話したため、ドイツ人とする資料もあるが、実際は一九二四年にベルギーのアントワープで生まれた。少年時代にレスリングを始め、四八年にカレル・イスタスの本名でロンドンオリンピックに出場、五〇年にプロレスに転向した。欧州各地を転戦、その後五九年にカナダ、六〇年にアメリカへ渡った。当初はドイツ人のカール・クラウザーを名乗っていたが、六一年にカール・ゴッチと名前を変えている。

『猪木寛至自伝』で、猪木はゴッチを六一年に初めて見たと書いている。

〈初来日のゴッチは恐ろしく強かった。力も強くスピードもあり、関節技のテクニックは世界一だったのではないか。私は時間を見つけてはゴッチの試合を覗き見、深く感銘を受けた。（中略）

それからは、力道山の付き人の仕事の合間に、外人側の控室に走って行き、ゴッチの指導を受けた。日本プロレスのやり方とはまるで違って、身体の各部を鍛え、しかも筋肉の柔軟性を失わないように計算されている合理的なトレーニング法だ。私はゴッチに心酔し、自分もゴッチのように強くなりたい、と願った〉（『猪木寛至自伝』）

新日本プロレスを立ち上げた猪木は、ゴッチを深く頼ることになった。

ゴッチは年に数回、日本に滞在していた。彼の指導について訊ねると、小林は「いやー、凄かったです」と高い声になった。

「凄かったけど、ゴッチさんは絶対に竹刀で叩いたり蹴ったりしないで、優しく教えるんだよね。朝の九時頃、道場に来て、気合いが入ると練習が終わらない。半日ぐらいやっていたこともあった。へとへとになっちゃう。暑くても練習中は水を飲ませてくれないからね」

ゴッチの練習は独特の器具を使った。道場の壁には、長さ一メートルほどの細長い板に二つの木片が下駄のように付けられた物がぶら下げられていた。板を床に置くと木片があるので少し浮く。板の両端を摑んで、股を大きく開いて腕立て伏せをするのだ。脇を締めて頭を下げた後、胸を張り天井を見る。

――波のようにすくい上げる。

とゴッチは指示した。この腕立て伏せを三〇回一セットとして一〇セット。

その他、「コシティ」という棍棒《こんぼう》を振り回す練習もあった。これはペルシャ人の兵士が剣を操るために振った棍棒が発祥とされている。コシティ（クシティ）はペルシャ語ではレスリングを指す。この棍棒は本来「ミリィ」というのだが、新日本の道場では混同されていた。

「ゴッチさんって逆三角形の軀をしているんですけれど、ボディビルで作ったんじゃない。コシティとかロープ登りとか、そういうような自然の練習ですよね。あとはスパーリングが多かったです。ぼくらも毎日（関節技を）教わりましたけど、あまりに多すぎて」

ゴッチさんの技の引き出しはたくさんありすぎて自分たちには覚えられなかった、と小林は残念そうな顔をした。

光雄が新日本プロレスに入ってきたのは、小林より約一年半後のことだった。

「軀はそこそこ大きかったけど、真四角な形でしたね。胸が出ておらず、プロレスラーの体型ではない」

いくら食べても太らない体質だった小林と違い、光雄は「ご飯に味噌汁をかけても筋肉がついていくような感じ」で羨ましかったという。

自分はグラン浜田、木村健悟、栗栖正伸たちと練習することが多く、光雄は木戸修や藤原喜明がスパーリングの相手をしていた記憶があると小林は言った。

「（光雄は）アマレスのトップとして入ってきたじゃないですか？　でもプロレスはまるっきり違う練習ですから。関節とか極《き》められたことはないでしょうね。レスリングの選手は相手の肩を（マットに）つけたりするのはうまい。でも関節技を知らない。プロレスは肩をつけてもつけなくても関係ないですから。そこから相手の関節を極めて、ギブアップをとる。日本で一番強いアマレスの選手がプロレスのリングに上がったとしても、関節の取り合いをしたら、すぐに極められる。最初はそういうので勝手が違うというのがあったような気がしますね」

それでも光雄は特別扱いだった。

デビュー戦から約三週間後の八月三〇日、光雄はアリタリア航空ＡＺ一七九九便に乗り、羽田を発《た》った。

〈吉田は、西ドイツ、ウエストファラー州のムンスター市に入ると、すぐさま一日から西ドイツのハノーバーで開かれる〝世界トーナメント〟に出場する。なおこの大会には、日本でもものの凄い人気を持つ〝千の顔を持つ男〟ミル・マスカラスなど一流選手が出場する〉（「東京スポーツ」一九七四年九月一日付）

新日本プロレスが若手選手を国外に送り出すのは初めてのことだった。

ドイツへ武者修行

光雄の行き先がドイツだったのは、新日本にはプロレスの本場であるアメリカに強力なコネクションがなかったからだ。

それには新日本と全日本プロレス、そしてＮＷＡ（ナショナル・レスリング・アライアンス）の関係を説明しなければならない。

ＮＷＡが結成されたのは、一九四八年七月のことだ。

一九四〇年代、全米各地にはプロレス団体が多数存在していた。同じ団体所属のレスラーだけで試合を組むと、新鮮味が薄れる。そこで、レスラーを貸し借りすること、また、世界チャンピオンをつくり共有する目的で結成したカルテルがＮＷＡだった。

ジャイアント馬場の全日本プロレスは、旗揚げから四ヶ月後の七三年二月にＮＷＡに加盟。新日本も七三年、七四年と二年連続して加盟申請したが拒否されている。馬場が競合関係にある新日本の加盟を阻止していたのだ。

全日本はＮＷＡ加盟団体からハーリー・レイスをはじめとした著名な外国人レスラーを招聘《しょうへい》し、華やかな雰囲気を創り出した。これに対し、新日本は無名の外国人レスラーを生かさなければならなかった。この全日本への対抗心が、新日本プロレスの体質を決定づけたともいえる。

猪木が頼りにしていたゴッチはＮＷＡと縁が薄かった。ゴッチのつてで光雄はドイツに送られたのだ。

この海外修行は出だしから躓《つまず》いた。経由地のフランクフルトに着くと荷物が出てこなかった。

「荷物が違うところに飛ばされたと。お前は何がないんだとか、どこに届ければいいんだとか訊かれていたんでしょうけれど、何を言っているのかまったく分からない。俺はどうすればいいんだと」

光雄だけでなく、多くの乗客の荷物が届いていなかった。成田発の飛行機だったため、アジア系の乗客が多かった。ただ、航空会社の職員と英語でやりとりしている人間も多く、誰が日本人なのか光雄には見分けがつかなかった。

不安そうな様子を見かねた一人の紳士が光雄の肩を叩いた。

「日本人ですか？」

光雄は一瞬、返事に困った。

「日本人ではないんですけれど、日本で生まれました」

自分は新日本プロレスという団体のプロレスラーである。これからハノーバーで行なわれる大会に出場することになっているのだが、荷物が消えてしまった。たった一人で言葉も通じないので困っていると説明した。

「プロレスですか？　私は力道山の時代からプロレスを見ていましたよ」

紳士はにっこりと笑った。光雄は彼に手伝ってもらいながら、必要書類に記入した。荷物はともかく、今日泊まるホテルはどうしたらいいだろうかと思案していると、「とにかく一緒に行きましょう」と紳士は光雄の背中を押した。

出口には彼の会社の人間が迎えに来ていた。

「この人にホテルをとってあげて」

紳士はそう言うと、光雄に「お腹が空いているでしょう、一緒に食事しましょう」とレストランに連れていってくれた。

「東レかなんかの人だったと思うんですが、お名前は忘れてしまった。非常に助かりましたね」

当時の西ドイツでは、一〇日から二週間程度の期間、一ヶ所でリーグ戦を行ない、優勝者を決めるという大会方式をとっていた。

「ハノーバーからまたどこか小さな街に行って、最後はミュンヘン。オリンピックで行ったところですね。あんまり向こうの記憶はないですね。なんとなくやっていたんでしょうね」

西ドイツには三ヶ月ほど滞在したが、覚えたドイツ語はグーテンモルゲン（おはよう）ぐらいですよ、と笑った。

そして西ドイツからアメリカのフロリダ州タンパへ飛んだ。タンパでは、タイガー服部こと服部正男が出迎えた。

光雄と正男

「紺の地味なズボンを穿いて、白いワイシャツ着てさ、髪の毛も短くて、どこの役所の人間が来たのかと思ったよ。徳山のタコ、専修（大学）の田舎者がそのまま来た感じだった」

服部は当時の光雄の姿を思い出したのか、声を上げて笑った。

「すぐに新しいジーンズとスニーカー、ビーチサンダルとかを買いに行って、アメリカンスタイルに変えてやった」

服部は四五年七月に東京で生まれた。光雄より六歳年上に当たる。

「中央区で生まれて、鉄砲洲《てっぽうず》小学校（現・中央小学校）、文海中学（廃校）だよ。高校は江戸川を越えて江戸川高校。川向こうに行っちゃった。大学に入ったとき、応援部かレスリング部に入りたかった。やっぱり俺はどっか（海外）に行きたかったんだ。もともと柔道をやっていたけど、世界でチャンスがあるのはレスリングだなと。明治のレスリングは凄く強かったよ。あんなしょっぱい専修（大学）と一緒にしないでくれない？」

江戸っ子の服部の口からは、歯切れのいい言葉が次々と飛び出してくる。

明治大学レスリング部一年生のとき、四年生に斎藤昌典がいた。後のマサ斎藤である。

大学からレスリングを始めた服部は、六六年の全日本選手権、グレコローマン・バンタム級で優勝。大学卒業後の六九年三月、アルゼンチンで行なわれた世界選手権に出場、四位になった。大会後は日本へ戻らず、アメリカへ向かっている。

「ぐるぐる回って、サンフランシスコに着いたらマサさんに会った。マサさんがまだ駆け出しのレスラーだった頃だよ。俺は（レスリングの）試合があったのでシカゴに行って、ノースウエスタン大学でアシスタントコーチを一〇ヶ月やってビザが出た。その後、ニューヨーク。ニューヨークのイーストビレッジに着いたとき、ポケットには七〇ドルしかなかった」

ニューヨークでは日本体育大学レスリング部出身の松浪健四郎が柔道を教えており、服部はその後を引き継ぐことになった。そして並行してレスリングも続けた。

「ニューヨークアスリートクラブっていう、一〇〇年ぐらいの歴史があるスポーツジムがあるんだ。昔は白人しか入れなかった。七一年かな？　クラブの代表として全米選手権の五七キロ級に出場して優勝した」

服部によると、この全米選手権をプロレス団体チャンピオンシップ・レスリング・フロム・フロリダ（ＣＷＦ）がスポンサードしていた。フロリダを拠点とするこの団体の副社長はデューク・ケオムカ、ヒロ・マツダが役員を務めていた。ケオムカはハワイ生まれの日系人、マツダは横浜出身の日本人である。

「フロリダはレスリングが盛んだった。マツダさんから、しばらくフロリダに残って若い選手にレスリングを教えてくれと頼まれた。俺も独身だったし、ニューヨークに帰らず、タンパに住むことにした。食べ物は美味しいし、女は綺麗だし、フットボールもあって、アマチュアレスリングも盛ん。もう素晴らしいところだよ」

酒は旨い、ビールでもテキーラでもなんでもある、光雄の好きなモヒートもあるじゃない、と付け加えた。

モヒートとは、ミントの葉を潰して、ラム、砂糖、ライムを入れて、ソーダを注ぐカクテルである。キューバに住んだ作家、アーネスト・ヘミングウェイが愛飲した。

「光雄は服装も変わって、フロリダのボーイみたいになったよ」

服部はくすくすと笑った。

タンパでは、光雄はアパートを借りてカール・ゴッチの自宅まで通うことになっていた。

彼の自宅は、オレンジ畑の中にある一軒家だった。周囲をランニングした後、スクワット、腕立て伏せ、そして車庫にゴム板を敷いてブリッジ。芝生の庭でマットを敷き関節技を覚える――はずだった。

服部は当時をこう振り返る。

「彼はアマチュアレスリングのエリートで来た。やっぱり強いよ。だけれどプロレスの世界は強ければお客さんが来るわけでもない。勝ったからって、それだけで客は喜ばない。一足す一が二になる世界じゃないじゃん。プロレスは物語を提供しないといけない。あいつは純真というか、まっすぐにアマチュアレスリングを練習してオリンピックまで行った。それからプロレスの世界にぽーんと入った。ごろっと考え方を変えろって言われても戸惑うよね。馬鹿らしいと思っただろうね。あいつ、そう言っていない?」

入門直後のスパーリングで光雄が、先輩レスラーから踵を踏まれ、嫌悪感を持ったことは前述した。しばらくして、光雄は彼らの行動は、ゴッチのプロレス観——とりわけ〝強さ〟に対する考えに基づくものだと理解するようになっていた。

日本の草創期のプロレスラーの一人、力道山とタッグを組んでいた遠藤幸吉は、プロレスラーの〝強さ〟とは「強さを表現できる人」であると定義し、強さを表現できる人間とできない人間がいると書いている。そして前者の代表がルー・テーズ、そして後者がゴッチであると——。

ルー・テーズは一九一六年にアメリカのミシガン州で生まれ、一六歳でデビューしている。獲得したタイトルは数多く、四八年からは九三六戦連続無敗という記録を残している。二四年生まれのゴッチよりも一世代前のレスラーである。

テーズは自分の〝強さ〟の源泉は、関節技だったと自伝に書いている。

〈関節技を使いこなせないかぎり、絶対に世界チャンピオンにはなれない。タイトルマッチともなれば、目の色を変えた挑戦者は、必ず私の逆関節を取って心理的に優位に立とうとする。それをさせたら、挑戦者を図に乗らせるだけだ。まず試合開始のゴングが鳴ったら、必ず先に相手を一度極めてしまう。そうすれば相手は〝ああ、テーズにはかなわない〟と、あきらめてしまうものである〉（『鉄人ルー・テーズ自伝』ルー・テーズ著、流智美訳）

ゴッチもまた関節技の巧みさを持っていたが、テーズと比べるとその経歴は見劣りする。

〈（ゴッチは）技の多彩さ、強烈さ、見ていて気持ちのいいシャープな身のこなし……。どれをとっても文句のつけようのない、文字通りの〝プロレスのお手本〟だが、テーズのように、相手の技を引き出したり、相手の技を受けて痛がってみせるような〝演技〟ができなかった。いくら強くても〝見せて〟くれないと観客は承知しない。したがってプロモーターからもお呼びのかかる率が少なくなってくる〉（『プロレス30年初めて言います　壮絶な男のドラマの味わい方』遠藤幸吉著）

遠藤はゴッチが〈ひと昔前のストロング全盛時代に生まれていたら……〉とも付け加えている。

テーズが駆け出しの頃、アメリカ各地に〝ポリスマン〟と呼ばれるレスラーが存在した。彼らは暗黙のルールを破るレスラーに制裁を加え、プロレスに敵意を抱き道場破りに現れる力自慢たちを潰す役割を与えられていた。テーズの師の一人、ジョージ・トラゴスはその中でも最強の男だった。

〈「相手の骨を折る必然性があるときは、ためらわずに骨を折らねばならぬ。それができなければ、お前は永久に偉大なレスラーになれない」という教えであった。私にとってプロレスリングは相手にケガをさせるための武器ではなかった。だが、師匠トラゴスにとっては、相手にケガをさせることがプロのレスリングだったのである〉（『鉄人ルー・テーズ自伝』）

ゴッチはこの〝ポリスマン〟トラゴスに親近感を感じていたようだ。

プロレス評論家の流智美はゴッチを取材した際、「私はルー・テーズに大きな嫉妬が一つだけある。それは彼がジョージ・トラゴスのコーチを受けていることだ」と言われたという。

ゴッチは話し好きで、取材するときは三時間程度になることを流は覚悟していたと振り返る。

「教えているとき、テーズはその人間がうまくできないと苛立ちがすぐに顔に出た。ゴッチは逆で、できなくても丁寧に、そして分かりやすく教えた。どちらかというと、できない方が嬉しそうな節もあった。まっさらな人間を育てることに喜びを感じていた」

ゴッチは〝裏技〟も伝授した。

〈例を挙げれば、「肛門への指突っ込み」「口の中に人差し指を突っ込み、引き裂くように引っ張る」「カメの体勢になった相手の延髄にヒジを入れて防御体勢を崩す」「相手の頬骨に自分の上腕の骨を食い込ませるヘッドロック」など、エグい技の数々である〉
（『詳説　新日イズム　闘魂の遺伝子がここにある！』流智美著）

テーズとゴッチの本質は同じだ。ただ、ゴッチのプロレスは、テーズよりも暗い影を帯びていた。そして自分の強さが正当に評価されていないという意識があり、技を後生に伝えたいという意志が強かった。

「田吾作スタイル」

服部は最初から光雄とゴッチはそりが合わなかったと記憶している。

「ゴッチの家に俺が光雄を車で連れていったこともある。猪木さんは光雄にゴッチ流のスタイルでやらせようとしたんだけれど、あいつからしたら、そんなのは分かっているという感じだったんじゃないかな。分からないのは（プロレスの）幅の広さなんだけれど、だからいつも喧嘩していたもの」

そしてある日、二人は衝突した。

「ドアをガチャンと閉めて、入ってくるなと。やばいなと思ったけど、中を見られない。光雄はまだ二五、六（歳）だろ？　現役じゃん、強いよ。二時間ぐらい二人で死闘をしていたんじゃないの。ケロッとした顔で出てきた。ゴッチを負かしたかどうかは分からない。ゴッチも普通の顔で出てきた。それから少しずつゴッチのところに行かなくなった」

この話を長州にぶつけると、「それはない」ときっぱり否定した。

ただ、ゴッチの自宅でのトレーニングは自分には意味がないと感じていたことは認めた。

「その前に（西）ドイツで失敗してるから。あんまり〝固いこと〟やったってしょうがないなっていうのはありましたよね」

固いとは、関節技や寝技の練習を指すと思われる。

「ゴッチさんとこはね、疲れるというか、毎朝迎えに来られるでしょ。タンパ（の中心地）からちょっと離れた、湖のそばにあったんですよ。そこから、なかなか帰してくれない。ゴッチさんの奥さんが作ってくれた飯を食って。飯は美味しいんですけど、そこでいろんな話をするわけ。夕方までかかるの。気が滅入ったところがありますよね。

プロレスはこういうもんだとか、（昔の）アルバムを見たりとか。ゴッチさんは寂しかったんだと思うんですよね。教わって感謝してますけど、そこで、自分がこの世界で切り替えようとしているところで、あまり意味はなかったというか……」

アマチュアレスリングでは勝つことがすべてである。一方、プロレスは単に勝つだけでは客は喜ばない。どうすれば客を惹きつけることができるか。その答えはゴッチのところにはなかった。

長州は関節技について『名勝負数え唄　俺たちの昭和プロレス』という本の中でこう語っている。

〈まあ、関節技はアマレスにないから手や足を出しちゃえば、獲られちゃう。でも、その前段階で俺を倒せる人間、寝技に持ち込める人間はいなかった。

関節獲るのってメチャクチャ楽なんだ。すぐに覚えられたよ。ただ、倒す技術っていうのはなかなか身につかない。覚えるのはしんどいよ。だから、レスリングをみっちりやってきた俺を倒せる人間はいなかったな。それは自信持ってた〉

ほかの多くのレスラーと違って子どもの頃、光雄はプロレスに熱中したことがない。大学卒業後、新日本プロレスに入ったのは職業として、だった。金を稼ぐために〝仕事〟を早く覚えなければならない。プロレスラーの力を見せつける、あるいは矜持《きょうじ》を保つため関節技を教えようとするゴッチに対して、俺が知りたいのはそれではないのだ、と苛立っていたことは想像できる。

ゴッチと決裂した朝のことを長州はよく覚えていた。

「ゴッチさんがぼくの住んでいたアパートに来てノックしたんです。ぼくは起きて、椅子に坐っていました。いつも八時ぐらいに来るから、もう（そろそろ）来るなと思っていた。何回かノックしていましたね。でも、ぼくは出なかった。そうしたら、翌日からゴッチさんは来なくなった」

そして服部がレスリングと柔道を教えていたジムに入り浸るようになった。そんな彼を見かねたマツダはフロリダ近辺の試合に出られるように手配してくれた。

「新日の方にも当然、連絡が行っていたでしょうね。それでマツダさんが〝心配しなくてもいいよ。小さいところからやらせるから〟と」

アメリカでは地区ごとに団体が分かれていた。それぞれ客の集まる休日には主要都市で、それ以外の日は近郊の街を回って試合をした。これをサーキットと呼ぶ。光雄はタンパを中心としたCWFのサーキットに参加することになった。

「アリーナとかでも試合しましたよ。客は入っていましたね。アメリカでも（プロレスは）全盛でしたから。ぼくはショックチ（第一試合、前座）でやってましたね。一五分くらいの時間をフルタイムで動けって言われて。勝ち負けは半々ぐらい。大技もできないしね。この頃、トップでやっていたダスティ・ローデスとかと比べたら、やっていることに差があることは分かっていましたね」

アメリカンフットボール出身のローデスはこの頃、CWFで善玉——ベビーフェースとして人気を集めていた。

自分の試合が終わった後、ほかのレスラーの試合を見て参考にしたのですかと訊ねると、首を強く横に振った。

「いや、見ないです。正男に迎えに来てもらって、正男の家に直行して飯食って。そんな感じですよ」

あくまでプロレスに対してすげない。

今も長州は、年上の服部のことを「正男」と呼び捨てにして敬語を使わない。理由は分からないが、彼なりの親愛の情の表し方なのだろう。

七五年一二月、光雄はニューヨークでクリスマス休暇を過ごした後、七六年一月からカナダのモントリオールに向かった。

このモントリオール行きも新日本と全日本の関係に起因している。

NWAの後ろ盾で華のある外国人選手を次々と招聘する全日本と対抗するため、新日本は国外のベルトを必要とした。そこで猪木が目をつけたのは、ナショナル・レスリング・フェデレーション（NWF）という団体だった。

NWFはニューヨーク州第二の都市、バッファローを拠点としてアメリカ北東部と五大湖地区で活動していた新興団体だった。新日本に好都合だったのは、NWFがNWAに加盟していなかったことだ。

光雄が新日本プロレス入りの記者会見をした直後の七三年一二月一〇日、猪木はNWFチャンピオンだったジョニー・パワーズを破りタイトルを獲得。その後、NWFからレスラーを招聘している。そのNWFから紹介されたのが、オールスターレスリング（ASW）だった。ASWはモントリオールを拠点にしており、こちらもNWAに加盟していなかった。

七三年一〇月から、新日本はASWからマクガイヤー兄弟などの外国人レスラーを呼んでいる。マクガイヤー兄弟は二人合わせて六〇〇キロという巨漢レスラーだった。今度はASWの要請で、新日本の有望選手である光雄をモントリオールに派遣することになったのだ。

光雄はモントリオールを拠点にサーキットを回ることになっていた。

「(住んでいたのはモントリオール) 街中にある古い建物で、一階がバーになっていた。二階はバーの女の子を連れ込むみたいな。そこから何人かでグループをつくって車で移動する。モントリオールを軸にしたサーキット。言葉も習慣も分からなくてもなんとかなる。二〇代だからできたんでしょうね」

プロレス評論家の流智美によると、「ミツオ・ヨシダ」の名前でASWの主力レスラーたちと対戦、連日好試合を展開し、地元の専門誌で大きく取り上げられたこともあったという。そうした雑誌には、ふくらはぎまである七分丈、膝当てがついた白いタイツ、わらじのようなものを履いた光雄の写真が残っている。

こうした姿は日系レスラー独特の「田吾作スタイル」と呼ばれる。

第二次世界大戦で敵国であった日本は、アメリカ国民にとって憎むべき相手だった。ゴング前の「パールハーバー・スニーキー・アタック」(真珠湾流不意打ち) と呼ばれる不意打ちを食らわせるなど、日系レスラーは北米で狡《ずる》い悪役を演じていた。

とはいえ、モントリオールはフランス語文化圏ということもあり、日本人に対する憎悪はそれほどではなかった。光雄はとくに考えなしに田吾作スタイルをしていたようだ。

七六年七月、モントリオールでオリンピックが開幕した。

「オリンピックが始まったとき、ぼくは仕事でカナダをずっと流れてました。自分の後輩、工藤が四八キロ級でメダルを獲ったのをテレビで見て、おおっ、こいつ良かったなと。あのときは、ニューブランズウィックまで流れていましたね。どこかのコテージで試合を見た。同じ年の伊達も頑張っていましたね」

工藤章は光雄の二学年下に当たる。専修大学二年生から全日本選手権のフリースタイル四八キロ級を四連覇していた。大学卒業後は三信電気で競技を続け、モントリオールオリンピックでは銅メダルを獲得した。また、高校時代から旧知の仲だった伊達治一郎はフリースタイル七四キロ級で金メダルを獲得している。

あるとき、長州はこんな風に話したことがある。

「ミュンヘンでは、オリンピックってこんなもんだと分かったときには終わっていた。次は参加するんじゃなくて……アスリートとしてどっかの企業がケアしてくれて、もう一回出たら（金メダル、もしくは）違った色ぐらいは獲れたんじゃないかなと。そんな思いもありますね。もちろん、当時はそういうもの（支援体制）がない時代。もう四年間というのは考えられなかったし、まず食うことでした」

カナダ東部、大西洋に面したニューブランズウィック州の田舎町の宿で、後輩たちがメダルを掲げる姿を、祝福する気持ちに加えて茫洋《ぼうよう》とした悔恨《かいこん》の思いを抱えて見ていたことだろう。

「カナダにいたときはチンタラやっていたけど、（プロレスとは）こういうもんだなというのは自分なりの解釈はありましたね。アメリカと日本とはスタイルが違うということも。アメリカとかで客を捕まえるのはそんなに難しくない。ぼくたちは中指立てて、客にブーブー言わせておけばいいよっていう」

日本に帰らず、このままカナダに居続けるのも悪くないと光雄は思っていた。日本への未練はなかった。

しかし——。

光雄がモントリオールに滞在している間に、新日本プロレスが揺らいでいた。

七六年六月、猪木がボクシングの世界チャンピオン、モハメド・アリと対戦、約九億円もの負債を抱えていた。その責任を取り、猪木は会長という形で社長を外され、新間は平社員に格下げとなった。さらに新日本は負債を補塡《ほてん》したテレビ局、NETの管理下に置かれることになった。実質的な子会社化である。

また、猪木対アリの試合は凡戦と批判され、猪木はレスラーとしての商品価値を落としていた。新日本プロレスは、猪木に続く新しいスターを必要としていたのだ。

光雄は七七年二月一〇日、二年六ヶ月ぶりに日本へ帰国した。

第四章

「長州力」の名付け親

七七年三月、海外修行からの凱旋試合。当時はパンチパーマだった

リングネームを公募

新間寿によると、光雄は最初帰国の打診を断ったという。

「吉田に帰ってこいというと、〝こっち今、忙しくて帰れないですよ〟とけんもほろろに断られた。普通、日本へ帰ってこいと言えば、喜ぶのに。なんでそんなことを言うんだと訊くと〝なにしろ帰りたくありません〟と。つっけんどんな断り方だったよ。吉田はあんまり会社（新日本プロレス）にいい感情を持っていないなと思ったもの」

新日本プロレスは光雄の後、次々と若手レスラーを国外へ送っている。

彼らに手渡されるのは片道の航空チケットと小遣い程度の金だけだった。宿泊先は用意されていたが、新日本から給料が支払われないため、現地の試合に出て生活費を稼ぐしかない。彼らはレスリングシューズとタイツ、文字通り裸一貫で異国を渡り歩いていたのだ。

「出発前に吉田には困ったことがあればコレクトコールで会社に電話をかけてこいと言っていた。時差があって繋がらなかったのかもしれないけど、一切かけてこないものね。吉田にすれば、将来のスターだとかさんざん持ち上げられたけど、ヨーロッパやモントリオールでは陽が当たらないし、金も稼げない。会社から捨てられたというか、不信感があったんじゃないか。俺では駄目だと思ったので、猪木さんか坂口さんに帰ってこいと電話をしてもらったはずだよ」

長州は帰国してすぐ、『第四回ワールドリーグ戦』に参加している。

ワールドリーグ戦は七四年春に始まった、外国人レスラーを含めた総当たりリーグ戦である。

この第四回大会には、光雄のほか、坂口征二、星野勘太郎、永源遙《えいげんはるか》、木戸修、ジョニー・パワーズ、マスクド・スーパースターなど一一人が参加している。猪木だけはタイトルマッチに専念という理由で棄権していた。

光雄は三月四日、群馬県の高崎市体育館でロベルト・ソトと初戦を行なった。試合直後の東京スポーツでは〈噂通りの強さ！ 吉田さっ爽の羽折り固め一勝〉という見出しをつけて、光雄の勝利を報じている。

この記事の隣に、〈吉田のリングネームを募集〉という告知が見える。

〈西ドイツから本場・米国に渡って暴れまくってきた吉田光雄が二年ぶりに日本のマット界に登場。新日プロでは〝若獅子〟吉田のリングネームを広く全国のファンから公募することになった。締め切りは3月15日。発表は31日の東京・蔵前国技館のリング上。当選者には30万円相当の賞品が贈られる〉（「東京スポーツ」一九七七年三月六日付）

このリングネーム公募は、自分が猪木に持ちかけたものだったと新間は振り返る。

「〝吉田はすごく会社に不信感を持っていますよ。帰ってきたら頼みますよ。吉田は、私と社長、二人で入れたんじゃないですか〟と猪木さんに言ったんだ。そうしたら〝そうだな。吉田のことは俺が考えるよ〟と。それで吉田売り出し作戦として、リングネームを募集することにして、東スポで呼びかけをしたんじゃないかな」

しかし、リングネームは三月三一日の蔵前国技館で発表されなかった。

「何百通も来たんだけれど、いいのがなかった」

新間の証言を元に、猪木との会話を再現してみる――。

会議室で猪木は足を組んだまま、ボールペンで机をコンコンと叩いた。

「どれもこれも駄目、俺が名前を決めるよ」

「えっ？　分かりました」

新間は続く言葉を待ったが、猪木はじらすかのようににやにや笑うだけだった。

「言ってくださいよ、決めているんならば」

「おう、じゃあ言おうか」

猪木は新間の顔を見た。

「お前のお袋は会津（出身）だな。会津の天敵はどこだ？」

いきなり何を言うのだと面食らいながら「薩摩と長州です」と返した。すると猪木は「それだ！」と大きな声を出した。

「長州だ。あいつは山口出身だろ？」

「長州がどうしたんですか？　なんとか長州という名前ですか？」

怪訝な顔をした新間に猪木は「馬鹿だな」と微笑んだ。

「長州力だ。山口県の長州に、力道山のリキ。吉田には力道山のリキがぴったりだ」

新間は猪木らしいネーミングだと感心したという。

「いつ考えたのか知らないけど、大したもんだなと思ったよ。吉田はベンチプレスで二〇〇キロを挙げていたから、ストロングなんとかや、パワーなんとかという名前がたくさん送られてきていた。吉田には力がある。そして力道山と同じ在日。いい名前だと思った」

力道山は日本統治時代、現在の北朝鮮統治範囲にある咸鏡南道で生まれ、日本人家族の養子となっている。

四月二二日、大阪府立体育会館で光雄の新しいリングネーム――長州力が発表された。

このワールドリーグ戦で長州は、坂口には敗れたものの、先輩の星野、永源、木戸に勝利し、猪木、坂口に続く若手の最有望株に位置付けされた。

しかし、新聞たちが期待したように人気は上がらなかった。

プロレスとは何か？

改名から約二年後の七九年六月一五日、長州は坂口とタッグを組んでNWA認定北米タッグ王者となっている。長州にこのタイトルのことを訊ねると「そういうこともありましたね」と気のない返事が戻ってきた。

燻《くすぶ》っていたこの時代について、ぼくは長州に何度も、そして質問を変えて訊ねている。

あるとき、観客を「捕まえる」感覚を理解できなかったと長州が明かしたことがあった。

「みんなは〝乗せる〟と言うかもしれない。でも、ぼくは〝捕まえる〟。（対戦）相手はいますし、それに合わせてコンディションをつくって集中しますけれど、実際に闘う相手は客ですね。客を捕まえることができない選手は、そんなに長くできないですね」

参考になったのは猪木の言葉だった。

――リングサイドから五列目までは（試合をしながら）全部見ているからな。

リングサイドの観客を〝捕まえ〟れば、池に石を投げ込んで水紋が広がっていくように、会場全体の客の心を摑むことができるというのだ。

「大きな石だとドボーンッて早く波が終わってしまう。ポーンと投げて輪を静かに大きくしていく、そんなような感覚ですね。それは大きな会場でも小さな会場でも関係ないんですよ。その点で猪木さんは天才でしたね。完全に（観客に対する）指揮者でした」

長州は猪木のセコンドに付くときは、猪木のちょっとした動き、表情に目を凝らした。

「あの人はロープ際に行っても、絶対に下を向いていないです。頭を上げて、じーっと客と目を合わせますよ。自分の凄く苦しんでいる顔を見せる。ぼくはそういう風に見ていましたね。あの人は顔から指の先まで使って客を捕まえる」

猪木さんは、指の第一関節だけで苦しみを伝えることができる、と長州は人さし指を曲げてみせた。

「若い頃は、いろいろとやってみるんだけれど、なんとなく絵にならないというか。ぼくがドロップキックやっても……。〝自分の体型をよく見ろ〟って言われましたね。ぼくはドラム缶みたいに太い。そういうのが飛んでも絵にならない」

　リングでの見栄えを考えて、タイツとリングシューズの色を変えた。長州はデビュー戦のとき、白のタイツと白のリングシューズを身につけていた。

「あれはまったく自分に合わない。映りが悪いので黒と黒にしてみた。そうするとドラム缶に黒いのを穿かせたみたいで……。ぼくの軀にはくびれがない。くびれがないと、リングの中で速く動いても速く見えない。そんな感覚に陥ってから、靴だけは白にしましたね。白だと足首が細く見える。ロープワークする分でも、白の方が映えるんです。いろいろと考えましたよ」

　入場のときの服装にも工夫してみた。

「猪木さんは肩幅が広くて、アントニオ！というイメージが体型から出ていますよね。ガウンが似合う。だからぼくは（入場のときに）ガウンをやめて、三〇〇〇円ぐらいのトレーナーにしてみた。そのうちにもう着るのはやめようと。東北の真冬なんてもの凄く寒いんだけれど、入場曲が鳴ったらぼくはスイッチをオンにして裸でバッと行く」

　そしてリングの中で何を見せるかについても感覚を研ぎ澄ました。

「プロレスっていうのは本来格闘技で、格闘しなきゃいけない。殴る、蹴る、ぶつかるというのがプロレスの醍醐味《だいごみ》だというのが頭の中にあるから。それが常にロープに飛んだり跳ねたりっていうのはねぇだろうって。ぼくは（派手な技は）一つか二つでいい。ぼくがこの体型でそれをやっていたら、終わっていますよ。間違いなく、終わっていますよ。この体型で何をパフォーマンスするか。頑丈で、でもスピードはあるよって」

プロレスのうまい、ヘタとは何ですかという質問には、こう返した。

「個々違うだろうけれどね。自分の解釈では感情がどれだけ出せるか。溜《た》めるというか……（だから）リングに上がる前には、しんどい神経になっていますね」

この〝感情〟について、さらに訊くと、なんと説明していいのかと、しどろもどろになった。

「感情をいかに出すかっていうのは……感情はコントロールしてしまうと、感情じゃない気がする。溜めたり、スイッチを切り替えることはできますよ。でも、コントロールできないものを出す。どんなものが出るのかは自分でも分からない。ぼくの性格（によるもの）でしょうね。個性っていうかな。（どんなものが出るのかは）自分でも分からないんですよ」

ある時期まで長州はこの感情を巧く出すことができなかったのだ。

「どうしてぼくのことを書こうと思ったんですか?」

長州への取材はいつも愉しいものだった。取材だけでなく、世間で話題になっているさまざまな事件に対する意見を交わすこともあった。ぼくはこれまでに、故・勝新太郎、あるいは元メジャーリーガーの伊良部秀輝の評伝、絵描きの下田昌克と世界を旅して作った旅行記、前横浜市長の中田宏と日本維新の会を追った本などを書いていた。取材のたびに自著を長州に渡すと、次に会ったときは必ず感想を聞かせてくれた。その批評はいつも的確で、丁寧に読んでくれているということが伝わった。

あるとき、長州が質問してきたことがある。

「先生はいろんな本を書いていますが、どうしてぼくのことを書こうと思ったんですか？」

一瞬、どう答えようかと迷った。

数多《あまた》いるフリーライターと、一冊の本を書き上げる作家との差は、取材力や文章力だけではない。作品を形にして世に出したいという強い思いがあるかないか、でもある。これまでの本は、書きたいと強い思い入れのある題材を自分で探してきたものだった。

ただ、今回は事情が違っていた。

『維新漂流　中田宏は何を見たのか』という本を出した後、版元の担当役員からプロレスを書く気はないかと持ちかけられたのだ。

子どもの頃、プロレスはテレビのゴールデンタイムで放映されており、男子児童を中心に熱狂的な人気があった。ぼくも休み時間にプロレスの技を見よう見まねでかけ合っていた一人であった。とはいえ、とりわけ熱心なプロレスファンではなかった。

そんなぼくは、数年前にあるレスラーと知り合い、プロレスの世界を覗き込んでいた。役員はそのことを知っており、ぼくに声をかけたのだ。彼は「長州力にアプローチできるルートがあるので書いてみないか」とも言った。長州の長女が編集部でアルバイトをしていたことがあり、彼自身も長州と食事をしたことがあるという。

まずは長州に会って、話をしてから書くかどうか決めるつもりだった。ところが、彼との会食は、初対面から寛《くつろ》いだ雰囲気となり、なだらかに取材を進めることになったのだ。

「今回の本はぼくの案ではないんです。一冊の本を書き上げるには、長時間の取材、執筆が必要で自分が思い入れのある人間でないと最後まで持ちません。その意味で長州さんは……」

長州は「あー、分かりました。もうそれ以上、言わないでください」とぼくの言葉を遮《さえぎ》って、顔を背けた。長州は病的なほど、恥ずかしがり屋である。ぼくがなんらかの褒め言葉を口にすると察し、先手を打ったのだ。


プロレスという言葉には軽い侮蔑の意味が含まれることが多い。

プロレスのように、と修辞句で使用する場合は、予定調和の結果が決められている話であったり、裏切りや仲直りが頻繁に起こる薄っぺらい物語を意味する。

とはいえ、プロレスには強烈に人を惹きつける何かがある。ぼくがレスラーという人種の不思議な魅力に気がついたのは、安田忠夫と知り合ってからだった。

安田は一九六三年一〇月九日、東京に生まれた。中学三年生の夏休みから九重部屋に入門。小結まで昇進している。

彼は賭博中毒という病を抱えていた。

手に入れた金は、競馬、競艇、競輪といった公営競技から、非合法の野球賭博に消えた。特に野球賭博では大きく負けた。自分の収入だけでは足りず、知り合いの力士に金を借りて回ったほどだ。ある力士への借金は二六〇〇万円にもなったという。

そんな安田にプロレス団体が目をつけた。身長一九五センチという彼の軀は魅力的だった。安田は角界に居続けても将来はないと判断し、九二年五月に力士を廃業、新日本プロレスに入った。積み重なっていた借金は、引退興行で清算した。

新日本に入ってしばらく、安田は軀が大きいだけのぱっとしないレスラーだった。そんな彼の人生が変わったのは、二〇〇一年の大晦日《おおみそか》のことだ。

『INOKI　BOM—BA—YE　2001』という、「猪木軍」と「K—1軍」の対抗戦という形式の総合格闘技の大会が開催された。目玉となる最終試合に、K—1側はフランス人のジェロム・レ・バンナを立てた。バンナはフランシスコ・フィリォやアーネスト・ホーストを破るなど、タイトルこそ獲っていなかったが、K—1最強の選手の一人だった。

当初、バンナの相手は、新日本プロレスのIWGPヘビー級王者、藤田和之が務めることになっていた。藤田はPRIDEでも勝利を重ねている実力者だった。ところが怪我で出場不可能となった。窮余の策として猪木はバンナの相手に安田を指名した。大会の一週間前のことだった。さえない中年然とした安田がバンナに敵うはずもない。安田はバンナの〝嚙《か》ませ犬〟だと思われていた。ところが、この試合で彼は勝利した。

直後、安田は注目を集めたが、すぐに澱《おり》の中へ落ちていった。賭博癖は収まらず、さらに薬物依存にも陥っていた。睡眠薬を多用し時間の感覚を失い、興行に遅刻することもあった。とうとう二〇〇五年一月、新日本プロレスは安田を解雇した。その後、安田はほかのプロレス団体のリングにも上がったが、長続きはしなかった。そして二〇〇七年一〇月、安田は練炭自殺を図っている。しかし、死にきれず未遂に終わった。

二〇一〇年六月、ぼくは教壇に立っていた早稲田大学の親睦会で、石澤常光《ときみつ》と話し込むことになった。

当時、石澤は早稲田大学の大学院でスポーツビジネスを学んでいた。彼を教えている平田竹男教授はぼくのスポーツジャーナリズムの担当教員でもあった。いわば兄弟関係の授業ということで、石澤はたまにぼくの授業を聞きに来ていた。彼が優れた格闘家で、ケンドー・カシンという覆面レスラーであることはぼくも知っていた。同年代ということもあり、顔を合わせれば話をする仲になっていたのだ。

二〇〇八年一〇月から、安田は石澤の実家である、岩手県の八幡平の養豚場で働いていた。石澤と安田は新日本プロレス時代、寮で同じ部屋だったことがある。自殺未遂の後、安田を気遣った石澤は、実家で働くように手配したのだ。しかし、少し前、安田は養豚場を逃げ出してしまい、東京にいるという。

安田は養豚場で働いているときも、金が入ると街まで行き、パチンコで散財していた。誘惑の少ない国外に連れていくべきではないかとぼくたちの意見は一致した。

その中で、ブラジル、パラグアイという国名が出た。ぼくは取材でこの両国を何度も訪れており、知り合いがたくさんいた。この二つの国には多くの日系人が根を下ろしている。安田はもともと相撲取りだ。彼を移民させて相撲を教えさせるのはどうか。南米大陸には身体能力の優れた人間が眠っていることだろう、現地に相撲部屋を作り日本に力士を送り込むのもいい——酒が入っていたこともあって、ぼくたちはこの思いつきに酔っていた。

安田忠夫引退興行

安田と初めて会ったのはそれから一ヶ月後、七月の蒸し暑い日だった。

新宿駅南口の改札で石澤と待っていると、雑踏の中から頭一つ大きな男が、のっそりと歩いてくるのが見えた。

近くのカフェで彼はこう言った。

「そんなに生きていたくないんですよ。生きていても惨めだし。あと一年、一年半……別に明日、死んでもいいいですよ」

自殺未遂をした男から出る言葉には説得力があった。

その後、石澤とメールのやりとりを繰り返すうちに目的地をブラジルに絞り込んだ。実家がブラジルで農園を経営している知人に、安田の話をすると、受け入れてもいいという答えが返ってきた。

安田は、その話に「実は相撲を教えたいと考えていたんです」と返した。

「自分のイメージは悪いので、日本では誰も安田に教わりたがらないのは分かっています。海外ならばやってみたいです」

ブラジルまで彼を連れていくには、渡航費のほか、当座の生活費も必要となる。その費用を捻出するため、ぼくは後楽園ホールを借りて安田の引退興行を主催することを考えついた。

しかし、プロレス興行を甘く見ていたことをすぐに思い知る。

このとき、プロレス人気は冷え切っていた。とにかくチケットが売れないのだ。知り合いに頭を下げて回り買ってもらったが、試合二週間前になっても三分の一も席は埋まっていなかった。素人が興行に手を出すものじゃない、というプロレス関係者の冷ややかな声も耳に入った。

そんなぼくを助けてくれたのは、大学の教え子たちだった。彼らの立ててくれた計画に沿って、安田とぼくは「アントニオ猪木酒場」などプロレスファンの集まる店を回った。

そんな中、安田とはいろいろな話をした。

彼は賭博以外に金を使うことは無駄という美学で生きていた。

着る服にはまったく頓着しなかった。愛用していたデニムのオーバーオールは先輩レスラーの橋本真也からの貰い物だった。洗濯を繰り返した彼のTシャツの両脇に丸い穴が空いていたことがあった。それを指摘すると、恥ずかしそうな顔で両脇を締めて跳び上がった。

「安田、相撲のときから脇が甘いと言われているんです」

彼の大きな軀には矛盾が詰まっていた。

約束時間の三〇分前に来て待っていることもあれば、突然すべての約束を破ることもあった。有り金をはたいて人に食事をご馳走することもあれば、携帯と財布を落としたと嘘をついて金を借りに来ることもあった。また、信じられないほど優しく、人を気遣うこともあれば、これまで彼のために動いてくれた人――その場にいない人間の陰口を叩いて陥れようとすることもあった。無邪気な笑顔と、計算高い小狡い顔。安田の大きな躯の中には、人間が持っている善と悪の極端があった。

そして、二〇一一年二月四日の試合当日、昼過ぎから後楽園ホールには当日券を求める列ができた。

――こんなに列ができたのは久しぶりだよ。

後楽園ホールの担当者は嬉しそうな顔で忙しそうに廊下を走り回っていた。観客は一一〇〇人を超え満員となった。大成功だった。安田は三試合に出場し、すべてに敗れた。

「辞めていく人間が勝っちゃいけないでしょ」というのが安田の考えだった。

しかし――。

安田の人生を追い詰めてきた悪癖――賭博癖は直るどころかひどくなっていた。また、引退試合前、チケット販売が伸びなかったこともあり、睡眠薬に逃げて正気を失ったこともあった。

試合前から安田はぼくに〝駆け引き〟を仕掛けていた。そもそもこの興行はブラジルへの渡航費、現地での生活費を稼ぐためのものだ。そのため安田を含めて関係者は経費を除いて無給としていた。安田はパチンコ屋の営業の仕事をしていたが、それでは食べていけないというので、出場給を渡すことになった。

試合が近づくと、さらに金を払わなければ試合に出ないと脅すようになった。しかし、ぼくは引き下がらなかった。すると、彼は興行を手伝ってくれた人間を巻き込んで、ぼくを陥れようとした。幸い、誰もそれには乗らなかった。

誘蛾灯のように安田の周りには怪しげな人間が集まっていた。もっとも、彼らにしてみれば、ぼくに対する嘘を聞かされ同情していたのかもしれない。試合が近づくにつれ、ぼくと安田の距離は開いていった。そして、彼は周囲の安易な話に心を傾けるようになっていた。

試合後の二月末、安田は成田空港発のアメリカン航空でアメリカを経由してサンパウロに向かうことになっていた。しかし、彼は待ち合わせ場所に現れなかった。ベトナム国境に近いカンボジアに造られるカジノで働くという話を選んだのだ。

ぼくと安田のいざこざは、プロレスマスコミに格好の話題を提供することになった。しかし、それもわずかな期間だった。三月一一日、東日本大震災が起こり、すべての話題は吹っ飛んでしまったのだ。

ぼくは長州と初めて会ったとき、安田との経緯を簡単に話した。長州は「ああ、安田かぁ」となんと言っていいか分からない表情になった。

新日本プロレスに入った安田を初めて指導したのは長州だった。しかし、さぼり癖のある安田と練習に厳しい長州はしばしば衝突した。

安田は、自分はついていたのだと、鼻を鳴らして自慢したことがある。

「長州さんがたまたま怪我をして、教育係が馳（浩）さんに変わったんです。馳さんはもともと先生（高校教諭）ですからね。教え方がうまい。ラッキーでした」

引退興行でぼくは安田と相談しながら出場選手と対戦を決めていった。ぼくが希望したのが、髙山善廣と鈴木みのるの二人だった。人を通じて連絡をとると、二人からは「主催者の方から引退試合の相手に望んでくださるというのは光栄です」という趣旨の返事が来た。

プロレス興行に慣れないぼくたちのことを、出場選手のヒロ斉藤たちは苛立つことなく、優しく見守ってくれた。天龍源一郎は記者会見にも快く出てくれた。その場で「安田の引退興行はプロレス業界でやらないといけないのに、ありがとうございます」と、錆びた歯車が動くような擦れ声で礼を言われた。みな紳士的だった。

そんな彼らは、会場入りすると表情を変えた。試合直前、硬い表情でトレーニングする彼らには近寄れない雰囲気があった。安田を探して控室を覗き込むと、中から怖い顔で睨み返された。深く暗い谷を覗き込んだような気分だった。

プロレスラーには秘密を守る者同士の不思議な連帯感があった。だから、プロレスを書いてみたいとも思った。長州力が協力してくれるというならば、ぼくに断る理由はなかったのだ。

ドラゴン誕生

話を一九七八年、長州が燻《くすぶ》っていた時代に戻す――。

新日本プロレスが渇望していた、猪木、坂口に続くスターが現れていた。

藤波辰巳（現・辰爾）である。

七八年一月二三日、藤波はニューヨークのマジソン・スクエア・ガーデンで、カルロス・ホセ・エストラーダの持っていたWWWFジュニアヘビー級タイトルに挑戦した。

ワールド・ワイド・レスリング・フェデレーション（WWWF＝現WWE）は六三年五月、ビンス・マクマホン（・シニア）が創設したニューヨークを拠点とする団体である。マクマホンはNWAから脱退してWWWFを立ち上げた。七一年八月になってNWAに再加盟したが、最大市場のニューヨークを押さえており、一加盟団体以上の存在であった。

新日本プロレスの新間は七四年一月頃からマクマホンと交渉を始め、二月にはWWWFからアンドレ・ザ・ジャイアントを招聘。五月、東京体育館で行なわれた『第一回ワールドリーグ戦』の最終戦にマクマホン夫妻を招待し、提携の話を持ちかけた。

七五年八月、新日本はNWAへの加盟をようやく許可されている。マクマホンは新日本の加盟に賛成していた数少ない人間だった。新間によると、この年、もし加盟が認められなかった場合には独占禁止法で提訴するという書類を準備し、NWAに送付していたという。

ただし、加盟は認められたものの、全日本プロレス、つまりジャイアント馬場の影響は大きく、新日本へNWAの世界タイトル保持レスラーの派遣はしないという条件が付けられていた。

そこで新間たちは、全日本に対抗できる新たなアメリカのタイトルを探し、WWWFジュニアヘビー級タイトルに目をつけたのだ。

このタイトルはジョニー・ディファジオという軽量級の選手が出身地のピッツバーグでほそぼそと防衛戦を行なっていたが、七三年に引退後は封印状態となっていた。マクマホンは新間が強く推す藤波を気に入り、タイトルの復活を認めたという。

藤波は新聞の期待に応えた。

対戦相手のエストラーダを後ろから羽交い締めにして、軀をそらして投げ、そのままフォールした。この技は後に、ドラゴン・スープレックスと呼ばれることになる。鮮烈な勝利だった。

藤波は続く一月二七日にロサンゼルスでマスクド・カナディアン、二月二〇日にマジソン・スクエア・ガーデンでテッド・アダムスに勝利し、チャンピオンベルトを持って帰国した。

藤波は長州と対照的な道のりを歩んできたといえる。

一九五三年一二月、藤波は大分県東国東郡武蔵町、現在の国東市で六人きょうだいの末っ子として生まれた。中学校時代は陸上部に所属したが、長州のように県内で広く名前を知られるような派手な活躍はない。中学三年生のとき、大分市で行なわれた日本プロレスを会場で観戦し、プロレスの虜《とりこ》になった。そして、家族には内緒で日本プロレスへ履歴書を何度も送っている。しかし、なんの返答もなかった。

プロレスラーになりたいというぼんやりとした夢を持て余しながら、一年制の職業訓練校に進み、自動車の板金塗装を学んだ。卒業後は、別府市内の自動車整備工場に就職している。夢の尻尾を少しでも摑んでいるという気になったのは、仕事が終わった後、電車で大分市まで向かい、ボディビルジムで軀を鍛えているときだけだった。

そんなとき、日本プロレスのレスラーで大分県出身の北沢幹之《もとゆき》が別府に滞在しているという話を耳にした。この機会を逃してはならないと、藤波は別府に向かった。一軒ずつ宿屋を訪ねて回り、とうとう北沢を見つけた。そのとき藤波は何を話したのか記憶がない。ただ、北沢はプロレスラーになりたいという藤波の気持ちを理解してくれた。緊張して軀を硬くしていた藤波に言った。

――今度、下関で日本プロレスの選手たちと合流するから、そのときみんなに紹介してあげよう。

藤波は勤務していた整備工場を辞め、下関で行なわれた日本プロレスの興行に向かった。そして九州巡業に同行し、そのまま〝見習い〟の弟子となった。

プロレス少年の理想像

藤波に話を聞いたのは、渋谷駅に近い地下にある喫茶店だった。この日の朝、藤波は飛行機で九州から羽田空港に戻ったばかりだった。プロレスラーとしてはやや小柄だが、ごろりとした岩を思わせる軀を、灰色、縦縞の仕立ての良いスーツに包んでいた。

「すごく手が大きいんですね？」

ぼくが話しかけると、「手だけは大きいんです。手だけが目立っている」と恥ずかしそうに拳《こぶし》を隠すように撫《な》でた。

「ぼくは中学校を卒業して、自動車の修理工なんかやった後、プロレス界に入ったでしょ？　その頃は一プロレスファン、ですよ。そうすると目の前に馬場さん、猪木さんたちみんながいる。

その中で飯が喉を通らないの。食い盛りだからお腹はすくんですよ。ぼく、中三のときは丼でご飯を三、四杯は食べていた。それがプロレスに入ってからは食べられない。すくんだけれど喉を通らない。おまけに〝食え、コラ〟とか永源さんなんかに竹刀を持って言われる。半分脅しですよ。プロレス少年が獣の中に入れられたようなもの。食事って一番楽しい時間じゃないですか？　その食べる時間が一番恐怖だった」

東京では、先輩レスラーの永源遙のアパートに住まわせてもらうことになった。部屋にはほかのレスラーも同居していた。さらに知り合いの力士が泊まりに来ることもあり、心が安まらなかったという。

入門約一年後、七一年五月に北沢を相手にデビュー、心酔していた猪木の付き人になった。そして、一二月に日本プロレスを追放された猪木が新日本プロレスを立ち上げると、当然、藤波は後を追った。

「猪木さんの自宅の庭をブルドーザーで潰して道場を作ることになった。松の木が植わっていて、錦鯉が泳いでいるようないい庭でね。ぼくたちの最初の練習は（ブルドーザーがならした後の）石拾いですよ。それからプレハブの道場ができた」

新日本プロレスのライオンのマークも山本小鉄と一緒に考えたのだと誇らしげな顔をした。

「小鉄さんが紙の上に丼をひっくり返して、丸を書いた。そこにキング・オブ・スポーツ、ニュー・ジャパン・プロレスって」

小鉄は鉛筆を握ったまま、藤波に訊ねた。

「おい、プロレスリングのスペルはどうだ?」

藤波もレスリングのスペルを知らない。道場の前に高校生の女の子が住んでいたことを思い出した。彼女に辞書を引いてもらい、スペルを確認したという。

「あのライオンマークを見るたびに思いますよ。最終的にはデザイナーが仕上げたんですけれど、これは俺らがあのときに考えたマーク。確かに完璧ですよ」

長州――吉田光雄が新日本に入ってきたのは、道場が完成し坂口征二が加入、テレビ局の中継がつき、団体が軌道に乗った頃だった。

「旗揚げのときは、猪木、山本小鉄、亡くなった柴田勝久、ぼくの六、七名。猪木さんの号令のもと、選手も営業も(区別)ない、みんな戦闘態勢、一心同体でやっていました。それで新日本ができて二年ほどしてから、(長州は)一番の有望新人として鳴り物入りで入ってきました」

通常、新人は先輩レスラーの付き人から始める。しかし、このときは若手レスラーが多かったこともあり、長州は付き人を経験していない。

長州のデビュー戦となった、七四年八月八日の日大講堂では藤波も試合に出た記憶があるという。

「グラン浜田とか木村健悟とかいましたから、その辺りと前座の二試合目か三試合目に出ていたんじゃないかな」

しかし、当時の東京スポーツを探したが藤波の試合結果は掲載されていなかった。

「(長州の試合は)アマチュアでやってきたものと違うというので、多少ぎこちなさはあった。

でも堂々としていたね。（レスリングの）全日本（選手権）、オリンピックを経験している選手はそこが違うんだな、やっぱり。どっしり構えて」

長州はデビュー戦の後、すぐに国外修行に出た。一方、藤波はその約三ヶ月後の一二月八日、若手レスラーが参加する『カール・ゴッチ杯』の決勝で小沢正志（後のキラー・カーン）に勝利し、優勝。この大会は優勝賞金一〇〇万円に加えて、海外遠征が副賞となっていた。翌七五年六月、藤波は木戸修と共に羽田空港を出発した。

行き先は長州と同じ西ドイツだった。ニュルンベルク、デュッセルドルフ、ケルン、ハノーバーなどを回った。試合はボクシングのようなラウンド制で、勝負がつかない場合は一〇分ずつ延長。言葉の通じない観客を納得させる難しさを藤波は痛切に感じたという。

西ドイツ国内を転戦した後、フロリダのタンパに向かった。やはりカール・ゴッチの教えを集中的に受けるためだった。

長州と違って、藤波はゴッチに従順だった。

「ぼくはベースに格闘技の経験がない。真っ白だから、のめり込めるわけですよ。それが長州と違う。長州の場合は、オリンピックだとかベースがあって、プラスアルファのテクニックをゴッチから、ということだった。自分のやり方とか練習方法はすでにあって、それがゴッチと合わなかったんじゃないかな。ぼくは真っ白だから、行けと言われれば、そこに行くし、それしかできない」

藤波はゴッチの自宅に寝泊まりしていた。車がないためどこへも出かけることはできない。二四時間、ゴッチと生活を共にすることになった。その生活に息抜きはなかった。

「(新日本の) 事務所から手紙が来て、プロレスの雑誌を送ったとか書いてある。でも届かない。日本から来る本や雑誌は全部没収です。ゴッチさんからしたら、そういう華やかな日本のプロレスを見ると、里心がつくことを心配したのかもしれない。今のお前にはそういうものは必要ない、という感じでしょうね」

ゴッチは「これを読んでおけ」と百科事典のような分厚くて古い本を渡した。

「昔のパンクラチオンとか、ローマ時代にライオンと人間が闘ったとか、そういう本ばっかり。英語は分からないので絵ばっかり見ていました」

パンクラチオンとは、現代の総合格闘技の元となったといわれる古代ギリシャの格闘技である。ゴッチの家に唯一あった日本語の書物は、笹原正三の書いたアマチュアレスリングの本だった。

「暑い中、練習ばかりしているから、なかなか軀が大きくならない。ゴッチさんの奥さんが、肉の煮込み料理とかジャーマンポテトとか作ってくれるんだけれど、食が細くてね。ゴッチさんが呆れていました。ゴッチさんはもう年配だったんですけれど、ゴッチさんの方が食べていましたからね」

食卓には必ずワインを水で割ったものが添えられた。そのワインを飲むとき、ゴッチは、唯一の楽しみであるかのように頬を緩めた。

ゴッチとの会話は英語だった。英語圏出身ではないゴッチは、易しい単語でゆっくり話してくれた。

「毎日練習しているからコンディションはいい。そしてゴッチさんと話をしているとマインドコントロールされる。誰とでも闘える気になるんです」

限られた単語で会話しているため、表現は簡潔になる。ゴッチから闘うことの哲学を叩き込まれ、鍛え上げられた藤波は、弓に矢をつがえて力一杯引き絞ったような状態だった。ゴッチの手引きでノースカロライナを中心にサーキットに出場し、メキシコに転戦し経験を積んだ。

そして、WWWFジュニアヘビー級タイトルマッチで、矢は放たれた——。

七八年二月末、タイトルを手にして二年八ヶ月ぶりに帰国した。

「ニューヨークから帰ってくると、周りが以前のぼくと違った感覚で見てくれる。今までにない夢心地というか、自分では心地良いですよね。自分はそれから落ちないように持続するだけで必死。そのとき新日本プロレスは新間さんが営業的なものを統括していた。新間さんが行動することでファンが動く。新間さん自身がプロレスファンだから、楽しかったでしょうね。そこにぼくが乗っかった」

長州と違い、藤波は新間の仕掛けた波に乗ったのだ。

〈僕の凱旋帰国後、日本マット界には空前のジュニアヘビーブームが巻き起こった。僕自身も、チャボ・ゲレロという最強のライバルを見つけたし、他にも外国人ではスティーブ・カーン、ダイナマイト・キッド、日本人では国際プロレスから移籍してきた剛竜馬と激戦を繰り広げたり、数々の好敵手との試合を心から楽しんでいた。

MSGで奪い取った、WWWF（一九七九年からはWWF）ジュニアヘビー級タイトルの防衛は、一九七九年（昭和五四）年一〇月に剛に敗れるまで合計で二四度を数えた。その後、すぐにタイトルを奪い返して、さらに二八回の防衛記録を作るなど、ジュニア時代の僕はまさに無敵だった〉（『藤波辰爾自伝　未完のレジェンド』藤波辰爾著）

一九世紀末にアメリカでプロレスが始まって以来、「ヘビー級」のほか、「ジュニアヘビー級」、さらに軽い「ライトヘビー級」という区分があった。軽量級のレスリングが好まれる地区では、ジュニアヘビー級がメインイベントになることもあったという。

しかし、日本にプロレスを持ち込んだ力道山がヘビー級だったため、五六年に設置されたライトヘビー、ジュニアヘビー両級はあくまでも前座扱いだった。藤波がマジソン・スクエア・ガーデンでタイトルを獲得した試合を、プロレス評論家の流智美は「日本でジュニア王座がヘビー級王座と同格に並んだ」と評している。

そして藤波の登場はプロレスファン層を変えた。

優しげな顔つきに、筋肉質な軀をした藤波は女性ファンを惹きつけることになった。また、ひとりのプロレスファンが人気レスラーへと駆け上がる姿は、プロレス少年の心も摑んだ。子どもは敏感である。体育会系の匂いをぷんぷんさせ、プロレスに対して距離を置く長州と違い、藤波は思い入れをしやすかった。彼はプロレス少年の理想像だったのだ。

八一年四月、新日本プロレス内での長州の存在感はさらに薄くなる。

一人の天才が現れたのだ——。

第五章 メキシコに「逃げる」

メキシコでカネックを破り、ＵＷＡ世界ヘビー級王者となった長州

タイガーマスクの出現

一九八一年四月二三日、東京は数日晴天が続き、この日も雲一つない青空が広がっていた。日差しは強く、日中は汗ばむほどの陽気だった。

夕方、両国にある蔵前国技館に向かって歩く一団の客たちの目当ては、アントニオ猪木対スタン・ハンセンのNWFヘビー級選手権だったろう。この試合はチャンピオンの猪木が勝利すれば、同王座の最後のタイトルマッチとなることに決まっていたのだ。

前年の一二月一三日、東京体育館での興行の後、新日本プロレス営業本部長の新間寿は「来年はいよいよ猪木が世界統一に乗り出す」と語った。アジア、中近東、欧州、中南米、カナダ、アメリカの六地域の予選リーグを勝ち抜いたレスラーで決勝リーグを行ない、世界一を決める大会を開催するという。この大会は後に、IWGP（インターナショナル・レスリング・グランプリ）と名付けられた。IWGP開催のためにこれまで新日本が保持していたNWFヘビー級、北米ヘビー、北米タッグの三つのヘビー級タイトルを返上、封印することになったのだ。

IWGPの実現の背景には、新日本と蜜月関係にあったWWFの後押しがあった。新間は七九年春に、WWF社長のビンス・マクマホンの依頼でWWFの二代目会長に就任している。この〝世界統一戦〟には、新日本、WWFのほか、NWAの「トロント地区」「フロリダ地区」、メキシコのUWAのレスラーらが参加予定になっていた。

ただ、この夜、蔵前国技館にいた観客の記憶に残ったのは、猪木対ハンセンの一つ前、セミファイナルとして行なわれた、ダイナマイト・キッドと正体不明のマスクマン、タイガーマスクの対戦だったかもしれない。

水色のタイツを穿いたイギリス人レスラー、ダイナマイト・キッドが紹介されると、観客席から歓声が上がった。彼はすでに藤波との対戦で名前が知られていた。一方、タイガーマスクに対しての拍手はまばらだった。

試合開始すぐ、リング中央に立ったダイナマイト・キッドの周りを円を描くようにタイガーマスクは跳びはね、後ろ回し蹴りを見せた。そして、軽やかな身のこなしで次々と技を繰り出した。その素早い動きは踊りのようだった。特に蹴りは鋭く、ほかのプロレスラーの技とは明らかに質が違っていた。観客席ではタイガーマスクが技を出すたびにどよめきが起きるようになっていた。

タイガーマスクはアニメとの連動企画である。

三日前の四月二〇日、アニメドラマ「タイガーマスク二世」の放映が始まっており、この日、〝実物〟のタイガーマスクがリングに登場するという予告が流れていた。

タイガーマスクは、六八年から七一年にかけて講談社の少年漫画誌に連載されていた、梶原一騎原作、辻なおき作画の漫画である。

粗筋はこうだ――。

孤児院「ちびっこハウス」にいた伊達直人は、動物園の虎の檻の前で喧嘩をしたことがきっかけで、悪役レスラー養成機関の「虎の穴」に入れられた。厳しい訓練を受けた後、彼は虎のマスクを被って、タイガーマスクとしてリングに立つことになった。ファイトマネーの一部は上納金として虎の穴に渡すことになっていたのだが、ハウスの経済的窮状を知ったタイガーマスクはその金まで渡してしまう。虎の穴はタイガーマスクを裏切り者と見なし、次々と刺客を送る――。

連載開始から約一年後の六九年から日本テレビ系列でテレビアニメ化されている。「タイガーマスク二世」は「タイガーマスク」から約一〇年後の八〇年から始まった続編だった。この続編から放送は日本テレビ系からテレビ朝日系に移っている。

新日本プロレスの営業部にいた大塚直樹によると、原作者の梶原と新間、そしてレフェリーのユセフ・トルコの雑談の中で、アニメのタイガーマスクを実際にリングに上げることを思いつき、猪木の許可を取ったという。テレビ朝日と新日本が綿密に策を練ったものではなかったようだ。

最初の試合で観客からの手応えはなかったとタイガーマスク――佐山聡は振り返る。

「客が沸かないんですよ。今になって言われるのは、みんなびっくりして見ていたと。いきなり出てきたマスクマンがそんなに動くからびっくりしたみたいです。ああ、普通の試合だなと思って控室に戻ったら、記者がわーっと来て、凄かったという話をされた。自分ではそんな感覚はなかったですね」

天才・佐山聡

佐山の道場「掣《せい》圏《けん》真《しん》陰《かげ》流《りゅう》興《こう》義《ぎ》館《かん》」は神田の本郷通りから少し入ったコンクリート造りのビルの

二階にあった。鉄の扉の上には道場の名前が書かれた木片が掲げてあった。扉を開けると、黒いソファに、黒の上下を着た佐山が背中を丸めて坐っていた。

「腰をやっちゃってね。申し訳ありませんけど、このままでやらせてもらいます」

佐山は申し訳なさそうに腰をさすった。黒々とした髪、大きな目をした温厚そうな雰囲気をまとった男だった。

佐山と長州には共通点があった。

「先日、徳山へ行き、江本先生に会ってきました。佐山さんによろしく伝えてくれと」

ぼくが話し始めると、佐山は怪訝な表情になった。

「山口県の桜ケ丘高校のレスリング部の監督だった……」

佐山は突然、「あー」と大きな声を上げた。

「江本先生？　懐かしい。そのお名前を聞くと急に緊張するなぁ」

佐山はソファの上でもぞもぞと背筋を伸ばしておどけた。

「あの先生がいたから、ぼくはアマチュアレスリングで全部優勝できたんです」

佐山は五七年一一月二七日に山口県下関市で生まれた。上に兄、姉がおり、三人きょうだいの末っ子にあたる。小学二年生のときに柔道の道場に通ったことはあったが、祖母の家と父の家を行ったり来たりという落ち着かない生活だったため、長続きはしなかった。

将来の夢はプロレスラー、憧れの人はアントニオ猪木だった。

「将来プロレスをやるために中学校では柔道部に入りました。柔道を教えてくれる先生がいなかったので、練習はバックドロップです。友だちをいかに人間風車で投げるか、とか。それでも一年生のときに初段を取りましたね。強かったです。運動神経は抜群だったと思います。番長ではなかったですけれど、みんなには怖がられていたみたいですね。すぐにプロレス技をかけてくるから。番長グループみたいな不良もいましたけど、ぼくはぶん投げて踏みつぶしてました」

中学校の進路指導では、プロレスラーになるので高校へは行かないと言い張った。腕力はあったとはいえ、小柄な佐山がプロレスラーになれるとは思っていなかったのだろう、困り切った担任教師はこう返した。

――アマチュアレスリングでオリンピックに行って、それからプロレスラーになってもいいんじゃないか？

教師の言葉にも一理あると納得し、佐山は近隣の高校で唯一レスリング部があった山口県立山口水産高校に進むことにした。

しかし、山口水産高校レスリング部顧問の教師はレスリングの経験がなかった。佐山は中学校の柔道部に引き続いて自己流の〝プロレスもどき〟の練習を続けることになった。それでも、佐山の力は抜きん出ており、一年生から次年度の国体候補選手に選ばれた。

山口県の国体候補選手の指導に当たっていたのが、桜ケ丘高校の江本孝允だった。佐山は週に一度、顧問の運転する車で徳山まで練習に出かけることになった。

「江本先生に首投げとかタックルとか教わったんです。江本先生はぼくにとっての恩師ですよ。それでインターハイで四位だった三年生とかにも勝てるようになっちゃったんですよ。一ラウンドで三回フォールしたこともあったかな。俺、なんでこんなに強いのかなと思っていました。相手が桜ケ丘の選手だったんでしょうね。〝何やっているんだ〟と江本先生は怒っていました」

プロレスラーになるため、佐山は中学生時代に体重を八〇キロまで増やしていたが、レスリングの練習で自然と体重が減っていき、秋の新人戦では七五キロ級に申し込んでいる。

佐山によると、桜ケ丘高校での練習で佐山の強さを目の当たりにした県内他校の選手たちが七五キロ級を避けたため、対戦相手が誰もいなかったという。

「そのときはさらに体重が減っていて、七〇キロもなかったんですよ。七〇キロ級に仲間がいたので、わざと七五キロ級にしていた。直前に体重を増やすためにおにぎりを食べて、水を飲んだことを覚えてますね。そうしたら対戦相手がいないから、七〇キロ級の一位、二位、三位になった選手と試合をさせられました。全部勝って、優勝と認めてもらったんです」

江本は佐山にも指導したと話した後、「あれはいい選手だった。でも、すぐにいなくなったんだよ」と残念な顔をした。佐山はこの新人戦をきっかけに高校を退学したのだ。

「新人戦で勝って、もう有頂天になるわけですね。これでプロレスに行けると。ぼくは背が低かったので、プロレスに早く入らなければならないという考えがあったんです」

穴が開くほど眺めていたプロレス雑誌の新日本プロレスの新弟子募集には、一六歳までなら身長一七五センチ、高校卒業後は一八〇センチ以上と書かれていた。

「ぼくは一七〇ちょっとしかなかったから、規定にも達していない。でも若いうちに入ってしまえば大丈夫だと思ったんです。それで親父に懇願して高校一年の冬休みに学校を辞めました」

まずは父親の紹介で千葉県の工場で働くことになった。しばらくして、父親が「息子はプロレスラーになりたがっている。テストを受けに行くと言い出すだろうが、外に出さないでくれ」と手を回していたことが分かった。それでは高校を辞めて出てきた意味がない。佐山は寮を飛び出して都内の新聞販売店に転がり込んだ。ところが家族に滞在先を伝えたことで、またも父親から販売店に連絡が回った。今度は誰にも所在を教えず喫茶店に住み込みで働くことにした。

そして佐山は新日本プロレスの大会が行なわれる日、後楽園ホールに行った。

「まずスクワットを五〇〇回やらされたんです。なんでできたのか分からないんですけれど、できちゃったんですよ。それからブリッジを三分間。これもできた。で、藤原喜明とスパーリングすることになった。勝ってやろうと思っていたら、ケチョンケチョンにやられてですね。全然関節が取れない。それでもあとから、今までこんな（に善戦した）のはいなかったと驚かれていたらしいです」

体重七〇キロほどだった佐山の軀を見た新間は「体重を増やしてもう一回来い」と声をかけた。

「それで喫茶店のオーナーに頼んで、飯をバンバン食べさせてもらって、ボディビルを始めた。九〇キロ近くまで持っていくんですね」

七五年七月四日、佐山は再び後楽園ホールへ行き、入門を認められた。

このとき、長州はフロリダに滞在していた。またこの年の六月に藤波辰巳と木戸修が西ドイツへ、グラン浜田がメキシコへ修行に出ており、若手の選手が足りなかったのだ。佐山は雑用係を務め、後に猪木の付き人になった。

翌七六年五月二八日、佐山は魁勝司《かいしょうじ》（北沢幹之）戦でデビュー、七八年にメキシコへ渡った。

その後、カール・ゴッチの紹介で八〇年にロンドンへ向かっている。

佐山を気遣ったゴッチは、イギリス人のピート・ロバーツというレスラーとタンパで待ち合わせてからロンドンへ入るように手配していた。

しかし――。

「イギリスに着くと空港でピートが揉めていた。二時間ぐらい入れなかったんです。イギリスのプロモーターがぼくのビザを用意しておらず、観光ビザで入ることになった。ピートさんのところに泊まって翌日、事務所に行ったら、プロモーターともの凄く険悪な雰囲気になった。プロモーターにしてみれば、なんで日本人が来るんだというわけです。事務所の隣がジムになっていて、リングがあった。ピートさんが怒って、そこで練習していたレスラーにぼくとスパーリングをやらせた。そのときはもうタイガーマスクと同じ動きですよ」

パパパパン、パパパパンとやったら、プロモーターはころりと態度を変えたんです、と佐山はくすりと笑った。

「プロモーターは閃《ひらめ》く奴だったんでしょうね。サミー・リーというブルース・リーの親戚にしようと決めた。マーシャルアーツショップ（格闘技専門店）に行って、ブルース・リーの格好をさせられたんです。ぼくの試合は最初からテレビが入っていました。あのときは毎週日曜日の（午後）四時から放映。そのメインに起用されて、いきなりドーンといっちゃったんです。どこ行っても満員です。大きいところでは八〇〇〇人ぐらい入るロイヤルアルバートホールが満員になる」

軽やかに左右の足を入れ替えながらステップを踏み、宙を舞う佐山の一挙一動にイギリスの観客は熱狂した。

イギリスで人気レスラーとしての地位を確立した頃、新間から日本へ帰ってこいという連絡が入った。

「新間さんは三日に一回ぐらい電話をかけてきた。タイガーマスクの映画を撮るから帰ってこいと言うんです。こっちはできない、できない、帰れない、ですよ。そして最後は、実は一試合決まった。もう発表したので帰ってこなければ、猪木の顔を潰すことになると。ぼくはもともと猪木さんの付き人だから、それを言われると弱いじゃないですか。そのとき、一万五〇〇〇人ぐらい入るウェンブリーアリーナでタイトルマッチをやるという話が進んでいたんです。相手はマーク・ロコ、後のブラック・タイガーです。彼と新設の世界タイトルマッチをかけて闘うはずだった。それを蹴って帰らざるを得なくなった」

だから、ぼくはタイガーマスクとして一試合しかやらないつもりで帰ってきたんですよと佐山は念を押すように言った。

そしてタイガーマスクの初登場となった四月二三日、蔵前国技館の試合前、佐山の言葉を借りると「布きれにマジックで書いたようなマスクとシーツみたいなマント」を控室で渡された。佐山が呆気にとられているのを見て取った新間は「素晴らしいじゃないか」とわざとらしく褒めた。

「つけて入ったら、お客さんが笑っていて、顰蹙《ひんしゅく》ですよ」

佐山は本当におかしそうに擦れた笑い声を上げた。客の反応に慌てた新間は、佐山がリングに上がる直前にマントを奪い取った。この試合、タイガーマスクはダイナマイト・キッドを後ろから抱えて持ち上げると、背中を反らせてマットに叩きつける——ジャーマン・スープレックス・ホールドで勝利した。

その後、タイガーマスクの人気は試合を重ねるごとに上がっていった。八一年夏の『ブラディ・ファイト・シリーズ』は二九戦すべてが超満員という記録。最終戦となった九月二三日の田園コロシアムには会場の新記録となる一万三五〇〇人が集まった。

一人歩きした『ケーフェイ』

佐山にどうしても会いたかったのは、プロレスに馴染めなかった当時の長州を彼がどのように見ていたのか訊きたかったからだ。

佐山は八五年に『ケーフェイ』という本を出している。ケーフェイ（Kayfabe）の語源は諸説あるが、英語の「ビー・フェイク」（でっちあげをやれ）をひっくり返したと言われている。プロレスの中での決まり事、秘密を指す。

決意を固めたような表情の佐山の顔写真が印象的なこの本から、いくつか抜粋してみる。

〈まあ野球だったら、人よりうまくなるためにやるんだし、マラソンだったら、人より一歩でも先にゴールインしたいから苦しい練習をするんだよね。おそらく、どのスポーツ選手に聞いても、答えはいっしょだろう。

ところが、ボクが所属していたプロレスという世界は、そうではなかった。練習の原理が、どういうわけか正当に働かない不思議な世界だったんだ。つまり、練習という、いってみればスポーツ界全般の基本的原理が、まったく通用しない世界だったってわけだ〉

〈それは練習しても、技術をおぼえても、いったんリングに上がってしまえば、まったく別の作業をやらされたからだ。強さよりもお客をわかせることを第一とした非スポーツ的な作業だ。要するに苦しい思いをして、やっと身につけた格闘技術が、本番のリング上では、ほとんど必要なかったからなんだ〉

〈ところが、新日本プロレスはまったく逆の方向に流れていってしまった。一生懸命練習して強くなろうとか、上昇しようとしていた人たちがワキへ追いやられ、ロクに練習なんかしたこともない連中が、それこそ〝見てくれ〟だけでメーンのマットに上がったりした〉

先輩レスラーの藤原喜明を例にとって、こうも書いている。

〈あの人は新日プロ時代、たしかに試合には負けてるんだけれど、「本当は強いんだ」という認識が一部のファンのあいだにはまちがいなくあったんだ。
彼の本当の実力は〝セメントの鬼〟というアダ名で、プロレスファンのなかに、もうずっと以前から定着してたんだよね。それなのに、なぜ本番の試合では負けつづけたか、といえば、それは彼の強さが、実はお客さんの見ているリング上ではなく、観客やマスコミに紹介されない陰の部分、つまり、道場での強さだったからなんだよ〉

このページの下には〈真剣勝負のことを「セメント」という。「がちんこ」とも呼ばれている〉という注釈が付けられている。

取材の際、ぼくが『ケーフェイ』を鞄から取り出すと、佐山はさっと目をそらした。この本は自分の言葉をゴーストライターたちが誇張したものだと後に佐山は語っている。確かに中身のほとんどは、佐山が理想とするシューティング（総合格闘技）に割かれており、「ケーフェイ」という言葉は一言も出てこない。今となってみれば、この題名だけが一人歩きした感もある。

アントニオ猪木に憧れ、プロレスラーになるために上京した佐山はプロレスに対して疑念を持つようになっていたのだろうか。ぼくの質問に佐山は「うーん」と声を出して腕組みした。
「そうですね……あの当時、ぼくはプロレスラーが一番強いと思っていました。それで関節（技）をやっていくうちに、関節こそプロレス、プロレスの〝裏〟だと思うようになった。それでゴッチを尊敬して、猪木さんを尊敬して、一緒に練習している仲間を尊敬していた。ただ、俺たちが一番強いんだけれど、表に出せない。プロレスはショーですけれど、ストロングスタイルというのがあって、ぼくたちはそれをやっているという自負があった。コレがないとストロングスタイルができないんです」

そう言うと、親指と人さし指を立てた。これもまたプロレスの隠語で「シュート」を意味する。『ケーフェイ』ではシュートを〈プロレスの世界では本気でやるとか、真剣勝負という意味〉と定義している。

「コレ（シュート）がない人たちはドッタンバッタンするしかない。コレがある者同士だと暗黙の了解というか、流れがパパパパッと格闘技になるんですね。それがぼくらのプライドだったんです」

「つまり、表に出ているプロレスの部分とシュートが一対になっていれば問題なかった？」

ぼくは訊ねた。

「そうです、そうです」

佐山は大きく頷いた。

「一対ならば、プロレスを納得できたということですか？」

「できましたね。だけれども矛盾はあるわけで」

佐山が口にしたストロングスタイルとはアントニオ猪木をはじめとする新日本プロレスのレスラーがよく使う言葉だ。

「ストロングスタイル」という表現は英語には存在しない。プロレス評論家の流智美は〈「ストロングスタイル」とは「新日本がやっているプロレスこそ本物・本流であり、全日本のプロレスはショーマンシップが主体の見せ物プロレスなのだ」とファンを洗脳するために「新日本関係者によって」つくられた和製英語である〉(『詳説　新日イズム』)と説明している。

佐山は長州が足踏みしていたことについてはどう見ていたのだろうか——。

「タイガーマスクで騒がれていたときでも、ぼくにとって長州さんは同じ山口県出身の大先輩、雲の上の人でしたよ。最近では仲良く話をしますけど、当時はすごく怖かったですから」

そして、こう続けた。

「長州さんが悩んでいたのは、セメントのことではなくて、〝プロレス道〟のことだと思うんですよ。長州さんはセメントには関心がない。長州さんはもの凄いプロレス道を持っているんです。それはアマチュアレスラーとしてのプライドがあるからかもしれません。長州さんはこっち(関節技)の方ははっきり言って必要ない。長州さんにとってのコレ(シュート)はプロレス道。ぼくらのプロレスに対する思いと長州さんの思いは違う。でも、コレ(シュート)は同じ」

佐山はこうも言った。

「考えてみてくださいよ、長州さんの技なんか(特別なものは)ないですよ。ラリアットとか凄いのがありますけど、あとはストンピングぐらい。それをもの凄い迫力にしてしまうのが長州さんです。闘いの迫力というかね」

佐山は長州が「客から笑われることだけは絶対にするな」と口酸っぱく言っていたことが記憶に残っているという。

メキシコと運転免許

猪木、坂口に加えて、藤波、タイガーマスクという若きスターが現れ、新日本プロレスを中継するテレビ朝日の「ワールドプロレスリング」は毎週平均二〇パーセントを超える視聴率となっていた。

しかし、長州はその華やかな世界から離れて、一九八二年四月二五日にひっそりとメキシコへ出発している。

このメキシコ行きについて長州は「逃げたんですね」と頭を掻いた。

「(会社の)期待に沿えられていないなぁと分かっていて。それとちょっと軀がしんどかったので、メキシコに行かせてもらおうかと。外国人(レスラー)とばかりやって軀が持たなかったですね。仕事が終わってホテルに戻ると、喉に詰まったような感じ。血痰が出てましたね。軀自体がしんどかったです。若い選手が(メキシコから)帰ってくるというので、誰か選手を送ってくれというオファーがあった。それでメキシコに行かせてくださいと」

提携関係によりWWFからアンドレ・ザ・ジャイアント、ハルク・ホーガンといった華のある外国人レスラーが新日本のリングに上がっていた。

アンドレ・ザ・ジャイアントはフランスのグルノーブル生まれで、二二三センチ、体重二三〇キロ以上の巨漢だった。スタン・ハンセンの全日本プロレス移籍後、アンドレと肩を並べる人気外国人レスラーとなっていたハルク・ホーガンも二メートルを超えていた。彼らと比べると長州の躯はかなり小さい。

「あの頃の外国人はでかすぎでしたね。向こう（アメリカ）でちっちゃい、ちっちゃいって言われるレスラーでぼくぐらいはあった。あの頃のホーガンとか（スタン・）ハンセン、（アンドレ・ザ・）ジャイアント……。（アマチュアレスリング時代に）年に何回かソビエトの選手が来て、大きいのは見ているんです。でも身長が高かろうが同じウエイトでやるわけだから問題はなかった。彼（アンドレ）以上に身長の高いのはいるかもしれないけれど、横もあるのはいない。すべてが太い、骨も太い」

　長州は手に持っていた大きなジョッキグラスを掲げた。

「我々のこのグラスが、彼にとっては缶ビールを注いで飲む（小ぶりな）グラスと一緒です。（アンドレは）毎日ワインを飲んでいましたね。何でも飲むんですけれど、ワインが好きでしたね。控室の特注のアイスボックスの中には最低でもワインが一〇本ぐらい入っているんです。ワインといってもメルシャンとかのそんなに高くないのです。それを全部空けてましたからね」

　この時期に出会った外国人レスラーが、長州のプロレスに対する考えに大きく影響を与えたという。

「プロレスだから、見ている人を驚かせることから入らないといけないというのが頭の中にあります。驚きから入って、ぼくたちの仕事が成り立つ。これがぼくの感覚なんです。日本人でも星野（勘太郎）さんって身長は一七〇（センチ）なかったと思うけど、体重は一二〇キロもある。うわって思いますよね。（山本）小鉄さんも一七〇あるかないか。でもこんな（筋肉隆々の）躯でしたからね。プロレスラーって凄いなと。（最初に見たとき）ぼくがびっくりしたぐらいでしたから」

長州は嘘をつけないところがある。世間話をしていたとき、ぽろりとこうこぼしたことがあった。

「メキシコで免許を買ったんですよ。あの頃、ペソで二〇〇〇円ぐらいだったかな。二〇〇〇円で免許証を買ってきました。それで（日本で）切り替えました」

新日本プロレスの営業部にいた大塚直樹に話を聞いたとき、この何気ない会話が蘇《よみがえ》ってきた。

「長州さんは軀がきつくてメキシコに行かせてくれと頼んだようですね」とぼくが軽い気持ちで口にすると、大塚は「それは違いますよ。全然違う」と大きく手を振った。

「本人がそう言っていました？　訂正していいですよ。新間さんに頼んで免許を取りに行ったんです。一〇ヵ月置いてくれれば、就労ビザか何かで免許が取れるらしい。レスラーは日本では免許を取る時間なんてないんです。ましてや長州はあのタイプでしょ。教習所なんか行ったら喧嘩して帰ってきちゃう。あの頃、会社は自由で余裕があった。目の前で、長州が新間さんに行かせてくれと頼んでいた。ぼくが聞いていたのだから間違いないです」

この後、大塚と長州、二人の人生は交差し、大きなうねりを起こすことになる。その話は後述する――。

ただ、長州がしばしば外国人レスラーとの対戦は本当に苦しかったとぼやくのをぼくは何度も聞いている。負けず嫌いの長州は弱音を吐きたくなかったので、免許を言い訳にして日本を離れたというのが真相かもしれない。

前述したように藤波辰巳、佐山聡らがすでにメキシコへ渡っている。メキシコへの道を開いたのもやはりカール・ゴッチだった。

六九年から七一年までゴッチはホノルルのリングに上がっていた。このとき、ハム・リーというメキシコ人レスラーと知り合いになっている。リーは七二年にメキシコへ帰国後、首都のメキシコシティにジムを開いていた。このジムで育てられたレスラーはユニバーサル・レスリング・アソシエーション（UWA）に送り出された。リーが関係を取り持ち、七三年から新日本にUWAの選手が来日している。

メキシコではグラン浜田が確固たる地位を築いていた。

グラン浜田こと浜田広秋は一九五〇年一一月、群馬県前橋市で生まれた。七二年、立ち上げたばかりの新日本プロレスに入門、三月一六日の愛媛県民会館大会で藤波を相手にデビューしている。彼がメキシコ修行に出かけたのは、七五年夏のことだ。翌七六年五月にUWA世界ミドル級王座を獲得、その後、ジュニアライトヘビー級、ライトヘビー級のベルトを巻いている。三階級制覇はUWAで初めてのことだった。七九年二月に帰国、新日本で試合をした後、再びメキシコに戻っていた。

浜田によると、長州をメキシコシティの空港まで迎えに行ったはずだが、記憶が定かではないという。

「たぶん行っていると思う。もう年だね、本当に覚えがないのよ。ただ日本から来る選手は全員迎えに行っている。長州が来ることは当然、新日から連絡を受けた。日本から来るから頼むよって。俺自身がメヒコでの新日の選手の受け入れ役だった。メヒコと組んでいる新日にとって、俺が（現地に）いればやりやすいから、日本に帰らせてもらえなかったんだよ」

〝小さな巨人〟グラン浜田

浜田に話を聞いたのは、台風の去った翌日、青い空が広がった秋晴れの午後だった。彼から指定されたのは、西武新宿線の東伏見駅に近い、昔ながらの喫茶店だった。扉を開けると、一段上がった奥が喫煙席になっており、浜田が煙草を吹かしていた。よれたTシャツにジャージ、白いものが目立つ脂気のない頭髪は寝起きのように乱れていた。こちらを認めると、よおっと片手を上げて、愛嬌《あいきょう》のある笑顔を見せた。

一七〇センチもない小柄な軀のせいもあって、閑静な住宅地にある喫茶店にすっかり溶け込んでいた。はっとしたのは、分厚い胸板と太い腕に目がいったときだった。六〇歳を超えているが、彼はまだ現役を続けていることを思い出した。

そもそもどうして浜田さんはメキシコで修行することになったのですか。そう訊ねると「わからない」と首を振った。

「長州が（国外修行へ）行って、次は藤波さん。順番からいったら次は俺でしょ。で、行けるところはメヒコしかない。ほかの地域は軽量級はない。メヒコは俺に合うからという形で行かせてもらったんじゃないかな」

メキシコは現地で話されているスペイン語では「メヒコ」と発音する。

メキシコのプロレス、ルチャ・リブレはアメリカと比較するとレスラーが小柄で、空中戦、ジャーベ（鍵）と呼ばれる派手な極め技を多用する傾向がある。

メキシコでは巡り合わせが良かったと浜田は振り返る。

プロモーターを兼ねているメキシコ人レスラーはヒールで、相手となるベビーフェイスを探していた。

「俺の場合はものすごく特殊だった。普通は最初からトップレスラーとなんか当たれないじゃない？　俺はそいつの引き立て役みたいな感じで目一杯やっていたら、ぐわって上がった。チャンスをもらって、それをうまくモノにできた人間かなと思う。うまく流れに乗ったという感じだよね」

観客は熱狂的だった。

「プロスポーツでプロレスが一番人気だったもの。観客は娯楽として考えているからさぁ、ワンワン声出して、ビールガンガン飲んで発散して帰る。面白けりゃいいんだもの。いい試合だと客がワンワン言って、小銭が飛んでくる。お金がぽーんと当たったら〝イテテッ〟って痛がったりすると、どんどん飛んでくる」

もう芸人よ、と浜田はファファファとさもおかしそうに口から煙草の煙を吐き出した。

「それを自分たちで拾ったり、若い連中がリングに上がって集めてくれたり。で、それを出た選手で分ける。それが馬鹿にならないのよ。ギャラよりも多いときがあった」

毎週月曜日、UWAの事務所にその週の日程が壁に張り出される。UWAはメキシコシティを拠点として周辺の都市で毎日興行を行なっていた。自分の試合日程を確認して、同じ会場で試合をするレスラーを探す。車を持っている人間がいれば、交渉して同乗させてもらうのだ。

客の集まりやすい日曜日には会場を変えて四試合、一年間で四〇〇試合程こなしていたという。

「あの頃、日本円に換算して月二〇〇万ぐらいは稼いでいたかな。それは少ないときでだよ」

言葉はどうやって覚えたのですか、と訊ねると、「こっち」と小指を立ててにやりとした。

「辞書なんか持っていかない。意味ねぇもん。見方も分かんねぇもん。行った頃は毎晩飲み歩いたよ。レスラーなんてみんなコレ（女性）好きなんだから。女郎屋《じょろうや》いっぱいあるじゃん、試合終わったらみんなそこだもん。そこのオーナーがオカマでプロレスファンなの。俺らが行ったら飲み代はみんなタダ。そこでするんだったらコレ（金）はかかるよ。でも飲み代はかからない。（一晩で）三回も遊んだことあるなぁ。そのときはお前、馬鹿かって言われた。この際だと思って、いろいろ味わってきたよ」

八二年八月一日、浜田と長州はタッグを組み、カネック、ベビー・フェース組に勝ち、初代UWA世界タッグ王者になっている。

この試合は、エル・トレオ・デ・クワトロ・カミノスで行なわれた。これは四七年から使用されている歴史ある闘牛場だ。鉄製の屋根のついたすり鉢状の円形劇場で座席の数は二万数千。人気のレスラーが出る日には立ち見席が売り出され、立錐《りっすい》の余地もなく埋め尽くされる。すり鉢上方の観客は双眼鏡を使ってリングを覗き込むのだ。

どんな試合内容でしたかと浜田に訊ねると、うーんと唸って腕組みした。

「あんまり覚えていないんだ。覚えていないというのはね、こういう言い方をしたらおかしいけど、すごく（長州に）楽させてもらった。試合の中でタイミングが、タッチワークが合った。自分で覚えている試合って、悔いの残る試合なんだ。あー、なんでこんなにタッチワークが悪いんだ、助けてくれないんだとか。

長州は元が元だし、強いし、センスがあるから組んでいて楽しかったね。やっぱりパートナーがいいと楽しい。ちょっとアブねえな、ヤバイなと思ったらすぐに（助けに）出てきてくれるじゃない。そういう流れを長州は分かっているし。いろんな面で楽だったね」

長州は運転免許を取るためにメキシコに行ったのではないかとぶつけると「だと思うよ」とこくりと頷いた。

「仕事で行くと免許も必要だということで買えた。俺もそうよ、日本で取っていない。メヒコの免許を日本に持ってきて書き換えたんだもの。向こうはお巡りも何もみんな仲間だから、お金を出して買うだけだからね。いくらだっけな？　一五〇〇円ぐらいかな。昔の話だから覚えていない。そんな高いもんじゃなかったよ、当時は」

浜田はからからと笑い、吸い終わった煙草のフィルターを新しい煙草の吸い口に付け替えた。そして喫茶店の名前の入ったライターで火をつけると、旨そうに煙をくゆらせた。

「やっている俺たちは飽きていた」

西ドイツ、フロリダ、カナダと比較するとメキシコ遠征は愉しい思い出だったのか、長州の口は滑らかだった。

「(メキシコ)シティでマッチメイクされると滅茶苦茶ラッキーでした。シティ以外だと結構遠いところに飛ばされるんです。半日ぐらいかかるところ。そこまでバスで行くんです。パチューカとかありましたね」

パチューカは、メキシコシティから北東に九〇キロの場所にある、イダルゴ州の州都である。

「行きたくないなと思っているんですけれど、やっぱり当たりますよね。遠いです、パチューカ。それでバスのステーション(ターミナル)からタクシーで会場に入るんです。あの頃のタクシーはボロボロですよ。フォルクスワーゲンの形をしていないという感じ。(手で)ドアを持っていないと開いてしまう。こいつらこんな車でよく事故を起こさないなという」

メキシコの道路は黄色いフォルクスワーゲン・ビートルのタクシーで埋め尽くされていた。そのどれもが火事の中をくぐり抜けてきたように古く煤《すす》けていた。助手席側の扉を紐でくくりつけて、運転手が手で引っ張って閉めたり、そもそも扉がない車も走っていた。

メキシコのレスラーは気さくだった。

「何をくれ、とか気軽に言ってきますね。最初、紙を持っているかと。あいつらしょっちゅうトイレに行くのでティッシュペーパーをくれというんです。あとは煙草をくれと。時間は滅茶苦茶ルーズだし、それに慣れるまでは大変でした。たまに（メキシコ人のレスラーに試合会場まで）ピックアップしてもらうと、時間通りに来たことがないですから。五分、一〇分ならば許せるけど、三〇分、一時間ということもあった。全然来ないこともあった。そうしたら、今日はシティ（で試合）だからゆっくりして大丈夫とか言うんです。そんなこと、前もって言えよって」

長州は今も言葉は覚えていますよと、スペイン語を口にした。

「ケ・オラ（何時？）」

「マニャーナ（明日）、オッケー」

「ヨ（私）、マニャーナ（明日）、アキ（ここ）、ケ・オラ」

あとは悪い言葉を覚えるんですと、「マノ」（ブラザー）、「ペンデッホ」（間抜け野郎）と言って笑った。

「一試合、日本円にしたら一万円とか一万二、三〇〇〇円だったんじゃないですかね。向こうの若いのは五、六〇〇〇円でやっていた。ホテルは会社がキープしてくれるし、食べるのは食べますけど、それ以外金がかかるわけではない。ベッドの下に封を切っていないギャランティーがありましたね。

最初は週に二日ぐらい休みがありましたけど、最後の方は休みがなかったような気がしますね。でも楽でしたね。ぼくは何をやってもいいという状況。お客が沸けばいい。毎日よく客が入るなぁと思っていましたね。やっている俺たちは飽きていた。客がすごく熱狂的でした。メキシコのマスクマンというのは、ちょっと向こうでの捉えられ方が違っていましたね。サントスっていったですかね。それは凄かった。彼が出るときは政治家から何からみんな来る。向こうの映画スターとか芸能人とかいた。ああ、拝み倒している人もいましたね」

長州は頻繁に人の名前を間違える。サントスとは、エル・サントのことだ。

エル・サントは、一九一七年生まれのメキシコの伝説的な覆面レスラーである。その人気から映画俳優としても五二作品に主演している。

「サントスが出るときは、歓声がもう凄かったですね。こんなにちっちゃい人なんです。一七〇（センチ）超えたぐらい。彼は二、三〇〇〇人は入るようなアリーナでないと出ない。特別なレスラーだったんでしょうね。ぼくは試合をしたことはありませんけど」

長州は、メキシコのレスラーのように宙を飛ぶこともなく、日本と同じスタイルを貫き通した。浜田とUWA世界タッグ王座を獲得した五日後、シングルでもカネックを破りUWA世界ヘビー級王者になっている。そして一〇月五日に帰国した。

帰国便は小林邦昭と一緒だった。

小林は長州に先立って、八〇年六月からメキシコに滞在していた。飛行機の中で小林は二年四ヶ月ぶりの帰国を喜ぶ気持ちがあったが、日本のリングで何を見せるべきなのかという不安もあった。

（三年海外に行こうが、一〇年行こうが、帰ったときに自分なりの何かを出さなければならない）

凱旋帰国第一戦は、自分がこれからプロレスラーとしてやっていけるかどうかの試金石になると覚悟していた。

状況は長州も同じだった。いや、小林と違って、長州の国外遠征は二度目である。もっと追い詰められていたのだ——。

第六章

「噛ませ犬」事件の〝謎〟

俺はお前の噛ませ犬じゃないぞ！　“革命戦士”伝説はここから始まった

俺はお前の噛ませ犬じゃないぞ！

（悪い試合ではなかった、しかし……）

控室に戻った小林邦昭はすっきりとしない気分だった。

一九八二年一〇月八日、後楽園ホール――。

メキシコから帰国後の第一戦、小林は木戸修と組んで、シルバー・ハリケーン（ミレ・ツルノ）、ジョニー・ロンドス組と対戦した。試合は一三分八秒、小林が「フィッシャーマンズ・スープレックス」という初公開の技でハリケーンをねじ伏せている。ただ、勝ったものの、観客席からの反応は薄く、淡々と終わってしまったというのが正直なところだった。試合が終わって一段落した後、控室を出てリングで行なわれている試合を見ることにした。

この日のメインイベントは、アントニオ猪木、藤波辰巳、そして長州力対アブドーラ・ザ・ブッチャー、バッドニュース・アレン、S・D・ジョーンズの六人タッグマッチだった。

試合開始前からリングの中は奇妙な雰囲気だった。二人、あるいは三人のタッグマッチでは、〝格下〟のレスラーから先に出ていくという不文律がある。青コーナーでは、どうして自分が先に出るのだと長州が藤波に文句をつけていた。藤波は長州の胸を小突くと仕方がないという風にロープをくぐってリングの中に入った。試合途中、長州が倒れたアレンの足を持ちながら交代を求めると、今度は藤波が拒否。そこで、猪木が渋面で交代することになった。

そのうち、長州と藤波は平手で殴り合いを始めた。試合は藤波がジョーンズを回転エビ固めで仕留めて終了。観客に向けて手を上げて応える藤波を長州が平手打ちし、軀を持ち上げてマットに叩きつけた。慌てた新間寿がリングに上がって長州の軀を抱えたが、太い左腕で払われて一回転した。

その後、藤波と長州はリング上でマイクを通して口論を始めた。二人がやり合う姿、騒然とする場内の客の姿を見て、小林はやられたと、頭を殴られたような衝撃を受けていた。

（長州に全部持っていかれた。俺は置いていかれる）

翌日の東京スポーツは、この日、一〇月八日の試合について一面で〈猪木軍団分解！狂気！〉〈藤波・長州〝狂気の分裂〟試合そっちのけで大喧嘩〉と大きく報じている。

〈「長州、お前はなぜ俺に突っかかってくるんだ。なんのためだ。戦いたいなら、いまここでやろうじゃないか」

藤波が言い終わらないうちに、今度は長州がマイクを奪って、くってかかる。

「俺は今まで耐えてきた。俺もヘビー級の王者だ。なんでお前の命令を聞かなきゃならんのだ。お前と俺といったいどこが違うんだ。俺はメキシコからの帰り、ずっと考えていた。お前を叩き潰す」

そのとき、猪木は愛弟子二人の突然の分裂に、まだ信じられない表情。「俺の眼前で試合を捨ててまでなぜだ」——その怒りは控室での藤波へのビンタになって爆発した。怒りは、まだ通路でほえている長州にも向けられた。バシーン、長州の顔もゆがんだ。

控室は、言いようのない不安と不穏、そして異常な興奮状態に包まれた〉（「東京スポーツ」八二年一〇月一〇日付）

藤波は八一年にヘビー級へ転向している。長州もメキシコでヘビー級のタイトルを獲っていた。同格であるにもかかわらず、試合前、藤波が自分の後に名前を呼ばれたことが長州の気に障ったという。プロレスの世界では、名前は後ろで呼ばれる程「格」が上とされている。

長州力が生まれ変わることになった、〝噛ませ犬〟事件である――。

プロレス観戦は知的遊戯である。プロレスを愛好するものは試合を反芻《はんすう》し、レスラーの感情、背景に思いを巡らせることが好きだ。残された映像、あるいは関係者の証言が思索の材料となる。この噛ませ犬事件は、長州力というレスラーが本当の意味で誕生したきっかけとなった。そのため、その〝謎〟に触れた書籍や雑誌は数多い。

その中には、長州と藤波の仲間割れは、あらかじめ決められていたことだったと書いているものもある。そうであるならば、誰が決めたのか。そして、長州と藤波は承知していたのか――。

まずは、その裏を知る人間の一人として名前を挙げられることもある新聞の証言だ。

長州と藤波が仲間割れをすることなどまったく知らなかったのだと新聞は言い切った。

「だから、びっくりしてリングに上がっちゃったんだよ。俺は（試合中は）絶対にリングの中に入ったらいけない。初めてだよ、あんな風にリングに上がっていったのは。しちゃいけないことを俺はしたわけなんだ」

あのとき、新間はまずリングサイドの解説席にいた山本小鉄を探したという。

「なんで小鉄がヘッドフォンを取って、リングに上がっていかないんだと。俺は吉田をメキシコまで行かせた。なんでここでこんなことをするんだ、お前にはいくらでもチャンスがあるじゃないか。〝やめてくれ吉田〟って止めに入った。そうしたら俺、振り回されたよね。綺麗に受け身をとったけどさ、びっくりしたよ。吉田の力は凄いもんだったね」

次に会ったとき、長州は新間に「すいませんでした」と頭を下げたという。

プロレスの取材が難しいのは、他の分野と比べて証言の精度が極めて低いことだ。そして、関係者も面白ければそれで良しとしている節もある。

新間の出した複数の書籍に目を通すと、そのときの彼の立場、猪木との関係、あるいは単純な記憶違い——出版された時期によって〝事実関係〟が異なっていることがある。なによりプロレスを愛する新間は、必要だと思えば口を閉ざし真実を墓場まで持っていくという種類の人間だ。

ただ、長州と藤波の仲間割れを新間が事前に知らなかったことは、当時、新日本プロレスの営業部長だった大塚直樹からも裏付けをとっていた。

一〇月八日の試合の話を大塚に振ると「新間さんは知らなかったでしょ」と軽い口調で言った。

大塚によると——。

この日、大塚は会場入りすると、猪木から「今日、取組表はどうなっている?」と話しかけられたという。大塚が渡した対戦表を見た猪木は「面白くもおかしくもないなぁ」と呟いた。

冷ややかだった。

「長州の凱旋帰国ですから」

大塚はとりなすように言った。本当はメキシコに免許を取りに行っただけなのだが、と心中は冷ややかだった。

猪木も同じことを考えていたのか、「凱旋帰国って言ったってな……。シックスメン（六人タッグマッチ）か」と言うと黙ってしまった。面白くないと言うからには何かやるのかなと予感しながら大塚はその場から立ち去った。

長州と藤波の仲間割れが始まったのを見て、大塚は、ああ、こう来たかと思った。

また、呼び出しの順番にレスラーは強いこだわりを持っていると大塚は教えてくれた。

「最後に呼ばれたいから選手は揉めたり、独立したりするんです。小さい団体ができるのはみんなそうです。一番最後にコールされたいものなんです」

大塚もまた、これを仕掛けた人間の一人と名指しされることがある。当時の新日本プロレスには興行会議と称するものがあり、猪木、坂口のほか、新間や大塚も出席していたというのだ。

大塚はその種の会議に出席していたことをきっぱりと否定した。

「どの試合をテレビで中継するのかというのは営業サイドに関係してくるので、組み合わせ、つまりブッキングについて坂口さんにアイデアだけは渡していた。意見は言うことはありました。でも、内容にはまったくタッチしていません」

また、こんな証言もある。営業部にいた上井文彦は、あの試合の前日に長州と話をしたという。

「その日は京王プラザホテルで講演会があったんです。猪木さんが勉強会として講師を呼んで、レスラー、社員を集めていた。講演会が終わった後にぼくは一人で長椅子に腰かけていたんです。すると、長州さんがバッとあの長い髪の毛で来たんです。そして〝上井、お前、明日の呼ぶ順番聞いているか〟と。もの凄い剣幕でした」

上井は同じ山口県出身ということで、長州とは多少会話を交わす仲だった。

「ぼくは下っ端の営業マンです。そんなことを知っているはずがないじゃないですか。そうしたら、〝俺は藤波の前に呼ばれるっていうんだよ。俺がどれだけメキシコで苦労してきたか、知っているか〟と苦労話を始めたんです。すごく怒っていましたよ」

当日、上井は担当している地区で営業をしていたため、後楽園ホールにはおらず、テレビ中継も見ていない。翌日、会社に電話を入れると、大騒ぎになっていたことを覚えている。

「ああ、やったか、という感じでしたね」

この試合について長州はさまざまな本や雑誌で語ってきた。その多くはワインを喩《たと》えにして煙に巻いている。

〈まあ、ワインに例えるならば、いい具合にポーンと弾けたってことだ。栓が抜けて、そのワインからよい香りがしたのか？　あるいは美味しかったのか？　どちらにしろ、飲んだ客が「ウワッ！」っていう反応をしたことだけは確かだな。

まあ、あの反応を見る限り、いいワインが飲めたんだと思うよ。今までの新日本の客が味わったことのないワインを、俺はあの試合で提供できたと思っている〉（『名勝負数え唄　俺たちの昭

和プロレス』藤波辰爾・長州力共著）

ぼくは長州に何度も、そしてしつこくこの試合について訊ねた。

彼の答えはいつも以上に途切れ途切れで、論理の飛躍があり、文意を追うのに苦労した。以下のやりとりは彼が最も踏み込んで話してくれたときのものだ。彼独特の口調を生かしながら、括弧内はぼくなりに言葉を補足している。

――あの試合では仲間割れをするように仕組んだ人間がいたとする本や雑誌が出ています。そういう理解でいいですか？

「仕組んだというのは……アントニオ猪木でしょうね。うん、仕組んだとしたら。メキシコから帰ってきて、なんか言われて、ああそうだよなっていうのがありますよね」

――メキシコから帰ってきて、何を言われたんですか？

「ワインを一番旨いと思うタイミングは分かるかと。ワインというのは自分が飲んで、自分の感性で、ああ、いいと満足するんじゃない。抜いたときにそこにいる人が飲んで、みんなが〝いや、これはないよ〟と言われたら……（駄目なんだ）。いいときに空ける、タイミングのいいときに空けられると、みんなが酔いしれる」

――ワインの喩え話を猪木さんからされたんですね？

「そんなような気がする。なんか俺に対して布石を打つというか、〝お前は仕事ができているのは分かる。でもまた……このままでいたら……お前また一年間同じことをやったら終わるぞ〟」

——ということを言われた。

「布石を打つようなことを言うんです、うん」

——なんかやれと、けしかけられた。

「何をやれという（具体的な）ことはまったくない。〝お前は藤波に対して、どういうものを持つんだ。あいつには太刀打ちできないからって、延々とやっていくんだったら、お前がまたメキシコに行ったとしてもずっとこのままで終わるぞ〟と。あの人はどこまで俺を見ていて言ったのかは分からないけれど」

——どこでその話をしたんですか？

「ああ……会場で練習しているときに会ったような気がするね。会場に入ってトレーニングしているときに呼ばれて、それに近いことを、布石を打たれるような……」

——そのときは、ピンと来るものがあった。

「ああ……俺にしたって、自分なりには分かってきていた。（でも）俺の感じを本当にどこまで出せと言っているのか。じゃあ、何をやってもいいのか、どこまで受け止めていいのか分からない。（猪木が言ってきたのは）それに近い布石なわけですよ。俺に感情を思い切り出してみろといったって、感情ってどこまで出せるか」

——悩みますよね。

「人生でそんなことを経験したことがない。あとは自分でどのように解釈したらいいのかという……。俺だけの解釈じゃ、相手は絶対に戸惑うというか、成り立たないわけなんです。でも成り立たないところに闘いが見えるんじゃないか（と思ったり）……。

お前の感情ってどういうものか自分で分かるのかと。そういう感情を毎日出していたら、とんでもないことになってしまう。それはできない。でも最初のインパクトを摑むには、個々の感情の一発目で決まることなんですよ」

――感情を出すことが大切。

「お前、何回弾を撃った？　何発持っている？　でも一発目で決まる。それが後楽園。引き金を引いたのはぼくです。でも撃鉄を上げたのはぼくではない」

――猪木さんが撃鉄を上げて、引き金を引ける状態にした。

「上げたんでしょうね。引いたのは俺。上げたのは俺じゃない。だから怖いんですよ、あの人」

――リングの上でマイクを持ちながら、何を考えていたんですか？

「闘いというのはコントロールできる闘いとできない闘いがあるんですよ。後楽園では自分でもあんな感情があるというのは、驚いていた。〝あー、俺は今、カミングアウトしている、自分の（素の姿）と違うな〟という感触はありましたね。猪木さんもここまで出るとは思っていなかった」

おそらく――。

長州はメキシコ滞在中、あるいは帰国直後、何らかの形で猪木と連絡を取った際、藤波との関係を軽くけしかけられた。そして試合当日、猪木はもう一度、長州を強く挑発した。はっきりと藤波と仲違いをしろとは言わなかったかもしれない。そして長州は恐る恐る、感情を爆発させた

——。

藤波に、仲違いすることを承知していたのかとぶつけると、「ぼくは知らない。もしそういうのがあったとしてもぼくは知りたくない」と激しくかぶりを振った。

猪木はかつて自分の付き人だった藤波の愚直なほど真っすぐな性格を熟知している。藤波には伝えなかったということは十分あり得る。

どこまでやっていいのか探っていた長州、まったく知らなかった藤波。その噛み合わなさ、たどたどしさが二人の関係に緊迫感を与えた。多少の筋書きに偶然を取り込んだ、プロレスにしかない感情の衝突だったからこそ、あれだけの人の心を惹きつけたのではないか。

「噛ませ犬」は本当に言ったのか?

この試合のもう一つの謎は、長州が「噛ませ犬」という言葉を口にしたかどうかだ。

テレビの中継映像では古舘伊知郎の実況を含めて「噛ませ犬」という言葉は一切聞こえてこない。長州と藤波がマイクを持ってやり合ったのは中継終了後で、ビデオは残っていない。ただ、当日リングサイドで撮影していたカメラマンの原悦生によると、長州は藤波にさまざまな言葉で悪態をついていたが、「噛ませ犬」だけは口にしなかったという。翌日の東京スポーツにもやはりこの言葉は見当たらない。

新聞が創作したという説もあるが、新聞は「噛ませ犬なんて言葉は俺からは出てこない」と断言した。

「俺はこの発言をあとから読んで、吉田はさすが大学を出ているだけあるな、面白い言葉を知っているなと感心したんだもの」

長州本人の記憶も曖昧だ。二〇一二年一〇月、新宿FACEで行なわれた髙田延彦とのトークイベントで、司会の水道橋博士に質されたとき、「あれはマスコミが作ったものです」と一度は否定しておきながら、「あ、やっぱ言ったかも分かんない」と発言している。

誌面上で噛ませ犬という言葉が現れるのは『ビッグレスラー』という月刊誌の八二年一二月号である。

これは長州へのインタビュー記事で、〈藤波の〝かませ犬〟になるのはもうごめんだ〉というタイトルがつけられている。

〈(前略)だけど、ここで自分を主張できなかったら、ぼくは一生〝かませ犬〟のままで終わってしまうんですよ。

――〝かませ犬〟……?

長州　いい表現じゃないですけれど、僕はそんな感じだったでしょ。ボックとかハンセンあたりのシングルマッチの初戦は、必ず僕だった。要するに〝ひきたて役〟なわけ。プロレスラーだったら、そんな役回りは誰だって喜ばないと思いますよ〉

そして共に一二月一日発売の『月刊プロレス』『ゴング』の試合レポートでも、この「噛ませ犬」という言葉が引用されている。以降、テレビ、雑誌で広く使われるようになっていく。

マサ斎藤とニューヨーク

東京スポーツには、藤波との試合の翌日、長州は新聞に「二、三日、考えさせてください」と電話を入れ、姿をくらましたという記事がある。

「私が三年生のときだったかな。体育寮の部屋にいたとき、長州さんが来られてびっくりしたことを覚えていますよ。行方不明になっているのにここに来ているのかと」

と振り返るのは、専修大学の後輩に当たる馳浩である。

六一年生まれの馳は、石川県の星稜高校を卒業後、専修大学に進学していた。

長州が現れたのは昼過ぎだったと馳は記憶している。

「練習が四時だったから、その前。練習した後にポカリスエット一〇本買ってこいって言われて、走って買いに行ったなぁ」

それまでも長州は年に一度程度、専修大学の道場に現れていた。

「ぼくが一年生のときは弱すぎて練習相手にならない。もの凄く強い四年生がひいひい言うぐらいしごかれていて、怖ぇーって思って。夜は寿司屋に連れていってくれた。ポケットから札束を出して、ほいって支払いをする。すげぇと。ポケットにいつも二、三〇万は入っていましたね」

この日、馳は長州の練習相手になった。タックルで脚を獲りにいったが、やすやすとかわされた。

「ひいひい言う程虐《いじ》められましたよ。長州さんのレスリングって、テクニシャンなんです。フェイントかけて、相手の体勢を崩したりするのが得意。あの軀でもの凄く器用で、瞬発力がある。タイミングがいいし、スピードがある。力じゃないんです。力任せのレスリングをしちゃ駄目だと教えられました」

長州が次にリングへ上がったのは一〇月二二日の広島県立体育館だった。藤波とのシングルマッチが組まれたのだ。長州は開始から荒っぽく仕掛け、場外乱闘になった。そのうち二人はフェンスを飛び越えて客席で殴り合いを始めた。控室にいた猪木が割って入り、無効試合となった。

この日は、タイガーマスクがレス・ソントンと対戦していた。そこに小林邦昭が乱入しタイガーマスクを襲った。小林とタイガーマスクは四日後の大阪府立体育会館大会で対戦が組まれていた。

これは長州の動きに触発されたものだったという。小林はこう振り返る。

「(長州が)後楽園で、あれだけの出来事をぽーんと打ち上げたじゃないですか? あれでぼくはタイガーマスクに照準を当てるようになった。ぼくがタイガーマスクとまともに試合をして、どっちが勝っても負けても、いい試合だったとしても何も残らない。じゃあ、何かやってやろうと。先にブレイクしていたのがいたので突っかかっていくことができた」

大阪府立体育会館の試合で小林は、勝負を無視してひたすらタイガーマスクのマスクを剥《は》ぎ取ろうとした。やがて小林は「虎ハンター」として名前を知られることになる。小林は生き残りをかけて、練習仲間である佐山に絡んだのだ。

一一月四日、蔵前国技館で長州は、藤波の保持していたWWF認定インターナショナル・ヘビー級タイトルに挑戦したが、反則負けしている。そして一一月六日、長州は、次の藤波との対戦をじらすかのように、小林と共にアメリカに向かっている。

長州は、このアメリカ行きについてこう話している。

「あれは半分〝シュート〟でしたね。半分ですけど。会社とうまくいかなかった部分がありますね」

この場合の〝シュート〟とは、誰かが書いた筋書きに沿っていないことを意味する。

長州と藤波の仲は本当に険悪になっていたようだ。二人の対戦を組めば客は喜ぶだろう。しかし、本当にいがみ合っていれば、試合として成立しない。ほとぼりを冷ます必要があった。

新聞は長州をニューヨークに行かせることにした。

「マサは向こうで顔だから、一緒に行動してみろ。そしてビンスにも会ってこい」

新間はそう言うと経理担当者から数千ドルを引き出させて長州に渡したという。

そしてWWFのビンス・マクマホン・シニアに「長州という、うちの次のスターが行くから宜しく」と連絡を入れた。

新聞は別れ際、こう言って送り出した。

「金が無くなれば連絡してこいよ。こちらから送る。ただ、なるべく早く帰ってきてくれ」

マサ斎藤こと斎藤昌典は一九四二年八月七日、東京都で生まれた。明治大学在学中の六四年、東京オリンピックに出場している。大学卒業後、日本プロレスに入門。その後、豊登が設立した東京プロレスに移籍。東京プロレスが解散した後は、アメリカへ渡った。七四年頃からは断続的に新日本プロレスのリングにも上がり、七八年一一月には長州とシングルマッチを行なっている。

しかし、長州にはその試合の記憶がまったくないという。

とにかくニューヨークでの斎藤の印象が強烈だったと長州は振り返る。

「マンハッタンだと思いますけれど、レスラーが定宿にしているマンションがあるんです。そこの一階に鉄板焼きみたいな店があった。そこでマサさんは朝から目玉焼きをワンケースぐらい食べますからね。鉄板でぐわーっと焼いて、半斤か一斤か分かりませんけど、とにかく大量のトーストの上に載せて、ケチャップをかけて食べる。朝からすげーなと。食べるものから圧倒されました」

アメリカでの日系悪役レスラーの正統な継承者である斎藤の仕事は、リングの上で不意打ちなど卑怯な手を使って観客から憎しみを買うことだ。それには危険が伴う。

控室に戻る途中、リング内の虚構の世界と現実を見失った女性客から長い爪で背中をひっかかれ、深い傷を負ったこともある。また、ぎらぎらとした怒りの目をして、ナイフを突きつけてくる酔客もいた。そんな修羅場をくぐってきた斎藤の目には、藤波との一件でうろたえていた長州は青臭い男に映ったことだろう。長州は斎藤から「ボーイさん」と呼ばれた。

「ニューヨークに着いても何もすることがないんだから、俺に付いてこいって言われて。マサさんは簡単に言えば、すげえプロフェッショナルです」

食事をしているとき、斎藤の姿を認めたファンが寄ってきたことがあった。すると、斎藤は手を振って、あっちへ行けと邪険に扱った。普段から斎藤は悪役を徹底して演じていた。

斎藤の愛車は、真っ黒の巨大なキャデラックだった。窓はスモークシールド、ぴかぴかに磨かれた真新しい車は威圧感があり、斎藤の大きな軀に似合っていた。

「レスラーって見られてナンボの世界というか、すげえなと」

一一月二二日、マジソン・スクエア・ガーデンで斎藤は試合を行なっている。その後、長州は斎藤に付き添って、ニューヨークから近隣都市を回った。

どの街でも会場の滞在時間は最小限だった。キャデラックで試合会場に乗りつけると、顔見知りの黒人の少年にチップを渡し、車を見ておくように命じてから控室に向かった。試合で観客を沸かせた後、すぐにシャワールームに入った。さっとタオルで軀を拭くとジーンズと革のウエスタンブーツを履き、軽くシャツを羽織りながら、ファイトマネーを受け取った。それもわざわざほかのレスラーに見せびらかすように大げさに紙幣を広げ、枚数を確認するのだ。そして、ポケットに金をねじ込むと「じゃあ」と立ち去った。

宿でもう一度、シャワーを浴び長州が準備した煙草で一服いれた。そして缶ビールを飲み干すと夜の街に繰り出した。酔客に絡まれ、喧嘩に巻き込まれることも少なくない。万が一のために、車のダッシュボード、そしてブーツの中に拳銃を潜ませていた。

斎藤は時間を見つけるとジムで軀を鍛えた。軀を見せつけることが、自分を守ると固く信じているかのようだった。

軀一つで一瞬にして大金を稼ぐ――。西部劇に出てくる賞金稼ぎのような逞《たくま》しい斎藤を、これが本物のプロレスラーだと、長州は仰ぎ見るようになっていた。

「滞在費は食費も含めて全部マサさんが払ってくれた。全部食わしてもらったですね。そのうち、〝お前、仕事できるのかよ〟とからかいながら言われた。それでマサさんとぼくと（服部）正男の三人でプエルトリコに行った」

プエルトリコではマネージャー役の服部が日本国旗を振りながら三人で入場し、長州と斎藤は悪役に徹した。

「マサさんは自分を見せるのがうまい。自分の（悪そうな）風貌をね。（プロレス自体は）ちょっとスローなスタイルじゃない？　でも瞬発力が凄い。（相手を）無茶苦茶ハードに打ち込む。受け身が巧くなければ、本当に脳しんとうを起こしてしまうぐらい。その代わり、倍で返してこい、みたいな」

長州は初めてリングの上を楽しいと思えたという。

「マサさんといるのが楽しくて楽しくて。そうなると仕事も楽しくなっちゃう。マサさんから吸収することがたくさんありますから。吸収も早かったと思いますよ。ああ、このままでもいいなという感覚がありました。本当はあのままマサさんと（国外を）回っていたかった」

斎藤の悪役らしいぶっきらぼうな振る舞い、そのいでたちはその後の長州の原型となった。革製の派手なウエスタンブーツ、裾が広がったジーンズ、ニューヨークヤンキースのマークが入った野球帽——ほとんどは斎藤から貰ったものだった。

藤波との仲間割れは暴発に近い状態だった。直後の長州は自分が起こしたことへの反応に戸惑っていた。アメリカで斎藤に会い、本当の意味でプロレスラーとして覚醒した。

そんな長州を新日本プロレスは長く放っておかなかった。八三年一月一日から後楽園ホールで始まる『新春黄金シリーズ』の開幕に合わせて長州は日本に呼び戻された。

ニューヨークから戻った長州は、斎藤、そしてキラー・カーンと「革命軍」を結成した。八三年四月三日には、藤波を破ってＷＷＦインターナショナル・ヘビー級チャンピオンとなる。

試合後、長州は「俺の人生にも、一度ぐらい幸せな日があってもいいだろう」という言葉を残している。プロレスラーとして言葉を操る楽しさも見つけ始めていた。

リキちゃんと浜さん

プロレスとは不思議な稼業である。かつて長州が苦しんだように、強さだけでは観客の心を掴むことはできない。もちろん、見栄えがいいだけでも駄目だ。感情をうまく出して、生き様を表現することが必要となる。加えて、長州は周囲の助けが必要なのだと言った。

「レスラーっていうのは一人でやっているわけじゃないんです。みんなで波を起こさないといけない。ただ、全員で波を起こして、最後に乗る奴は一人。この業界、高い波に乗れるのは一人しかいない」

そして長州は「その感覚が鋭くなったのは、浜さんと組んでからでしょうね」と付け加えた。

「直接言ったことはないですけれど、うわー、浜さん、ぼくのために一生懸命波を起こしてくれているというのは分かりましたね。乗ったら乗ったで、またこれもしんどい。高い波に乗った奴は綺麗なものを見せなければならない。勝っても負けてもしんどい。ぼくは波を立ててくれた浜さんのためにも波に乗ってあげないといけないという感覚です。ぼくができることは、（長州を支える）アニマル浜口は最高だというイメージをつけること。それがぼくの報い方でしたね」

人生の方向が固まる時期を支えてくれた仲間は特別なものだ。その意味で浜口にはどうしても話を聞かなくてはならなかった。

浜口の自宅は浅草の住宅地の中にあった。約束の時間になって玄関の呼び鈴を鳴らすと女性が顔を出した。

「あの人、ジムに行って帰ってこないのよ。いつも時間に遅れるんだから」

大げさに困った顔を作りながら、「どうぞ、中に入って待っていてください」と一度顔を引っ込めた。浜口の妻、初枝だった。彼女は自宅用の扉の隣にあった格子戸を開けた。

中には、白木のカウンターがあり、その奥に無数のトロフィーが置かれているのが目に入った。

壁は浜口の娘、レスリング元世界チャンピオンの京子の写真で埋め尽くされていた。入口の横にはガラスケースがあり、レスリングのユニフォーム、五輪出場時のブレザーなどが吊してあった。すべて京子のものだ。

初枝はカウンター越しになれた手つきで珈琲を入れてくれた。かつて彼女はここで小料理屋を開いていたという。しばらくして、浜口ジムと書かれた青色の上下のトレーナーを着た浜口が帰ってきた。浜口は自宅から歩いて数分のところに「アニマル浜口トレーニングジム」を開いていた。

浜口は坐るなり、カウンターの上にずんぐりとした銀色のゼロハリバートン製のアタッシェケースを置いた。丸っこく小柄な浜口の軀を連想させるアタッシェケースを開けると、中から写真を取り出した。

長州と一緒にリングに上がっていた時代の写真だった。

「ぼくは長州選手のことをリキちゃんと呼んでいて、彼はぼくのことを浜さんと呼んでいた。当時の写真を見ていたら、今も感じるものがある」

そう言うと、カウンターに写真の紙焼きをばっと広げた。

「この人の話、長いですよ」

初枝は笑いながら目配せすると、奥に消えた。

アニマル浜口こと浜口平吾は一九四七年八月に島根県浜田市で生まれた。小学五年生のとき、母親、妹と共に親戚の住む大阪府堺市へ移っている。高校には進学せず、工事現場で鳶として働いていたという。

「飯場生活をしていたんです。飯場には、北は北海道、南は九州から人が集まっている。夜になったら花札やって喧嘩やって。指を詰めていた人もいたし。ほかに一六歳なんていないですよ」

飯場とは工事など労働者のための宿泊施設を指す。

「豊橋にいるときに赤痢になって、病院に入れられた。三日ぐらいで抜け出して、東京に行った。そうしたらまた東京で病院に入ったけど三日ぐらい病院に入れられて、ああ、もう大丈夫だと出された。それで江東区砂町の飯場に辿り着いた。銀座の松屋デパートの屋上の建て増しをするんで、ぼくらは三五キロのドリルを持って、穴をくり抜くんです。丸棒があってね、その上に板を乗せて立つんです」

命綱はあったんですよねと、ぼくが口を挟むと浜口は目をかっと見開いて「なーに言っている！」と大声を出した。

「柱を左手で持って三五キロのドリルを右手で持って穴を開けるんです。体重がこっちに行ったら（バランスを崩して）落ちる。俺はそういう生きるか死ぬかのところで生き抜いてきたんだから」

浜口はワッハッハと喉の奥まで見えそうなほど口を開けて笑った。

「横浜の飯場にいるときです。現場で仕事が終わって、風呂がないもんで銭湯に行ったんです。銭湯を出て林檎かなんか囓《かじ》りながら歩いていたら、向こうで市電を止めて大暴れしている人がいた。もう大騒ぎです。近づいてみたら、同じ飯場にいる先輩だった。ごつごつしたいい軀をした人なんだけれど、酒を飲んで乱れる人。あらチャランポランな人生末路、哀れなりって言うけど、これじゃいかんと。ぼくは何も悪いことはしていないのだけれど、出直そうと思って、新幹線の切符を買って大阪に帰った。大阪で製鋼所に勤めて一八歳でクレーン免許取りました。そんなとき『ヘラクレス』という映画を観に行ったんです。古代ローマの剣闘士が出る映画です。それでぼくもこんな軀になりたいと、北新地の飲み屋街の真ん中にあるナニワトレーニングセンターでボディビルを始めた」

このナニワトレーニングセンターの会長が、国際プロレスの社長、吉原功と知り合いだった。六九年八月、浜口は国際プロレスに入ることになった。

「こんばんは」事件

長州と知り合ったのは、七七年、浜口が二度目の国外遠征から帰国した後のことだ。

「ぼくは向島に住んで、水戸街道沿いの寿司屋に毎日通っていた。そのお寿司屋さんの親戚が拓(殖)大のレスリング部で、長州の高校の先輩と同期だった。そういう関係でリキちゃんも来たわけです」

同じ時期、長州もカナダから帰国していた。

「リキちゃんとたまたま同席して酒を飲む。ぼくは酒を飲んだら人の肩を叩くのが癖でね、バカヤロウ、コノヤロウと言いながら、友情の印で一緒に飲んで意気投合する。酒癖が悪いというのではないけれど、はしゃいじゃうというか、酒飲んでわーっとしたい。そういう傾向があるんです。そのときリキちゃんは国際プロレスの浜口とは二度と一緒に飲むことはないと思ったらしいです」

長州の酒は穏やかだ。初対面の人間の肩を叩きながら酒を飲む浜口に閉口した姿は、容易に想像できる。

「リキちゃんのことはテレビで見てました。レスリングの動きが凄かった。白いシューズ履いて、動きがサッサ、パッパ、サッサ、パッパ、軽快に足が動く。アマチュアレスリングをやっていた人は凄い。大学までやって日本チャンピオンになって、オリンピック出ているというのはとんでもなく強いですよ」

七九年八月、東京スポーツの創立二〇周年を記念して日本武道館で『プロレス夢のオールスター戦』が開催されている。全日本、新日本、国際といった団体の垣根を越えて行なわれたこの大会で、浜口と長州はタッグを組み、全日本のグレート小鹿、大熊元司と対戦して反則勝ちしている。

しかし、二人ともこの試合の記憶はほとんどない。

二人が次第にその距離を詰めていくのは、国際プロレスが解散し、浜口がラッシャー木村、寺西勇と共に新日本プロレスに移籍してからだ。

「国際プロレスが崩壊してね、秩父で合宿したんですよ。そこから超満員の田園コロシアムに木村さんと乗り込んでいった」

この日、八一年九月二三日はタイガーマスクの人気で田園コロシアムに史上最多の観客数を集めた。また、スタン・ハンセンとアンドレ・ザ・ジャイアントという人気外国人レスラーのシングルマッチもあり、会場は高揚した空気に包まれていた。

そんな中、リング上で白いスーツを着たアナウンサーがラッシャー木村を紹介した。翌月の一〇月八日、蔵前国技館で木村と猪木の試合が組まれていた。

「蔵前国技館でアントニオ猪木さんとの一騎打ちが実現することになりました。ラッシャー木村選手にお話を伺ってみましょう。いよいよ実現しましたが、今の気持ちは？」

マイクを向けられた木村は緊張した面持ちでこう答えた。

「こんばんは」

大観衆に気圧されたのか、後が続かなかった。猪木、そして新日本のレスラーに対して激しい挑発の言葉が出るかと身構えていた観客席からは失笑が漏れた。

浜口はまずいことになったと心の中で思っていた。

（観客席はほぼ一〇〇パーセント、新日本のファンだ。みんな木村さんのことを笑っている。お客さん、選手に笑われたらプロレスにならない。これから新日本のリングで食っていけないぞ。木村さん、何か言ってくれ）

木村の淡々とした口調は、観客席からの罵声でかき消されていた。目の前の猪木が苦虫を嚙みつぶすような顔をしていた。わざわざ満員の観客の前で挨拶をさせたのに、客を白けさせるなと怒っているのだ。自分が行くしかない。浜口はマイクを摑んだ。

「一〇月八日は、絶対に我々が勝ちますよ」

そして前に進んだ。

「おい、来いよ、お前、おっ?」

目が合った新日本プロレスの剛竜馬を指さすと「待っとけよ」と不敵に笑った。

浜口は、この田園コロシアムで自分がやるべきことが定まったと感じていた。

「新日本の坂口さんたちもみんな、ぼくたちが何をやらかすのかと見ていたはずなんです。要するにどうやってインパクトを獲るか。木村さんはいろいろな経験を積んでいますし、そういう場面には慣れていたと思うんです。でも、ああいう言葉になってしまった。あとから考えたら、あそこで木村さんがうまくやったらぼくの出番はなかった。アニマル浜口というレスラーは軀が大きくない。馬場さんや猪木さん、キラー・カーンとかみたいに立っているだけでいいというレスラーじゃない。小さいから、なんかやらないといかん。そこでぼくの役目が分かった。人間というものは大したもんじゃない。だけど肚《はら》を決めたときは恐ろしく強くなる」

その後、「国際はぐれ軍団」と呼ばれた浜口たちは新日本のレスラーの引き立たせ役となった。

その最たる例が、八二年一一月四日に行なわれた猪木との一対三での試合である。

浜口たちは猪木を一度フォールすれば勝利。一方、猪木は三人全員をフォールしなければならない。明らかに不公平なルールである。猪木は寺西、浜口をフォール、最後はリングアウトで木村に敗れた。それでも三人を相手にした猪木の強さが際立つ試合だった。

「国際（はぐれ）軍団で卵を投げられたり、散々馬鹿にされたり。国際プロレスに関係した人には、なんで新日本であんなに惨めな姿を晒すのかって言われましたよ。でも、ぼくはそうじゃないと思っていた。我々は、底辺まで落ちようが、ケチョンケチョンに言われようが、そこで這いつくばって立ち上がっていく人生。プロレスっていうのは格闘技であり、人生なんだ。どんな状況でも生き抜いていく姿を見せてやろうと。三対一をやったりね。このまま終わりたくないなと思っているところに、長州選手が出てきた」

決起

浜口によると、長州から話があると呼び出されたのは八三年五月のことだったという。

「寺西さんが、〝アニマル、長州が呼んでいるよ〟と言うの。確か長州の（ホテルの）部屋で話をしたんじゃないかな。そこで浜口さん、一緒にやろうということになるんですよね。長州選手は藤波選手の下でこのままじゃ終われないよというのがあって、ぼくも国際軍団でこのままで終わりたくなかった。男一匹、もっと上に行こうと話し合ったわけです。殻を破って宇宙まで飛んでいきたいというのが、合体したんだ」

浜口と長州は五月一六日の三重県津市体育館の大会を無断欠場、以降試合会場に現れなかった。

六月一七日、新宿区百人町のスポーツ会館で、長州は、浜口、アメリカから帰国したマサ斎藤と三人で記者会見を行なっている。長州は四月に藤波から奪ったWWFインターナショナル・ヘビー級タイトルを持ったままアメリカ遠征に出かけると語った。そして記者会見の後、南青山の新日本プロレスの事務所へ向かい、三人は新間に辞表を提出。今後は新日本の所属レスラーではなく、〝フリー〟として参戦する形をとることになった。

浜口は、長州と二人で相手レスラーを睨んでいる一枚の写真を指さした。

「これなんか、二人で飛び出している頃ですよ。俺はショートヘアだったな、顔つきが違う。言ったからにはやらなきゃいかんという感じでしょう。軀つきとか腿とか凄いですね。まさに、維新の荒々しさ、野生動物的な部分がありませんか？

最初は二人だけでずっとやっていた。リキちゃんはどんどん（人気が）上がっていくでしょ？どこに行っても満員ですよ。ぼくと長州選手のどこがいいって、この技ですよ」

浜口は別の紙焼きを指さした。長州が相手レスラーを逆さまに持ち上げ、その足をめがけて、コーナーポストから浜口が飛んでいる写真だった。「ツープラトン・パイルドライバー」という技である。

「これは誰にもできない。この技はコツというか、ぼくがビヤーンとコーナーから飛んで、宙で一瞬止まるんです。だから絵になるというかね、いい写真でしょ」

こういう技は普段から練習していたのですかというぼくの質問に、浜口は「やらない、やらない」と強く首を振った。

「プロレスというのは何遍も練習する技もありますけれど、だいたいはインスピレーション。技はね、ピタッと決まらないと駄目。勘が良くないとできないんです、プロレスは」

浜口が長州と行動を共にした時間を語るときは誇らしげだった。

「長州選手の足の運びは見事でしょ。一つ一つの動きが軽快でね。リキちゃんのフットワークとか動きを俺は盗んだんだろうね。ああ、この動きだ、これだと引き込まれて、ハイスピードなレスリングになるわけですよ」

試合が終わった後は、二人でしばしば酒を飲んだ。

「父親が酒飲みでね、酒で失敗した。だから俺は大人になったら酒なんか絶対に飲まないと思っていたけど、プロレスに入ったら、グレート草津さんに〝貴様、飲め〟って。銀座、六本木、青山と毎日連れていってもらいました。そうしたら、世の中にこんなに旨いものがあるんかと、すっかり好きになっちゃってね。俺は飲んで馬鹿ばっかり言う。リキちゃんは酔わないでしょ。強すぎる。でも、ずっと一緒じゃなかったよ。試合終わってあんまりくっついているのもアレでしょ。気を利かさないと」

長州との出会いがなければ、自分はプロレスラーとして完成形には至らなかったと浜口は繰り返した。

「あの頃は地方のホテルまで男女のファンが押しかけて凄い人気だった。試合前、選手名コールのとき、ファンが投げるカラーテープががんがん当たる。リキちゃんとのタッグは間違いなく、ぼくのプロレス人生の頂点だった」

浜口への取材は四時間を軽々超えた。話はしばしば脱線して、「一切の困難を乗り越える、気合いと笑いのコラボレーション」「脳の開発のために作った人生訓」となった。ちょうど、念仏のように人生訓を諳《そら》んじている最中、初枝が顔を出し、「あんた、これは長州さんの取材でしょ」と口を挟んだ。

それに動じずアッハッハと大声で笑う浜口を見て、長州が彼を好きな理由がなんとなく分かった。

浜口の朗らかさは底抜けではなく、どこか陰がある。その陰は彼が辿ってきた人生で背負ってきたものだ。陰を知っているからこそ浜口は優しい。長州はしばしば「手が合う」というプロレス業界の隠語を使う。二人はまさに手が合う仲だったろう。

長州を中心とした革命軍はやがて「維新軍団」と呼ばれ、新日本の本隊に対する〝反乱〟として人気となった。

そんな中、新日本プロレスを大きく揺るがす本物の騒動が始まる。

きっかけは、八三年六月に行なわれた新日本の株主総会だった——。

第七章
タイガーマスク引退とクーデター

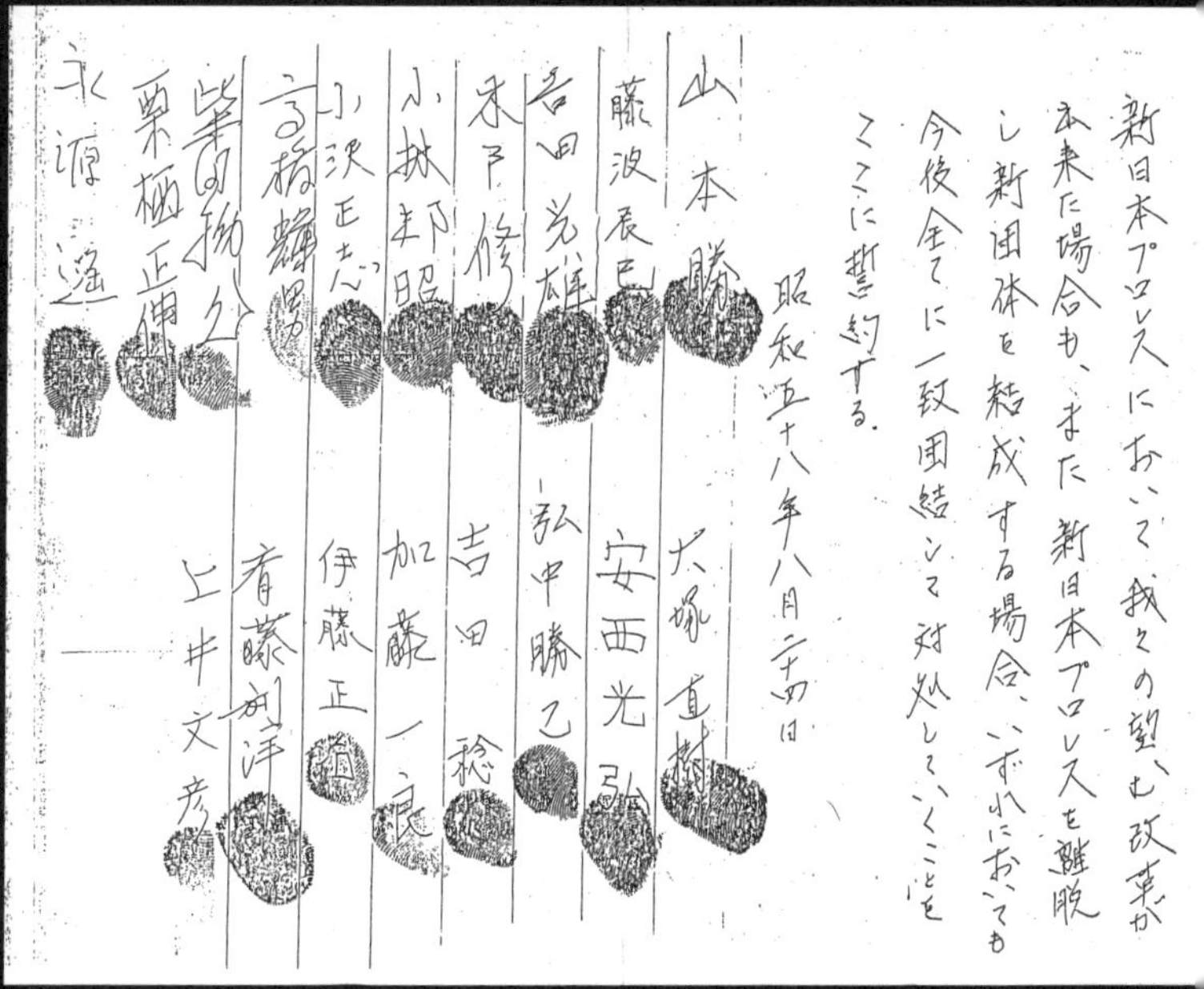
新日本プロレスにおいて我々の望む改革が
出来た場合も、また新日本プロレスを離脱
し新団体を結成する場合、いずれにおいても
今後全てに一致団結して対処していくことを
ここに誓約する。

昭和五十八年八月二十四日

山本勝　大城直樹
藤波辰巳　安西光弘
吉田光雄　弘中勝己
木戸修　吉田稔
小林邦昭　加藤一良
小沢正志　伊藤正
高橋輝男　斉藤利洋
柴田勝久　上井文彦
栗栖正伸
永源遙

猪木に反旗を翻した一八人の「団結誓約書」。吉田光雄の名も見える

猪木の副業

八三年六月一八日一一時から新日本プロレスの株主総会が開かれた。営業部長だった大塚直樹は、将来の幹部になるのだからと猪木の指示でこの年から新日本の株主になっていた。

「初めて株主総会に出席してみると、一九億八〇〇〇万円を売り上げているのに、繰越利益が七五〇万円しかない。これっていくらなんでも少なすぎるでしょうって」

新日本は港区南青山のビルを間借りしていた。あるとき、六本木通りを挟んだ場所のビルが売りに出された。テレビ朝日から出向していた役員がそのビルを本社ビルとして購入してはどうかと提案したことがあった。購入資金はテレビ朝日が融通するという。ところが、社長の猪木が猛反対し、その話は流れた。不動産を購入すると、彼の裁量で動かせる資金が減るからだった。

彼の著書『猪木寛至自伝』から引用する。

〈美津子との間に出来た娘の寛子が通っていた幼稚園の父兄に、肉屋がいた。彼が私のところに来て、「猪木さんはブラジルにコネをお持ちらしいので、紹介して欲しいという人がいる」と言う。その肉屋の知人の、松岡という人物が現れた。彼は奄美大島出身で、今で言うバイオ技術の研究をしていた。奄美というところは土地が狭い。松岡は小さな土地を有効に利用するため、砂糖キビの絞りカス（※原文ママ）に目をつけたのである。

砂糖キビの絞りカスの中には、繊維を繋ぐ役割を持つリグニンという物質がある。木を燃やすと、茶色の脂状のものが出てくる。あれである。砂糖キビから砂糖を作るときに、山のような絞りカスが出る。それを家畜の餌にしようとしても、リグニンの層が厚いため消化できず、家畜が下痢をしてしまう。その上、土中に放棄すれば土質を悪化させてしまうのだ。

松岡の研究は、リグニンだけを食べる菌を使って、絞りカスを栄養価のある飼料に変えるというものだった。ブラジルはガソリンの代替燃料として砂糖キビからアルコールを作っていたから、絞りカスの処理に苦しんでいた。松岡はビジネス・チャンスと見て、ブラジルに人脈のある私のところに来たのである。話を聞いて、私は強い関心を持った〉

夢想家の猪木らしい、壮大な事業である。

猪木はこの砂糖黍《きび》のリサイクル事業のために、アントン・ハイセルという会社を設立した。『猪木寛至自伝』では、松岡という人間は詐欺師だったと書かれている。その後、猪木は別の研究者の協力を得て、技術を完成させた。しかし、この飼料を使った食用牛を出荷できるという見通しが立ったとき、ブラジル政府がインフレ対策と称してすべての牛を差し押さえてしまったという。

〈金と手間をかけて育てた牛が、ただ同然で消え、後には五億の借金だけが残った。

私はハイセルと同時に他の事業にも手を出していた。タバスコやマテ茶（ブラジル名産の飲料）、ひまわりの種などを輸入販売するアントン・トレーディングという会社があったが、これも人任せでうまく行かなかった。後にこの会社は一億近い負債を背負うことになる。「アントン・リブ」というレストランも六本木に開いていた。これは当時まだ珍しかったスペアリブの専門店で、結構好評でチェーン展開もしていた。ここは儲かっていたのだが、ハイセルの借金で背に腹は代えられず、売り払ってしまった。

アントン・グループなどと称して事業家を気取り、これまで様々な物に手を出してきたが、結局プロレス以外は全滅に近い。はっきり言って、私は金儲けが下手だ〉（『猪木寛至自伝』）

営業部長・大塚直樹

大塚は長州を語る上で外せない人間である。

現在、彼は神社や仏閣に置く根付やキーホルダーなどの製造、卸売りをする会社を経営している。九五年頃からプロレスに関わらないという約束で、妻の父からこの会社を引き継いだ。混沌とした八〇年代の新日本の状況を読み解くには、プロレス界と一線を引いている大塚の証言が不可欠だった。

大塚の会社は浅草橋のオフィス街にあった。エレベーターで六階に上がり、扉を開けるとユニフォームを着た社員たちが一斉にこちらを向いて大きな声で挨拶をした。一番奥の席に坐っていたのが大塚だった。彼はぼくを認めると、さっと立ち上がった。

大塚は一九四九年三月、東京の江戸川区で生まれた。長州より学年で三つ年上に当たる。年が近いだけに、彼は長州を冷静に観察していた。

「カナダかな、海外遠征のときに撮った写真を見たら流行の長髪で良かった。ところが帰ってきたら大仏みたいなパンチパーマをしている。マットの上でニードロップとかしたら、髪の毛がぱっと動く。髪の毛が長いほうが、動きが素早く見えるよと言ったことがあるんです。そうしたら、彼は〝あー、考えてみます〟と。考える前に伸ばしゃあいいんだって言い返したね。そのうちに髪の毛を伸ばしだして、人気が出た」

大塚がプロレスに関わるようになったのは駒澤大学二年生のときだった。本多芸能スポーツサービスという会社でアルバイトとして働き始めた。この会社はさまざまな興行を主催するほか、テレビ収録などの警備、イベント運営を手がけていた。中でもプロレスとは関係が深く、力道山の知己を得ていた会長の本多徳太郎は日本プロレスから会場整理を任されていた。

六七年一月、営業部長だった吉原功が日本プロレスから独立、国際プロレスを旗揚げしたとき、本多を頼っている。しかし、本多芸能は日本プロレスとの関係で、国際プロレスを直接手伝うことができない。そこで大塚が本多芸能から派遣されることになった。

大塚は、営業部のアルバイトとして興行に関わるすべての業務を任された。

仕事は会場の下見からだ。プロレスに使用されたことがない会場も多く、リングを設置し、何列の椅子を並べることができるか、歩幅で測った。観客席の図面を作成し、チケットを発注。刷り上がってきたチケットに番号を振り、税務署で検印を受けた後、売って回るのだ。

そのほか、リングでレスラーに渡す花束を準備することも仕事だった。

当時、花束の値段は約三〇〇〇円だった。営業部の先輩はこう教えた。

「花束を頼むときは二九〇〇円でお願いしますと言うんだ。そして、その日しか使わないので、もう散りそうな花でいいですと付け加える。一〇〇円安くなっても、誰も気がつかない。一つの試合で七つの花束を使えば、七〇〇円浮くことになる。プロレスの営業は大きく見せる器量と常に経費を削る意識が大切だ」

こうした経験は後の大塚の財産になる。

大塚は営業の才能があった。国際プロレスの吉原に気に入られ、大学四年生のときには事務所に机を用意され、宣伝車として使われていた日産自動車のローレルを貸し与えられるほどになった。

その当時、本多が口にした言葉を大塚は今もよく覚えている。

――これから物は機械が作る。管理は女の子でもできる。何が大事か。それは売るということだ。お前ら若い奴はセールスを覚えろ。

日本は高度成長期に入っていた。特に自動車業界と不動産業界が多くの販売員を募集していた。本多は大塚にトヨタ自動車の販売会社を紹介してくれた。

トヨタの販売研修では名刺の出し方から、客との話題作りなど細かいところまで指導を受け勉強になったという。ただ、大塚はプロレスの世界から離れることはできなかった。客を入れて儲けるという、ひりひりした興行の面白さに取り憑かれていたのだ。

就職後も彼は国際プロレスから頼まれて営業の手伝いを続けていた。それどころか、利益が出ると踏んだ地区の興行権を買い、大会を仕切ったこともある。

七二年一月のことだった。大塚は国際プロレスの営業部にいた人間から、「まだ内密だが、アントニオ猪木が新団体を立ち上げるので手伝ってくれないか」と誘われた。新団体には営業ができる人間がいないのだという。

代官山の事務所で山本小鉄と会うことになった。事務所に向かう前、その先輩から「面接では、何を言われても、はいと答えておけ」と言い含められた。

事務所には山本と木村昭政という専務が待っていた。二人は大塚の軀をしげしげと見て、

――見栄えは悪くない。

――なかなか軀つきもいいな。背の高さもちょうどいい。

と言い合っていた。

この人たちは何を話しているのだろうと大塚は怪訝な顔をしていた。その後、山本は履歴書を見ながら、いつから働けるのかと訊ねた。二ヶ月前には退職願を出さなければならないはずです、と大塚が返すと、それでは三月末になっちゃうな、もっと早く来てほしいと顔をしかめた。月給を決めた後、山本は言った。

「じゃあ、君、リングアナウンサーになってもらうから。旗揚げの日は極秘なんで、後から追って連絡する」

大塚は新日本プロレスのリングアナウンサー第一号となったのだ。

七二年三月六日、大田区体育館で行なわれた新日本プロレスの旗揚げ興行で大塚はマイクを握ってリングに立っていた。

「試合前に組み合わせと選手のポンド（体重）、終わったらどっちが勝ったか言う。そんなことを一ヶ月ぐらい練習しました」

大塚は営業部ではなく、リングアナウンサーになったことに不満だった。そんなとき、五月二日に長野県上田市体育館で行なわれる大会のチケットがまったく売れていないと耳にした。

調べてみると、上田市に知り合いがいるので、山本小鉄が大会を開催しようと言い出したという。しかし、その知り合いは、大口のチケット販売を引き受けてくれるような人間ではなかった。長野辺りでも試合をしておいた方がいいだろうと、安易に組まれた大会だった。

プロレス興行では「シリーズ」と呼ばれる二週間から二ヶ月程度の巡業を行なうことが一般的である。シリーズが終われば、リングアナウンサーの仕事はない。そこで大塚は「ぼくが現地に入りましょうか？」と手を挙げた。

大塚にはちょっとした縁を見逃さない眼と、その縁を太くする行動力があった。

学生時代から通っていた千駄ケ谷のスナックのマスターが長野出身だったことを大塚は思い出した。連絡を取ってみると、「ここに行ってごらん」と上田市にある造り酒屋の跡取り息子を紹介してくれた。そこから地元の金融機関、さらに国会議員の後援会の人間にも会った。彼らはチケットを買ってくれただけでなく、知り合いに繋いでくれた。後にこの上田周辺は、大塚が束ねた営業網の中で最も固い組織の一つとなった。

上田市で成果を挙げた大塚は、シリーズ以外の時間は営業を任されるようになり、やがて完全に営業部に転属した。

大塚の地方営業のやり方はこんな風だ——。

見知らぬ土地に行くときは、街で一番名前の通ったホテルに泊まる。ただし、そのホテルで最も安い部屋だ。風呂が付いていなくともよい。きちんとした宿に泊まっているかどうかで信用の度合いが違ってくる。宿泊客はロビーなどの施設を無料で使うことができるので、結果として安上がりなのだ。

足となるのはレンタカーである。もちろんレンタカーの事務所では興行のポスターを張ってくれと頼む。そして地元の商工会議所に飛び込んで、一帯の情報を頭に入れると、地道にスポーツ用品店、煙草屋などポスターを張ってくれそうな場所をしらみつぶしに回っていく。多くの人が集まるスーパー、百貨店も重要だ。とにかく人を繋げてもらうことだった。

日が暮れると、糊《のり》の入ったバケツをぶら提げて、ひっそりと宿を出る。ひたすら電信柱、歩道橋にポスターを張った。まずは街で最も大きな通りから始める。大切なのは、一晩で一つの通りを張り終えることだ。翌朝、ポスターで埋め尽くされた道に、通行人ははっとして、プロレスの大会があることに気がつく。

そして次の夜は別の通りで同じように張っていく。もちろん警察の目を避けて、である。勝手にポスターを張るなと、新日本プロレスの事務所に抗議の電話が入ることもあった。大塚は謝るのは本社の人間の仕事だと割り切っていた。

改装中のパチンコ屋に入り、こう頼んだこともある。

「サイン会でも玉売りでもなんでもやりますから、チケットを買ってくれませんか？」

そして開店日に合わせて、猪木を連れていった。三〇分ほどパチンコ玉を売った後、猪木はそっと大塚を呼んで耳打ちした。

「ボウリング場とかスーパーの屋上でサイン会でもなんでもやるよ。でもパチンコ屋で玉を売るのはなぁ……」

今度から気をつけますと大塚は頭を下げた。

やがて大塚は若手社員の教育も任されるようになる。

営業部に新入社員が入ってくると大塚は焼肉屋に連れていった。その頃、焼肉屋は一般的ではなく、ほとんどの新入社員は焼肉を食べるのは初めてだった。大塚は網の上に一枚ずつ肉を載せ、適度な焦げ目がつくと「食べな」と箸で肉をつまんで、新入社員の小皿に置いた。

「お前はこれから新日本プロレスの営業としてお客さんのところを回ることになる。今度から焼肉屋に行ったら、お前がお客さんのために肉を焼くんだ」

これは国際プロレス時代、豊登に教えられたやり方だった。

七六年、猪木対モハメド・アリ戦後、新日本プロレスは大きな負債を抱え、その責任を取らされた新間寿が営業本部長から一時的に平社員へと降格処分を受けたことはすでに書いた。その直後、営業部長に抜擢《ばってき》されたのが大塚だった。このとき大阪地区を担当していた大塚は昇格を何度か断ったが、最終的に引き受けて東京に戻ることになった。まだ二七歳だった。

山本小鉄の野望

話を八三年六月に戻す。

株主総会で新日本プロレスの利益があまりに少ないことに疑問を抱いた大塚は、同じく株主になっていた山本小鉄と連絡を取り合って、経営状態を調べ始めた。すると、合法的な形ではあったが、猪木がアントン・ハイセルに金を回すため新日本の経理を操作していることが分かった。

アントン・ハイセルは前年一〇月に、社債を発行して資金を集めたことがあった。長州たちレスラーが半ば強制的に買わされただけでなく、新間の命令で大塚は各地の興行主たちに社債を売りつけている。高利率を謳《うた》っていたが、アントン・ハイセルの状況を見ればその通りに支払われないだろうという予想はついた。自分たちはプロレスの興行をする会社である。一体、何をしているのかと大塚は暗い気分になっていた。

レスラーたちも不満を抱えていた。八三年四月の契約更改では半数以上のレスラーが、現状維持のままで据え置かれていた。それどころか、中には猪木に渡す金をつくるために、給料を上乗せされて、その分を取り上げられていた人間もいたという。

「株主総会の後、なんだこれって思って燻っていた。〝山本さん、いくらなんでもあれだけの利益しかないというのは（レスラーや社員に対して）失敬じゃないですか〟。そうしたら山本さんは、俺も永源（遙）に声をかけてみるから今日、うちに飯でも食べに来るかという話になった。七月一日の夜だったですかね、山本さんの家に行ったんです」

山本には別の思惑もあった。

ある時期から現場の責任者が山本から坂口に代わり、山本は地方遠征に同行しないことが多くなっていた。これが道場での練習を仕切っている山本には面白くなかった。そもそも山本にとって坂口は疎ましい存在だった。坂口が新日本に入った際、猪木に次ぐ地位を用意されている。それまで二番手を自任していたのが山本だった。

大塚によると、現場の責任者が坂口になり大幅な経費節減となったという。

「山本さんはどんぶり勘定だったんです。これだけ金を使ったよと、領収書がなく日報のようなものを経理に渡すだけ」

遠征先でレスラーたちを連れて食事に出ると山本はみなの分の支払いを済ませる。領収書を貰っていないので、レスラーたちは山本の奢《おご》りだと信じていた。ところが、彼はあとから経費として請求していたという。一方、坂口はまず、食事手当がある場合はその全額を集めた。当然、それでは足りるはずもなく残りは坂口が自腹で払った。

坂口は金に厳しかった。

山本は若手選手に車で送ってもらうと、「お疲れさま」と一万円札を渡した。しかし、坂口は何も渡さない。「どうしてチャースケを渡さないのか」と大塚は坂口に訊ねたことがある。チャースケとは心付けのことだ。すると坂口はこう答えた。

「一万円をあげるだろ？　そうしたらありがとうございますと言う。次も一万円あげたら、またありがとうございます。それが続くと、当たり前になる。今度は二万円あげないと、ありがとうございましたと言わなくなる。一万円ならば、ごっつぁんです、みたいな感じになる。身銭を切っているのに生きた金にならない」

正論である。

ぼくは坂口に会ったとき、この件を問い質してみた。しかし、坂口はフフフと鷹揚《おうよう》に笑うだけだった。ただ、山本と比べて経費を削減したことは認めた。

「小鉄さんの仕事を俺がやってみたら、（例えば）あの人が年間一〇〇〇万かかってたところをよぉ、俺は五〇〇、六〇〇万で済ませた。それを猪木さんと新間が評価したんだ。ええっ、こんなに違うのかって」

上に立つ人間の行動、思想がその組織の雰囲気を醸成し、社風のようなものが自然と定まっていくものだ。

猪木にすれば、アントン・ハイセルなどの副業には引退後のレスラーの受け入れ先をつくるという大義名分があった。そのため、新日本プロレスの資金を流用してもいいという考えだった。しかし、レスラー、社員には猪木の公私混同と映っていた。社長がやっているのだからと経費を上乗せして懐に入れる、間に不必要な会社を挟んで手数料を取る――少なくない人間が自らの懐を肥やすことに汲々《きゅうきゅう》とするようになっていた。

新日本プロレスは名前は広く知られていたが、組織としては未熟で、子どもが積み木を重ねて作ったようなものだった。ちょっと揺らせば倒れそうな状態だったのだ。

そしてこの積み木の塔にはさまざまな思惑、欲望が渦巻いていた。

大塚は新日本を退社して、自ら興行会社を立ち上げようと考えていた。

猪木は以前から自分の手がけている事業を分割して大塚たちに任せるという案を披露していた。新日本プロレスから興行運営部門を分離させ、それを大塚に任せる。アントン・トレーディングとアントン・ハイセルは弟の猪木啓介、さらに内外タイムスを買収して義理の弟である倍賞鉄夫を社長とする。猪木自身はプロレスラーを引退して、新日本プロレス本体のほか、四つの会社を統轄するという構想だった。しかし、大塚はそれに飽き足らなかった。

「自分は三六歳までに独立するんだというつもりでした。この時期を逃したら、一生サラリーマンで終わってしまうかもしれないと思っていた」

そして同時に、新日本プロレスの経営を改革しなければならないという思いもあった。

その思いは山本も同じではあったが、彼もまた密かな野望を温めていた。中村パンという製パン会社から支援を受けて新団体を興すというものだ。中村パンの社長は山本の仲人で、何かあれば三億円ぐらいの金は出すという口約束をとりつけていた。

また、タイガーマスク――佐山聡もいくつか問題を抱えていた。

一つはタイガーマスクからの改名である。

五月、タイガーマスクの原作者である梶原一騎が講談社の担当編集者に暴行を加えて逮捕されていた。それ以前から梶原が新たなプロレス団体を立ち上げて、タイガーマスクを引き抜くという動きもあった。梶原とは距離を置くという猪木の意向で、八月四日の試合を最後にタイガーマスクの名前を封印、新たな名前を一般公募することになった。

二つ目は佐山の結婚である。

タイガーマスクは特に子ども、女性からの人気を集めていた。新間は人気が落ちることを理由に結婚に反対していた。頑固な佐山も引き下がらなかったため、新間は国外で秘密裏に結婚式を挙げさせることにした。

何より佐山はこのままプロレスラーを続けていけないと思うようになっていた。一本気な佐山は格闘技の求道者であり、夢を追い続ける理想主義者だった。

新日本プロレスの練習に飽き足らず、密かにキックボクシングジムに通ったこともある。ほかの競技のジムで学ぶということは、新日本の練習が劣っているとも受け取れる。到底、許されることではなかった。しかし、懐の深い猪木はそうした佐山を受け入れ、「新日本プロレスはいずれ新格闘技を始める。お前をその第一号の選手にする」と励ました。佐山は猪木の言葉を信じて、タイガーマスクを演じ続けていた。

「（若手時代）イギリスに行ったときも格闘技の練習をしていましたし、メキシコでもサンドバッグを二つ潰すぐらい練習をしていました。タイガーマスクはいつ格闘技をやるのかなと思っていた。でも年を取るとだんだん分かってくるじゃないですか？　これは（新日本プロレスにいては）できないなと。（格闘技をやることは、猪木の）頭にないなというのが分かってきた」

大塚、山本、そして佐山、それぞれ思いは違うが、猪木＝新間体制に対する朧気な反発だけは共通していた。

七月二九日、富山で行なわれた大会前、山本は藤波、永源、佐山の四人を集めて話し合いの機会を持っている。

巡業中にこうした会合を開けたのは、猪木が不在だったからだ。猪木は七月から始まったこの『サマーファイトシリーズ』を欠場、付き人の高田伸彦（現・髙田延彦）を連れて家族と共にロサンゼルスに滞在していた。

とはいえ、みなが猪木と新間に対して事を構えることには及び腰だった。

——二対五〇でも勝ち目はない。出て行けと言われるだろう。

追い出された場合、新団体を立ち上げようと山本が話をまとめた。

新団体の仮名は「ワールドプロレスリング株式会社」——社長に山本、副社長に藤波、専務に佐山、常務取締役に永源。取締役にはキラー・カーン、長州、星野勘太郎たちを充てることになった。

大塚はこの話し合いに参加しておらず、佐山のマネージャー、ショウジ・コンチャと別室で待機していた。この役員構成を見たショウジ・コンチャが明らかに不満な顔をしたことを大塚は記憶している。そこに自分の名前が入っていなかったからだ。

ショウジ・コンチャは通名で、本名を曽川庄司という。ショウジ・コンチャが新日本に関わるきっかけになったのは大塚だった。本多芸能時代の先輩が、知り合っておけば何か助けになるだろうと紹介してくれたのだ。彼は毛皮などを扱っている貿易商で、金回りが良かった。売れ行きが悪いときは一〇枚単位でチケットを購入してくれる上客となった。そのうちに佐山と親しくなり運転手を買って出るようになっていた。
そして彼は密かに佐山を抱き込んで動き出し、状況はさらに混濁した状態となった――。

下関キエタ

八月四日、蔵前国技館で『サマーファイトシリーズ』が終了、八日からレスラーと社員は群馬県の草津温泉へ恒例の慰安旅行に向かった。新間の著書『プロレス仕掛け人は死なず』によると、佐山はほかのレスラーとは別行動で、マネージャーのショウジ・コンチャを伴って草津温泉に現れた。二時間ほど新間と話をした後、引き揚げていったという。

翌八月九日、一行が草津から「谷川八号」に乗っていると、東京の事務所で留守番をしていた社員から電報が届いた。宛先は新間と大塚。〈下関キエタ〉と書かれていた。

下関とは、下関出身の佐山のことだ。佐山がこの日出席予定だったサイン会に現れなかったのだ。

佐山は八月一三日にカナダのカルガリーにあるスタンピート・グランド・ビクトリア・パビリオンでの大会に出場することになっていた。大会の後の一八日、ロサンゼルスでの結婚式を拒否するため、姿を消したのだ。

電報を受けたとき、慌てる新間を横目に大塚は予定通りに動き出したとほくそ笑んでいた。

しかし、これ以降、佐山とショウジ・コンチャは大塚たちとまったくの別行動をとるようになった。

佐山は八月一〇日付で、新日本プロレスとテレビ朝日に契約解除を求める文書を送付。一一日午前一時に東京スポーツ編集部に電話を入れ、引退を表明した。

〈タイガー　どうも、夜分。実はね、今日十日付で新日本プロレスに内容証明付き文書で契約解除を申し入れました。

——えっ、それはどういうこと？

タイガー　一方的に私のほうから新日本プロを辞める旨を申し出たんです。

——また、突然、なぜ？　理由は？

タイガー　いまは詳しいことはいえません。ただプロレスが好きだから、私がプロレスを去らなければならない、ということなんです。

（中略）

——あなたの生みの親といわれた劇画作家・梶原一騎との関わりはないのか。

タイガー　冗談じゃない、全くありませんよ。

——八月四日に再燃、決定した改名の問題は？

タイガー　そんな小さな問題じゃないんですよ。私が改名したところで解決することじゃないしね。

——それでは完全にレスラー生活を廃業してしまうことになるのか。

タイガー　そうだ。いまはとりあえずレスラーをやめる。将来的には外国でレスラーとして復帰することはあるかもしれないが…私はプロレスを格闘技の集大成であると思っており、最も愛している。だから……。

——キックとかプロレス他団体への移籍などは全くない？

タイガー　全くない。だから、そんな自分だけのことを考えた行動ではない、ということですよ〉（八月一二日付）

八月一一日の午後三時半、新日本プロレスの事務所に、佐山からの内容証明付き郵便が届いた。新日本との契約解除の説明だった。

（一）プロレス以外の催し物への出場報酬が話し合いされていないばかりか、支払いを認めたものでも勝手に関連会社（アントン・ハイセル）に流用されて、タイガーに支払われていない。

（二）幹部らはタイガーマスクの人気を利用して得た莫大な利益を私利をはかって関連会社につぎ込み、しかも莫大な損失を出している。

（三）こうした事実はプロレスの健全な発展を願うファンの期待を裏切るものだ。よって、タイガーマスクは新日本プロレスとの選手契約を解除する。

留守を預かっていた坂口はロサンゼルスの猪木に電話を入れた。そして「自分が帰国してからタイガーと話してみる。それまでは、慌てず静観するように言われた」という猪木の伝言を報道陣に伝えている。

「団結誓約書」

佐山が東京スポーツ編集部に電話を入れた日の夕方六時、新間はカナダに向けて出発している。佐山が離脱したとはいえ、一三日の大会は予定通り進めなければならなかったのだ。ロサンゼルスにいた猪木もまた解説者としてテレビ出演するため大会に合わせてカルガリーに入っている。

大会後、まず日本に戻ってきたのは猪木だった。

このとき、また違った思惑を持った人間が動いた。テレビ朝日から出向していた望月和治は成田空港で猪木を迎えると「猪木、新間、坂口が辞めなければ、大塚たちが新日本を辞める。そして多くのレスラーが同調するだろう」と迫ったのだ。望月の手には大塚たちの辞表が握られていた。

大塚は興行会社を立ち上げるために退社を決意しており、日付のない辞表を望月に渡していた。望月はその辞表で猪木を追い出そうとしたのだ。翌日、大塚は自分の辞表がこうした形で使われたことを望月から知らされて驚いたという。

猪木の帰国から四日後の八月二四日、大塚は山本と相談して赤坂プリンスホテルの一八三〇号室に、主だったレスラー、社員を呼び出している。近々、新間が帰国する。そうすれば猪木と組んで、何らかの反撃に出てくるだろう。その前にみなに誓約書を書かせて、結束を固めようとしたのだ。

しかし、集まった人間もそれぞれ事情がある。誓約書は多くの人間が納得できる内容にしなければならなかった。

「だから、新団体を作るという内容にはできなかった。このときも二対五〇という言葉が出ていましたね。二の方が強く、負け戦になるだろう。とにかくみんなをまとめることが大切だと」

大塚は何度も文章を練り直した後、「団結誓約書」を作り上げた。内容はこうだ。

〈新日本プロレスにおいて我々の望む改革が出来た場合も、また新日本プロレスを離脱し新団体を結成する場合、いずれにおいても今後全てに一致団結して対処していくことをここに誓約する〉

この文章は大塚が口述したものを、経理部の社員が手書きした。そして、山本、大塚のほか、長州、藤波などレスラー、レフェリー、そして社員の合計一八人が誓約書にサインをした。

営業部員の一人、上井文彦も赤坂プリンスに呼ばれていた。

「呼ばれること自体が嬉しいという気持ちでした。俺も仲間なんやと。話を聞いて、反対はできませんよ。ぼく、帰りますって言ったら造反。だから仕方がなくサインをした」

誓約書にサインをした後、部屋を出ると長州の姿が目に入った。会釈した上井に長州が手招きした。

「お前、大塚さんたちがやるって言っているけど、できると思うか？　猪木さんを外せると思うか？」

「いや、わかりません」

上井は困惑した長州の顔を見て、自分と同じ心境なのだと分かった。

この日午後四時の便で新間が帰国している。新間はカルガリーの後、ラスベガスで行なわれていたＮＷＡ総会に出席していたのだ。新間が新宿区早稲田の自宅に戻ると電話が鳴った。大塚だった。

「本部長、お疲れのところすいません。これから永源さんとそちらに伺ってもいいですか？」

「ああ、いいよ」

タイガーマスクの引退騒動がその後どうなっているのか、新間も聞きたかった。その直後、今度は猪木から電話が入った。

「新間、どうしようもないんだ。すべて終わりだ。もうお前に会社を辞めてもらわないといけない」

「社長、いきなり辞めてくれっていうのはなんですか？」

新間はむっとした声で返した。

「もう、どうしようもないんだ。俺が土下座して頼むから辞めてくれ」

「何がどうしようもないんですか？　これから大塚と永源たちがうちに来るって言っていますから」

「いや、そいつらの話を聞くな。そいつらが仕掛けているんだ。お前さえ辞めてくれれば、うまく決着がつくんだ」

猪木の話を聞いているうちに、新間は無性に腹が立ってきた。長時間の飛行機移動で軀は疲れ切っており、時差ボケで頭はぼんやりしていた。温かいお茶の一杯でも飲んで寛がせてくれないのか。まだ妻とさえ、まともな会話をしていないのだ。

半時間後、大塚と永源、そして二人の社員が新間の自宅に現れた。

「本部長、誰かから連絡ありましたか？」

大塚は玄関を上がるなり訊ねた。

「ああ、社長から電話があったよ」

「なんて言ってました？」

「俺に辞めてくれと。お前たちはみんな知っているんだろう」

うんざりしたような顔で言った。それを見て、大塚は何も言えなくなった。猪木が新間に辞めろと言った意図が理解できなかったのだ。新間には恩義があった。すべてをぶちまけたい衝動にかられた。しかし、それは山本たちに対する裏切りになる。結局、大塚は何も話さないまま、新間の家を後にした。新間の寂しそうな横顔がちらちらと浮かんで、その夜はなかなか眠れなかったという。

翌日の早朝、大塚の自宅に猪木から電話が入った。大塚は思いきって猪木に言ってみた。

「幹部社員、中堅以上のレスラーを集めて、アントン・ハイセルを諦めると言ってもらえませんか」

猪木が謝罪して、もう副業に金をつぎこまないと約束すれば、すべて収まるはずだった。

「二〇億円ある借金をみんなで返してほしいと頼めば、みんながまとまります」

「うん」

猪木は力のない返事をした。しかし、その声の調子で猪木が謝ることはないと分かった。午後三時から緊急役員会が開かれ、猪木の代表取締役からの辞任、新間の謹慎処分が発表された。後に新間は八月末で退職すると辞表を出した。

猪木、新間と共になぜか〝糾弾〟されたもう一人の男、坂口はNWA総会に出席した後、ハワイに寄っていたため、少し遅れて帰国している。

坂口によると、自宅に着くのを見計らったかのように常務の望月から電話が入ったという。

「副社長、明日から会社に来る必要はありません」

何を言い出すんだと坂口が眉をひそめていると、猪木から電話が入った。

「坂口、黙っとけ、何も言うな」

何か考えがあるのだろうと思った坂口は「分かりました」と答えた。後日、坂口も副社長を外れている。

その後、新日本プロレスの経営は、山本を社長として、望月と大塚博美という二人のテレビ朝日からの出向役員による〝トロイカ体制〟となった。大塚は山本から藤波、永源たちと共に役員待遇にすると誘われたが断っている。

大塚は一連の動きの最中でたびたび、周囲をこう牽制《けんせい》していた。

――これはあくまでも新日本を良くしようというための動きです。個々が欲を突っ張るのはやめましょう。

そのため、坂口を追い出し、社長の座に坐った山本に対して話が違うじゃないかという思いがあった。また、山本が社長になった途端、それまで自由な時間に出勤することが許されていた大塚に、タイムカードを押せと細かく指図し始めたことも気に入らなかった。

やはり、このトロイカ体制はすぐに崩れることになった。

坂口によるとテレビ朝日の専務だった三浦甲子二《きねじ》がこの体制に激怒したという。

「テレビ朝日の三浦さんというのが、テレビ朝日から来ている役員たちに、とんでもないことをするなと怒った。このままならば、猪木と坂口を引っ張って、テレビ朝日は別の団体を作るとまで言ったらしい。三浦さんが猪木、坂口を戻せと言って、戻ることになったんだ」

三浦は、朝日新聞政治部出身で政界と太いパイプを持つ大物記者だった。系列局であるテレビ朝日に移った後は、専務として絶大な力を持っていた。

プロレス団体が独特なのは、経営幹部である猪木、坂口も団体の重要な〝商品〟であるということだ。すでに新日本プロレスは、タイガーマスクという最も人気のある商品を失っていた。さらに猪木、坂口が出て行けば、新日本プロレスの価値は暴落する。それはテレビ朝日の大きな損失になると三浦は判断したのだ。

一一月一一日に猪木、坂口がそれぞれ社長と副社長に復帰。ただし、猪木はアントン・ハイセルへの借入金を返済するため、野毛の道場と寮を新日本プロレスに売却するという条件付きだった。

大塚は一連の騒動を「クーデターと称するものだった」と表現する。そして新間と佐山の二人が新日本から去ることで一段落することになった。

プロレスのリングの中では、裏切り、和解といった離合集散が頻発する。これは興行という〝箱〟から飛び出ることはない。一方、リングの外で起きることはそうではない。さまざまな思惑が絡み合い、事態がどう転がるか、予想がつかない。

この騒動も格闘技の理想、不透明な経営に対する義憤、名誉、私利私欲――それぞれが違った思惑を抱えて、てんでばらばらに蠢《うごめ》いていた様が浮かび上がってくる。

興味深いのは、ここに長州がほとんど絡んでいないことだ。このクーデターと称する騒ぎに、長州と浜口の「離脱」「フリー独立」はすっかりかき消されていた。

ただ、長州は大塚たちの動きを観察し、自分たちの商品価値を強く意識するようになったことは間違いない。そして、彼は約一年後に行動を起こすことになる――。

第八章

ジャパンプロレスの野望

維新軍団の盟友、マサ斎藤と。長州にとってメンターといえる存在だ

「幻の金メダリスト」

長州の周辺取材をしていてすぐに気がついたのは、専修大学時代までの知人は、総じて彼に好感を持っていることだ。

目上の人間には控えめで礼儀正しく、年下には厳しく接することはあるものの奥底に優しさがある長州は愛されていた。皆、長州と知己を結んだこと、一時期を共に過ごしたことを誇らしく思っており、いかに彼が魅力的であるか、熱心に語ってくれた。

これがプロレスラーになった後になると様子が変わる。かつては行動を共にしながら、長州と断絶している人間も少なくない。

その中の一人が長州の全盛期、「維新軍」の一員だった谷津嘉章である。

長州を中心とした「革命軍」は当初、マサ斎藤、キラー・カーン、そして小林邦昭で結成されていた。斎藤がアメリカを主戦場としていたこともあり、やがてアニマル浜口が主たるパートナーとなった。そして八三年七月頃から、一団は「維新軍」と称されるようになり、谷津たちが加わった。

谷津の携帯電話の番号は早くから手に入れていたのだが、何度かけても繋がらなかった。高田馬場に開いていた居酒屋を閉めた後、見知らぬ電話番号からの着信には応じないのだとあとから知った。人を通じて谷津に話を通してもらい、高田馬場にあるファミリーレストランで待ち合わせることになった。

約束時間の一分前、ぼくが慌てて駆けていると、長髪を後ろで結わえた大きな男が店に入るのが見えた。谷津さん、と声をかけると、男が振り向いた。ハの字をした眉、白髪交じりの髭《ひげ》を蓄えた谷津だった。昨晩かなり酒を飲んだのか、腫れぼったい目をしていた。

「これって長州の伝記みたいなものだから、事実を書けないところもあるんでしょ？　英雄伝みたいなものなんじゃないの？」

ファミリーレストランのプラスチック製の椅子に坐るなり、谷津は軽口を叩いた。

この本はあくまでもぼくの著作であり、中には長州にとって不都合なことも含まれる。だからあなたに話を伺いたいのだとぼくが答えると、谷津はなるほどと頷いた。

「坂本龍馬だって、本当はしっちゃかめっちゃかだったらしいですものね。悪いことを言う奴はいっぱいいるらしいです。あの野郎、半端じゃないかってね。それをみんないい風に書いている。でも、俺はそれでもいいと思うな。あんまり事実をリアルに書いてもね」

早口で一気にまくし立てると、こう付け加えた。

「俺はリアルに書かれたら嫌だものね」

谷津は五六年七月、群馬県で生まれた。足利工業大学附属高校でレスリングを始め、日本大学に進んでいる。全日本学生選手権のフリースタイル九〇キロ級二連覇、全日本選手権では二年生から次第に階級を変えながら、五連覇という成績を残している。

大学在学中の七六年、モントリオールオリンピックに出場し、八位になった。卒業後は足利工業大学に籍を置き、次のモスクワオリンピックを目指していた。ところが、日本を含めた西側諸国がソビエト連邦のアフガニスタン侵攻に反対して、この大会をボイコットした。そのため、谷津は大会に出場できず「幻の金メダリスト」と呼ばれた。

谷津が長州の存在を知ったのは高校生のときだった。

「彼はアマレスをやっていたじゃないですか？（専修大学時代に）全日本を獲ったりしていたので、強い人がいるなって思っていました。あの頃は長州力ではなく、吉田光雄。自分が高校を卒業して大学に入る前に長州は出ちゃって、プロレスに入ったでしょ？だからアマレスではやったことはない。やりたかったけどね。重量級で強くなると相手がいなくなるんですよ。好敵手を見つけたらやりたいでしょ」

八〇年一〇月、谷津は国体四連覇を果たした後、新日本プロレス入りを表明した。一〇月三〇日、熊本市体育館のリングで観客に向けて挨拶をしている。翌日、宿泊していた鹿児島県出水市の旅館で谷津の歓迎会が開かれたという。

宴会場には薩摩焼酎の一升瓶が並べられていた。そして「まあ、飲めよ」と谷津のグラスに芋焼酎がなみなみと注がれた。

――もっと飲め。そんなんじゃ、プロレスの世界を渡っていけないぞ。

――なんだ、レスリングの連中はそんなに飲めないのか？

谷津はふざけるなと思いながら、「まだまだ飲めますよ」とグラスを空けていった。そのうち、谷津は酔っぱらっているのは自分だけだということに気がついた。

（みんな酒がつぇーな）

ほかのレスラーも自分と同じように飲んでいるのに、顔色一つ変えないのだ。一升瓶が次々と空いていく中、谷津は正気を保つのに必死だった。

しばらくしてから長州が谷津に宴席のからくりを明かした。

「みんなが飲んでいたのは水だよ。それがプロレスだよ」

それを聞いたとき、谷津はプロレスの世界に入ったことを後悔した。

「こっちは純粋に対応しているのにさ。プロレスに幻滅した。プロレスが嫌いになった。プロレスなんか辞めてやれと思ったけど、辞められない。俺は鳴り物入りで入ったでしょ？　契約金一五〇〇万程出ている。今から三〇年以上前の一五〇〇万円って今の六〇〇〇万円ぐらいの価値がありますよ」

幻滅したのは、酒だけではない。

歓迎会の翌朝、朝一〇時にバスが出発すると伝えられていた。二日酔いの頭を抱えて、谷津がバスに乗ると、すでに全員が顔を揃えていた。

「いけねー、遅刻しちゃうと思って急いで行ったんです。頭はぐるぐる回っていましたから。そうしたらみんな、しらーっとした顔でバスに坐っている。でも俺も一〇時五分前に着いたんですよ。そうしたら、一〇時と言われたら最低でも一五分前に来るんだよと。そんなこと最初から言えという感じですよ。プロレスというのは陰湿なんです。お金がかかっているでしょ？　ほかの人間を蹴落としたいとみんな考えている。これまでフェアな世界で生きてきたのに、とんでもないところに入ったと思いましたよ」

その後、谷津はシリーズに帯同している。洗濯物が溜まったので、宿の洗濯室に行ってみた。洗濯機の蓋《ふた》を開けると、若手レスラーが走ってきて「駄目です」と前を塞《ふさ》いだ。

「これは猪木さんの洗濯物です。先にやらせてもらいます」

その後、坂口などの洗濯物を持った若手レスラーが次々と現れ、谷津は後回しにされた。谷津が洗濯機を使うことができたのは、夜中の三時だった。

「俺は付き人を免除されていたから、みんな焼き餅焼いているんだなと思った。一応、自分は後輩になるわけだから、譲るしかない。本当は俺のも一緒にやってくれと言いたかった」

しかし――。

旅館では長州と同部屋だった。同じレスリング出身だからと、坂口が気を遣ってくれたのだ。

「長州は新日本プロスの流儀はこうだと教えてくれなかった。新日のプロレスラーの中では彼が一番、俺と共通点がある。ほかのレスラーはともかく、長州力には教えてほしかったなと」

七七年に帰国以来、長州が燻っていた時期である――。

血まみれのデビュー戦

八〇年一二月二九日、谷津はニューヨークのマジソン・スクエア・ガーデンでカルロス・ホセ・エストラーダとデビュー戦を行なっている。これは破格の扱いだった。その後、ザ・グレート・ヤツというリングネームで、ニューヨークを中心にWWFのリングに半年間上がり、経験を積んだ。

日本での帰国第一戦は、八一年六月二四日の蔵前国技館大会だった。谷津は猪木と組んで、スタン・ハンセン、アブドーラ・ザ・ブッチャーとメインイベントで対戦することになった。

身長一八六センチ、体重一五〇キロのブッチャーは全日本プロレスの人気外国人レスラーだった。この年の五月、新日本はそのブッチャーを引き抜いた。猪木、谷津との対戦はブッチャーの新日本での初めての試合で、最も人気のあった外国人選手、ハンセンとタッグを組ませたのだ。

袖の膨らんだ黄金色のラメの入った上着を身につけた谷津は、試合前のインタビューで「何もかも初登場で、初めてづくしで。一生懸命頑張ります」と答えている。緊張した面持ち、舌足らずな口調は若いというより、幼さを感じさせる程だった。

ゴングが鳴る直前、猪木は谷津の頬を力一杯叩いて気合いを入れた。谷津はドロップキックを連発しハンセンを攻めたが、すぐに捕まり、ハンセンとブッチャーに一方的に痛めつけられた。その後、場外に放り出されると、鉄柱に額をぶつけられ血まみれになった。リングに連れ戻されるとハンセンの得意技、ラリアットを受けて九分六秒でフォール負け——。無残な負けっぷりだった。

「俺は史上最強の重量級選手とか持ち上げられるだけ持ち上げられた。お金かけて持ち上げておきながら、最後に首を取るというのが猪木さんのスタイルじゃないですか。猪木イズムはオリンピックよりも凄いんだ、プロレスは厳しいものだというのをみんなに教えられる。だからあんだけ持ち上げられて、あんだけ流血させられたんですよ。でもしょうがない。俺は一五〇〇万円で自分の軀を売っちゃったんだから。何をされてもね」

谷津は再びアメリカに戻った。

アメリカではニューヨークからフロリダに入ったが、試合も少なく谷津は金銭的に追い込まれていたという。

「そこからは自分のブロマイドと（ビデオ）テープを持って、オーディションを受けていった。自分でやらないと生活できないんですよ。生き残りのサバイバル。自分の軀は自分で守らなければならない」

そして、一時帰国した後、拠点をフロリダからダラスに移した。ダラスで谷津の助けになったのは、全日本プロレスのレスラーたちだった。

「ハル薗田とかは、〝谷津ちゃん、アメリカ来たら、新日本も全日本もないよ〟って言ってくれたりね」

薗田一治はハル薗田、あるいはマスクを被ってマジック・ドラゴンとしてダラスのリングに上がっていた。また、ダラスにやって来たジャンボ鶴田が同じホテルに泊まり、夜を徹して語り合ったこともある。

「ジャンボの方が、長州よりもよっぽどプロレスのことを教えてくれる。それで俺は全日本の方が面白いな、みんな優しいなと思って」

しかし、新日本は谷津を放さなかった。八三年秋、谷津はハワイのホノルルで長州と合流するよう指示を受けた。

「帰りにホノルルに寄れという伝令があった。長州がいるからそこで（マスコミ向けに）写真を撮ってもらってから帰ってこいと。形としては、俺と意気投合して、長州が日本に連れてくるというアングルだった。彼は日光浴するために、会社の経費を使ってホノルルまで来たんです」

アングルとはプロレスの隠語で、リング内外の抗争などの仕掛けを指す。

「長州から〝おー谷津、これから頼むよ。お前入ってくるんだよ〟って言われた。こちらは、あそうですかって、そんな風にやるって決まっているから、しょうがないじゃん」

このとき、長州から「谷津、プロレスは面白いよ」と晴れ晴れした表情で言われたことが谷津の記憶に残っている。

「その頃、なんか彼は（プロレスに対する）悶々《もんもん》とした気持ちが吹っ切れたんじゃない？」

一〇月四日、谷津は帰国。七日から始まった『闘魂シリーズ』開幕戦のセミファイナルで、ブライアン・ブレアーに勝利を収めている。その後、谷津は長州の維新軍に欠かせないレスラーとなった。

タイガーマスクが去った後、長州は新日本プロレスの柱になっていた。

噛ませ犬事件から始まった、長州と藤波の〝遺恨対決〟は「名勝負数え唄」と呼ばれ、新日本の看板カードとなっていた。また、猪木たち「正規軍」に立ち向かうという維新軍の設定は、会社員たちの上司に対する鬱憤《うっぷん》を晴らすことと重ねられた。維新軍は時代の琴線に触れたのだ。

小林邦昭は、自分たちを目当てに多くの女性が道場に詰めかけたものだったと振り返る。

「凄かったですね。道場の前の通りが女の子で埋め尽くされていた。スチュワーデスとかいっぱいいました。婦人警官まで制服のままミニパトを止めてうろうろしてましたよ」

こうした熱狂の中で長州が次の階段を上ろうという野心を膨らませたのも当然のことだったかもしれない。

UWFの触手

タイガーマスクの引退宣言をきっかけとしたクーデター騒動の火種はまだ燻っていた。八四年四月、新日本プロレスを追放された新間が新団体、UWF（ユニバーサル・レスリング・フェデレーション）を興している。

〈クーデター未遂事件の結果、新日本プロレスに辞表を提出したものの、プロレスへの思いは絶ちがたく、私は退職金を元手に新たなプロレス団体の設立を模索していた。それが、あの旧UWFである。

私はそこに自分を裏切った猪木も引きずりこもうとしていた。夫人の倍賞さんはかつて私と猪木の関係を、

「一種、異様な関係ね」

と評したことがあったが、私はプロレスラー・アントニオ猪木への賞賛と賛辞、そして尊敬の念は今も変わらない。そのときも、自分の居場所を失いつつあったアントニオ猪木に新たな活躍の舞台を提供したいという気持ちで、新団体の構想を打ち明けたのだ。むろん、そうすることでわれわれの興行に観客を呼ぶことができ、クーデターを起こした山本小鉄らの鼻をあかすことができるとも考えた。

私がこの話をすると、ヒラの取締役に降格されて冷や飯を食わされていた猪木は強い関心を示した〉（『アントニオ猪木の伏魔殿』新間寿著）

この本によると、猪木は新団体にテレビ局はついているのかと新間に問うたという。

プロレス団体運営にテレビ放映権料収入は重要である。また、興行の集客、特に地方での集客にテレビ中継の影響力は大きい。そこで新間はフジテレビに話を持ち込むことにした。

この時期、猪木、タイガーマスク、長州、前田日明、アンドレ・ザ・ジャイアント、ハルク・ホーガンらの顔写真が入ったポスターが作製されている。真ん中にはマイクを持った新間の顔写真、そして「私はプロレス界に万里の長城を築く」「私は既に数十人のレスラーを確保した」と書かれていた。

新間によると、電話をかけて長州を都内のホテルの一室に呼び出したという。

「いやぁー、新間さんだから行きたいけど、うーんって、歯切れが悪かったね。俺は絶対に来てくれると思ったんだけれどね」

長州への契約金は二〇〇〇万円。その半額に当たる一〇〇〇万円を新聞は持参していた。

「新聞さんのおかげで自分もここまでになった。そしてまた新聞さんに誘われるのは嬉しいと。当人は迷っていたみたいだ。金を用意してきたって言ったら、〝いや、新聞さん、それは受け取れません〟って。断られて、また吉田光雄という人間の評価を高めたね」

新聞がUWFを立ち上げた意図については不明な部分も多い。ともかく設立記者会見で参加を表明したのは、前田のほか、ラッシャー木村、剛竜馬たちだった。その後、グラン浜田、藤原喜明、高田伸彦、そして佐山聡たちが合流している。

しかし、猪木は動かなかった。

外国人選手の招聘については、WWFと新日本の契約が切れることを新聞は計算していたようだ。しかし、契約は更新され、UWFとWWFの提携は不可能となった。そしてフジテレビがUWFを中継することもなかった。

『真格闘技伝説』というムックの中に、前田のこんな証言がある。

〈国技館の試合が終わったあと、結局猪木さんが来なくて、選手も社員も騒然とした。みんな、猪木さんが絶対に来ると信じていたからね。新聞さんは、土下座するように謝って「裁判してでも猪木を引っぱって来るから、なんとしてでも猪木をつれて来る!」と言った。新聞さんを信頼している社員達は、「新聞さんを男にする!」と言って泣いているんだ。それを見たら俺達も、ここでやらなければ男じゃない!というような気持ちになって、みんなで踏ん張ったんだよ。

この時までのUWFは、従来のプロレスそのものだったけど、これ以後、藤原さんや高田達が正式に入って来て、少しずつ今までのプロレスと一線を画すようになっていった。

アメリカへ行ったのは、選手捜しのためだった。その最中に、新間さんがUWFを辞めたんだ。その話を最初に聞いた時は、新間さんがひとりで何もかも背負い込んでしまったという印象で「あの猪木は、なんちゅうオッサンや！　自分の為にみんなを振り回して、ヤバくなったら1歩も動かない！」と腹を立てたよ。で、その頃初めて本当のことを知ったんだ。新日プロは、当時契約していたテレビ朝日との契約更新が金銭的にうまくいかず、強硬策でUWFを作った。そして、新日プロの選手をUWFへ移籍させる時に、クーデターに参加した不穏分子を新日プロに残して切り捨てようとしていたんだ。ところが、新日プロの強硬策がテレビ朝日に露見して、両者は元の鞘に収まった。残されたのは、先発隊で飛び出した俺達だけ、という訳だ〉

国技館とは、四月一七日に行なわれたUWFの蔵前国技館大会のことだ。前田はこの大会で、この時点ではまだ新日本に所属していた藤原と対戦している。その後、五月二一日に新間がUWFの最高顧問を辞任した。

一方、猪木は『猪木寛至自伝』でUWFへの関与を否定している。

〈このとき私は新間と約束していたのに、裏切ったと言われているらしいが、ここではっきりさせておきたい。そんな事実はない。前田に「先に行け」と指示したこともない。それは前田が一番よくわかっている筈だ。

「こんなところやめて、新しい団体を作りましょう」なんて話を新聞がしていたことはあった。しかし、そんな話は私がプロレス入りしてから、引退した現在に至るまで、いくらでもある。それまでもいろんな人がそういう話を持ってきた〉

そして、少し後で猪木は自分には別の構想があったのだと記している。

〈その頃、私は新日本プロレスをアメリカに輸出しようと思っていた。私の弟子たちなら、世界のどこへ行ってもトップを取れるし、実際取っている。冷え込んだアメリカのマーケットを私の力で盛り上げてやろう。私は長州たちをニューヨークにブッキングし、世界タイトルに挑戦させるつもりだった。

大阪府立体育会館でシリーズ最終戦が終わり、そのときにレスラーたちの前で長州のアメリカ遠征のプランを発表した。彼も笑顔で挨拶していた。

ところがその翌日、長州は記者会見を開き、新日本から離脱することを発表したのである。まったく、あれは突然ジャックナイフで背中を刺されたような気分だった〉

長州が大塚と行動を起こしたのだ。

新会社「新日本プロレス興行」

〝クーデター未遂事件〟の後、八三年八月二六日から始まった『ブラディ・ファイト・シリーズ』から猪木が復帰し、表面上は平静を取り戻していた。そんな中、大塚は退社時期をはっきりさせなければならないと思案していた。望月が猪木に出した辞表を撤回していなかったのだ。九月一日、長崎国際体育館での大会前、大塚は猪木の泊まっている部屋に来いという連絡を受けた。

「今回のことは俺も反省している。俺が今から話すことで、もし間違えていたら訂正してくれ」

そう切り出すと、猪木は大塚と山本たちがどのように動いていたのか話し始めた。

(なぜこんなによく知っているのだろう)

大塚は情報がすべて筒抜けになっていると驚いた。

猪木は大塚の心中を読んだかのように「お前たちの今回の失敗は、俺抜きで事を進めたこと。そして俺を今回の巡業に出したことだ」と笑みを浮かべた。

地方巡業に出るとレスラーたち関係者だけで長時間を過ごすことになる。猪木は藤波を呼びつけて、すべてを聞き出していた。藤波に限らず、猪木の目を見て逆らえる人間はいない。誘導尋問で喋らせることは猪木にとってたやすいことだっただろう。

そしてこう続けた。

「ハイセルの赤字は二〇億円ある。しかし、俺は悪いことをしているんじゃない。世界のためになることをしている。もしハイセルが潰れたとしても、プロレスの人気は落ちるどころか、同情票が増えて今以上に客が入る。そうなれば二〇億円などすぐ返せる」

それを聞きながら大塚は、猪木は何も分かっていないと思った。しかし、大塚もまた猪木に口答えできず「そうですね」と頷いた。

「失敗したも何も、ぼくはもう新日本を辞めます。誰かが得をしてはならないという約束でしたから」

大塚が山本たちの〝トロイカ体制〟をやんわりと批判すると、猪木は首を振った。

「いや、お前は辞めなくていい」

一〇月二一日に沖縄県那覇市の奥武山《おうのやま》体育館で興行が予定されていた。猪木が自腹を切るので、その期間を利用して、「人材可能開発センター」という団体の研修へ行ってくるようにと言った。

これは猪木の特質の一つ、懐の広さである。自分を裏切った、あるいはひどく批判した人間であっても受け入れる。もっともそれは、価値があると見込んだ人間に限られていたのかもしれないが。

ところが――。

大塚が二泊三日の研修から事務所に戻ってみると、刷り上がったばかりのシリーズ用のパンフレットが積み上がっていた。何の気なしにパンフレットをぱらぱらとめくっていると、猪木の挨拶文の中に自分の名前を見つけた。

そこには大塚を横浜の研修に行かせたと書かれていた。自分に歯向かったのは若さゆえの過ちだったと、たしなめるような調子に大塚はかっと頭に血が上った。

「九万円ほどする高価な研修は有意義なものでしたよ。でも、そんなことを書かなくていいだろうと。それが本当に辞めるきっかけでしたね。今考えると若気の至りです」

と大塚は振り返る。

八三年一一月二〇日、大塚は新日本プロレスを退社することにした。

それでも猪木は大塚を手放したくなかったのだろう、退社の二週間ほど前、猪木は再び大塚を呼び出した。

今度は「新日本プロレス興行」という会社をお前にやると猪木は言い出した。これは、モハメド・アリ戦で多額の赤字を出し、新日本がテレビ朝日の管理下に置かれた際、猪木が密かに登記した会社だった。テレビ朝日との関係がこじれた場合、猪木は新日本のレスラーをこの会社に移すつもりだったのだ。

登記簿を見せられた大塚は資本金が三〇〇万円だというのが不安になったという。

「今から考えれば資本金なんていくらでもいいんです。これでは少ないとぼくが言うと猪木さんは変な顔をしていましたよね。じゃあ、好きにしろと」

大塚は猪木から新日本プロレス興行という名前だけを貰って、新しく会社を登記することにした。そして、この新日本プロレス興行は新日本プロレスと契約を結んだ。

大塚は今もその契約書を大切に保管している。

契約の日付は昭和五八年（一九八三年）一一月一四日、翌八四年一月一日の興行から適用。第三条に両者の関係が定義されている。

〈第三条1．甲が企画する各シリーズ1回の東京・後楽園ホール（以下特定会場という）の主導権は乙にあり、優先的に乙はその主催につき甲と契約できること。

2．甲が企画し主催する東京の大会場（蔵前国技館、東京都体育館、田園コロシアム、日本武道館等）の興行入場券について、乙は各会場ごとに500枚以上の販売を引き受けること。

（中略）

3．甲が企画する北海道および四国の全域についての興行主催権は乙がもつものとし、その興行実施会場についてはあらかじめ甲乙協議のうえ決定すること。また、上記以外の地域については、甲乙あらかじめ協議を行い、他のプロモーターの権利を侵害しない範囲で、その興行の主催につき乙は甲と契約することができること〉

甲は新日本プロレス、乙は大塚直樹。〈附則〉に大塚が新日本プロレス興行という会社を設立準備中であること、設立後は新会社が乙となると書かれてある。

「この会社では新日本プロレスの興行をメインとして、女子プロレス、歌の興行などをやるつもりでした」

大塚は新日本プロレスの系列会社を立ち上げたという認識だった。

ただ、新規で会社登記した際、猪木の名前を入れなかったことを大塚は今も後悔している。

「あなたは俺の一番嫌いな人だったんだ」

　猪木の特質である懐の深さは、優柔不断さにも繋がる。周囲の人間の立場、思惑を推し測ることなく、その言葉に流されることがあった。加えて約束や規範を守る意識が希薄なことが、話をややこしくした――。

年が明けた八四年二月三日、札幌中島体育センターで行なわれた大会で、長州は藤波の持っていたWWFインター王座に挑戦する予定となっていた。ところが、リングに上がる前の花道で、長州は藤原喜明に〝襲撃〟され、試合は不成立となった。

第一報を受けたとき、大塚は猪木にやられたと思った。この大会は新日本プロレス興行が仕切っており、メインイベントとしてタイトルマッチを大塚が強く望んだのだ。もちろん、この先に続く二人の対戦を盛り上げようという意図があったかもしれないが、大塚の興行を壊してしまえと猪木は考えたのだろうと読んでいた。

さらに――。

新日本プロレス興行は八月に田園コロシアムを予約していた。もちろん、新日本プロレスの興行のためである。ところが、新日本プロレス側がこれに難色を示してきた。

「田園コロシアムは無理だと新日本プロレス本社の営業部長が言ってきた。そんなことはないでしょ、うちはもう会場押さえているんですよと」

これは嫌がらせだと大塚は直感した。

猪木が新日本プロレス興行と大塚に対して猜疑心《さいぎしん》を抱くようになっているという噂は耳にしていた。

「猪木さんの周りの頭の黒い雀がピーチクパーチク言ったんでしょうね。このままやらせておけば（大塚たちに）興行の全部を取られてしまいますよって。会わなくなるといつしか味方も敵に思えてくるという、猪木さんの〝名言〟通りですよ。新日本プロレス興行とは契約がないと猪木さんが言っているというのも伝わってきた」

契約はきちんと交わしているじゃないかと大塚が憤っていると、意外な人物がプロレス雑誌の人間を通じて会いたいという連絡を入れてきた。ジャイアント馬場だった。

馬場とは赤坂のキャピトル東急ホテルで会うことになった。馬場はこのホテルを頻繁に利用しており、彼の「キッチン」と呼ばれていた。

馬場は大塚の顔を見るなり、「ああ」と大げさに嘆息した。

「あなたは俺の一番嫌いな人だったんだ」

「どうしてですか？」

大塚は訊ねた。

「だって、うちの会場の前で宣伝カーを流すのはあなたぐらいしかいないもの。そのくらいやる奴をうちの社員でも欲しかったよ」

お世辞とはいえ、馬場が自分の存在を認めてくれていたことを大塚は嬉しく思った。

「今日会っていただいたのは、うちの興行を一試合でも二試合でもいいから買ってくれないかと思って」

馬場は新日本プロレス興行に全日本プロレスの興行の一部を任せたいというのだ。

新日本プロレスとの契約では大阪以西、そして東北地区についてはなんの取り決めもなかった。新日本プロレスの契約と重複しない地区で全日本プロレスの興行を年に何度か開催させてもらえばありがたいと大塚は応じた。

翌日、馬場から電話が入った。

「大塚さん、うちと新日本プロレス興行の業務提携の記者会見をしてもいいかな？」

馬場は深謀遠慮の男である。自分と猪木との間にできた隙間を利用して、新日本を挑発するつもりだと大塚は勘づいた。しかし、敢えてそのことには触れずに「お任せしますよ」とだけ答えた。

馬場が記者にこの新日本プロレス興行との業務提携を漏らし、新日本プロレスは大騒ぎになった。

新日本の営業部長、さらに役員から大塚に電話が入り、業務提携を白紙にしてくれと懇願してきた。

「うちは新日の子会社ではないし、興行会社として頼まれれば受けるしかない。ぼくから断ることはできません。ましてや馬場さんはプロレス界の先輩ですからね」

田園コロシアムの件を腹に据えかねていた大塚は冷たくあしらった。すると今度は坂口征二が電話をかけてきた。

「馬場さんがこの話はなかったというならば、うちはそれでいいです。でも馬場さんに対して提携はなかったことにしましょうというのは無理です」

するとと坂口は「じゃあ、俺が馬場さんに話をする」と電話を切った。

大塚と馬場は頻繁に電話で会話する関係となっていた。毎日、坂口から自宅に電話がかかってきているのだと、馬場はフフフと笑った。

「かあちゃんに、毎日いないって言わせているよ」

「馬場さん、このまま記者会見まで居留守でいっちゃうんですか？」

「うん、その方がいいね」

結局、馬場は坂口の電話に出ないまま、六月二二日に新日本プロレス興行との提携記者会見に臨んだ。そして、新日本プロレス興行が押さえていた田園コロシアムは全日本プロレスの大会を行なうことになった。

この大会で大塚は、新しいタイガーマスクをデビューさせている。すでに新日本プロレスと原作者の梶原一騎との契約はなかった。大塚は梶原のところに何度も通い、「二代目タイガーマスク」を作ることを認めてもらった。そして、若手レスラーの三沢光晴がマスクをかぶることになった。

ジャパンプロレスの後ろ盾

もはや新日本との関係は修復不可能だった。八月二四日、新日本から〈全日本プロレスとの業務提携を続けるのならば、当社との基本契約を九月三〇日付をもって解除する〉という警告文が送られてきた。これに対して、八月二六日の田園コロシアム大会の翌日、大塚は記者会見を開き、「新日本プロレスから選手を引き抜く」と応じている。

念頭に置いていたのは長州たちだった。すでに大塚は小林邦昭から「動くときは自分たち五人は一蓮托生《いちれんたくしょう》ですから」という言質を取っていた。

九月二一日、小林の言葉通り、長州、アニマル浜口、谷津嘉章、小林、寺西勇の五人が記者会見を開き、新日本プロレス興行入りを発表した。翌週の二七日には、キラー・カーンも合流を表明している。

一〇月九日、社名を新日本プロレス興行から「ジャパン・プロレスリング株式会社」に変更。ジャパンプロレスは全日本プロレスと提携契約を結んだ。ジャパンプロレス所属の長州たちは、新日本から全日本のリングに舞台を移すことになった。

大塚がこうした迅速かつ思い切った策に出ることができたのは、竹田勝司という後ろ盾があったからだ。

大塚が竹田と知り合ったのは、新日本プロレスを退社する一年程前のことだった。後にジャパンプロレスに移籍することになる永源遙から「プロレスの好きな社長がいる」と紹介されていた。

その後、新日本を辞めるんです、と大塚が挨拶に行くと、

「あー、なんかあったら応援してあげるね」

と竹田は明るい声を出した。そしてまずは新会社に一〇〇万円を出資すると言った。新日本プロレス興行の事務所を恵比寿に開く準備をしているとき、竹田が家具屋だったことを大塚は思い出した。「机などの家具を手配してもらえますか」と電話すると、竹田が事務所に来て、自ら寸法を測り、机の配置を決め、応接セットまで選んでくれた。

後日、竹田から大塚に連絡が入った。

「お金あるの？」

大塚が新日本プロレスから選手を引き抜くという記者会見の記事を竹田は目にしていたのだ。

「いや、ないです」

大塚は正直に答えた。

「いくらあったらいいの？」

竹田は軽い調子で訊ねた。

「一億三、四〇〇〇万円必要です」

長州に最高額の四〇〇〇万円、谷津、浜口、小林、寺西に一五〇〇万円、キラー・カーンに一〇〇〇万円という具合に、総額一億四〇〇〇万円の移籍金を約束していた。とはいえ、それだけの現金の余裕はなかった。手持ちの現金のほか、三五〇〇万円分の会社の株券を分配して、あとは自分たちで団体をもり立てて稼いでくれと納得させるつもりだった。

「じゃあ、当日取りにおいで」

「えっ？」

「貸してあげる」

設立資金を出してもらったとはいえ、竹田とは親しい関係ではない。そんな男が一億数千万もの金をいきなり貸すというのは信じられない話だった。

「本当ですか？」

「ああ」

「借入証書とかはどうします？」

「いらない。それより支払いの日はいつなの？　その日の朝、自宅に来ればいいよ」

契約金の支払日、大塚は念のため会社の口座にある全現金を銀行から下ろして用意するように経理に命じた。半信半疑で大塚が竹田の会社に行くと、「これで一億四〇〇〇万円。頑張っておいで」と竹田が黒い鞄を指さした。

馬場とはホテルのラウンジで待ち合わせしていた。馬場は興味津々に「ちょっと一億四〇〇〇万円というのを見せてくれる？」と言って、金の入った鞄を開けた。

「うーん、ほーっ」

馬場は札束を見て驚いた顔をした。

支払いを終えた後、大塚は竹田を訪ねている。

「どうしてぼくにお金を貸してくださったんですか？　何かご要望はありますか？」

大塚は借用書さえ書いていない。何か良からぬ下心があるのではと疑っていた。

「あなたが若くてパワーを感じてるから、一度遊ばせてやりたいなと思ったんですよ。あんまり負担に感じなくていい。月賦で少しずつ、のんびり返してくれればいいから」

約一ヶ月後、大塚は長州たち役員に相談した後、竹田に会長になってくれないかと持ちかけ、快諾を得た。竹田が会長になってくれれば、今後も資金面での協力を仰ぎやすいと考えたのだ。

違約金五〇〇〇万円

ジャパンプロレスへの移籍について長州はこう振り返る。

「あれは完璧に〝シュート〟です。（新日本プロレスでは）年間二一〇ぐらい興行を打っていたわけです。売り興行も少なくない。東京のでかいところは必ず手打ちで。それに（テレビ）放映料（収入）でしょ。なのに金がないのは、なんなんだと。だんだんしんどくなっていましたね。それで、新日本の営業にいた大塚社長から、新しいものを作ろうと声をかけられて、理想を掲げていった」

売り興行とは地方のプロモーターなどに選手の出場給など経費込みで大会を買ってもらうことだ。つまり、客が入らなくとも新日本プロレスは損をしない。そして、チケット販売が見込める首都圏での興行は、新日本が自ら試合を主催──〝手打ち〟興行として大きく稼いでいた。

全日本のレスラーと試合をしてみたいというのもありましたかと訊ねると、「半分半分です」と答え、こう付け加えた。

「やっぱり、プロだから自分のギャランティーの問題が入っています」

　手本になったのは、マサ斎藤だった。

「マサさんとか、ずけずけ（ファイトマネーのことを）言いますからね。マサさんと坂口さんは（大学の）同期じゃないですか？　坂口さんに〝お前、これだけ外国人呼んで、これだけ払っている。それで俺に対してはなんなんだ〟と。マサさんは年間契約だから、〝俺ともこの金額で二年契約しろ〟と。（斎藤のように）自分でも稼いでみたいと思っていました」

　一一月一日、長州はジャパンプロレスのレスラーを連れて後楽園ホールで行なわれていた全日本プロレスの大会に姿を現している。一二月四日、ジャパンプロレスは旗揚げ興行を高松で開いた。これはジャパンプロレス所属のレスラーによる自主興行である。続く、一二月八日には愛知県体育館大会をマサ斎藤たちとリングサイドで観戦、全日本のレスラーたちと乱闘をして引き揚げた。長州たちが全日本のリングに上がったのは、一二月一二日の横浜文化体育館だった。長州は谷津、浜口と共に、グレート小鹿、大熊元司、石川敬士《たかし》と六人タッグで対戦している。

　ただ、大塚には片付けなければならない問題が残っていた。テレビ朝日との契約である。

　この年の三月のことだ。

　新間が新団体を立ち上げようとしているという話を摑んだ新日本プロレスの経営陣が、大塚に対策を相談してきた。興行を請け負う大塚からすれば、新日本のレスラーが他団体に移籍することは好ましくない。そこで大塚は主なレスラーにテレビ局と専属契約を結ばせることを思いついた。

これまで新日本のレスラーでは猪木だけがテレビ朝日と専属出演契約を結んでいた。猪木に加えて、長州、藤波、浜口、小林、キラー・カーンなどにもテレビ朝日と契約を結ばせることにした。専属契約があれば、新間が新団体の中継を持ちかけているフジテレビは二の足を踏むことだろうと考えたのだ。

この契約金額は新日本プロレスが立て替える形でレスラーに支払っている。長州が最も多く約一二〇〇万円で、総額四七〇〇万円にもなった。手配は猪木には内密に副社長の坂口が行なっている。猪木は新間と通じているため敢えて教えなかったのだ。

全日本を中継している日本テレビに長州たちを映すには、このUWF対策で結んだテレビ朝日との契約を解除しなければならない。一二月二四日、大塚はテレビ朝日の担当役員と交渉して違約金五〇〇〇万円で話をまとめた。ただし、ほかのテレビ局と出演契約を結べるのは翌年四月以降という内容になっていた。

ジャパンプロレス設立から八ヶ月後の八五年六月一九日、世田谷区池尻でジャパンプロレス新本社の披露パーティが行なわれ、四〇〇人もの人間が参列している。新日本プロレスでさえ所有していない自社ビルだった。

一階は道場、二階が事務所、三階が寮。道場はリングを置くために、わざわざ地下を掘り下げ四メートルの天井にしていた。自前の道場と寮を作ることは長州たちへの約束だった。

同じ月の二七日に長州のジャパンプロレス社長就任が発表されている。現役レスラーが主たる団体の社長となるのは、力道山、馬場、猪木に次いで四人目だった。

四月から長州たちが加わった日本テレビの全日本プロレス中継の視聴率は好調で、秋からゴールデンタイムで放送することに決まった。

すべてが順調なはずだった——。

第九章
長州を恨む男

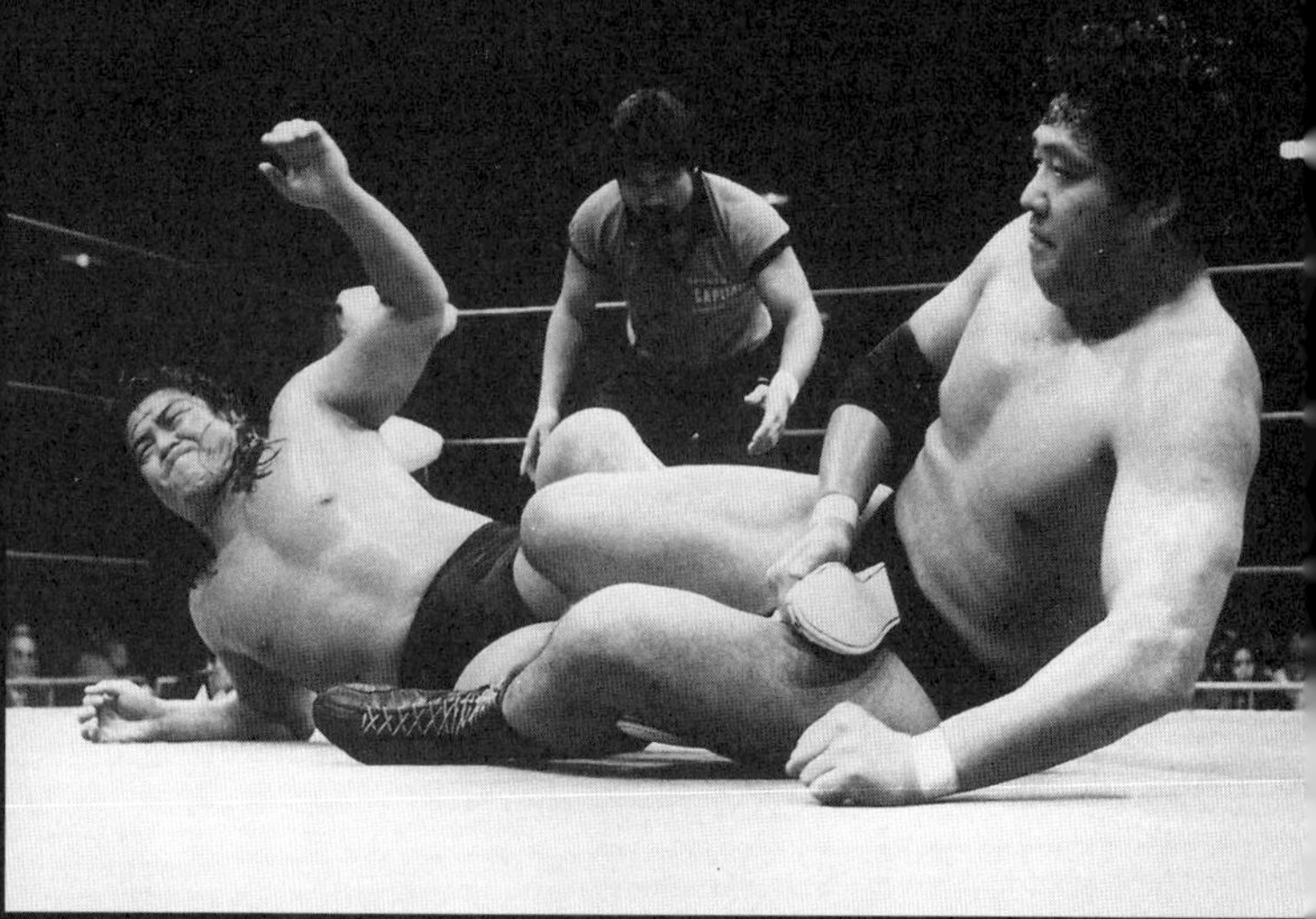

長州が最も印象に残る試合として挙げる、ジャパンプロレスでのジャンボ鶴田戦

ジャンボ鶴田との一騎打ち

　長州と共に新日本を去ったレスラーは、アニマル浜口、谷津嘉章、マサ斎藤、小林邦昭、寺西勇、キラー・カーンのほか、永源遙、栗栖正伸、保永昇男、新倉史祐、仲野信市、笹崎伸司——。彼らが新日本から抜けた穴は大きかった。

　藤波は会場にはっきりと空席が目立つようになった記憶がある。

「あの後楽園ホールが埋まらなくなっちゃった。それまでは営業がいらないぐらい、どこでもチケットが売れていた。それが選手自身がチケットを売らなくちゃいけなくなってね。ぼくも知り合いの人に頼んで買ってもらいましたよ」

　藤波にとってチケットを買ってくださいと頭を下げるのは苦にならなかったという。

「ぼくが日本プロレスに入ったときは、馬場さんと猪木さんがいるから、どこに行っても満員。ところが新日本プロレスを旗揚げしたら、一シリーズ、六、七試合しか組めない上、どこに行ってもがらがらでしたからね。後楽園だって三分の一入ればいいぐらい。山本小鉄さんたちと手分けをしてチケットを売って回った。ぼくらの時代のレスラーというのはそういう経験を嫌でもしなきゃいけなかったんです」

　若手レスラーがいなくなりそうだという話を聞いて、藤波は寮に泊まったこともある。

「なんか嫌な噂を聞くと、説得に行ったりね。どんな若手でもいなくなると戦力が足りなくなる。カードが組めなくなっちゃうからね。久しぶりに合宿所で寝泊まりした」

自分が言うのもあれですけれど、あそこでぼくまで出ていたら新日本プロレスは終わっていたでしょうね、と藤波は付け加えた。

一方、長州たちの加わった全日本プロレスのリングは充実していた。

これまでの人生でいくつか印象に残っている試合を教えてほしいとぼくが長州に頼むと、彼は真っ先に八五年一一月四日、大阪城ホールでのジャンボ鶴田とのシングル初対戦を挙げた。

「一番つらかった、プレッシャーがかかったのがジャンボ（鶴田）さんとやったときですね。自分の（プロレス）スタイルでやるのか、ジャンボさんのスタイルでやるのかという。ぼくがあれ（鶴田のスタイル）でやっていたら、波がなくなったかもしれない。ぼくはジャンボさんを（波に）乗っけたと思うんですよね。ぼくの周りには一生懸命、波を起こしてくれる人がいた。鶴田さんのために波を立てる人がいなかったのが全日本だったのかなぁと思いますよ。鶴田さんは波を立ててもらえないで、一人であれだけの仕事をやってきたというのは凄い人だなと思いましたね。（レスリングの）先輩ですからね」

この試合は、六〇分フルタイム闘って引き分けという結果だった。これは長州にとって初めての経験だった。

翌八六年二月、長州は谷津と組んで、ジャンボ鶴田、天龍源一郎組を破ってインターナショナルタッグ王座を獲得、四月にはスタン・ハンセンに勝ってPWFヘビー級王座にも就いている。PWFは団体創立以来、馬場が長らく保持していた全日本の看板タイトルである。馬場の長州に対する重用ぶりがうかがえる。

しかし――。

全日本のレスラーは長州たちを冷ややかに見ていたようだ。ザ・グレート・カブキは自伝でこう書いている。

〈新日本で一大ブームを作り上げた長州力ら維新軍が離脱して新団体ジャパンプロレスを立ち上げ、主戦場を全日本に移したのである。会社同士の業務提携とはいえ、実質的には長州らが大量に全日本に移籍してきたようなものだ。

当然、俺も彼らと試合をするようになった。ところが、まったく嚙み合わない。なにしろ、長州たちは相手の技を受けようとしないのだ。

改めて説明するまでもなく、技を受けて対戦相手を引き立たせてやることもプロレスでは重要なことである。ところが、長州たちは一方的に攻めるだけなのだ。とにかくこの頃の長州たちは自分たちが強く、カッコ良く見えればそれでいいという試合スタイルを貫いていたから、俺は闘いながらイライラしていた。

ある日、長州たちとの6人タッグが終わった後、俺はシャワールームで「ふざけるな！」とジャパンプロレスのレフェリーだった旧知のタイガー服部を怒鳴りつけてやったことがある。そういえば、新幹線で偶然会った長州に意見したこともあった。

「あのさ、勝つだけが強く見えるんじゃないんだよ？　負けて勝つから強く見えるんだよ」

当時、彼らがこの言葉を理解できたかどうかは分からない〉（『〝東洋の神秘〟ザ・グレート・

カブキ自伝』ザ・グレート・カブキ著）

「プロレス好きじゃないでしょ」

プロレスは、たちの悪い熱病のようなものだ。一度罹患すると完治が難しい。その熱病に感染するのは、レスラーだけでない。リングを眩しく見ている裏方の人間の方が人生を棒に振るような重症になることも多い。みなが熱に浮かされたような新日本プロレスで、杉田豊久は冷めた眼をした数少ない人間だった。

杉田が新日本プロレスに入社したのは、ちょっとした縁がきっかけだった。

高校を卒業後、杉田は専門学校でデザインを学び、イギリスに約二年間留学している。帰国した後、英語を役立てることのできる職を探した。近所の住職にも頼んでおいたところ、新聞を紹介された。プロレスにはまったく興味はなかった。ただ、英語を錆び付かせない程度に使えるのならばと、新日本に入社したのだ。

杉田は渉外部に配属され、外国人レスラーとの交渉に当たることになった。渉外部といっても部員は杉田と事務担当の女性が一人いるだけだった。ただ、プロレス専門誌では渉外部だけでは軽いと思われたのか、「渉外部長」と表記されることもあった。

現在、杉田はプロレスとは離れて、木工作家として活動している。当初、ぼくは新聞を通じて杉田に連絡を取ったが、「木工の本を書いているので忙しい。そもそも新日本プロレス時代のことはほとんど覚えていない」ときっぱりと断られた。それでも彼にはいくつか確認したいことがあった。その旨の手紙を送ると、そこまで言うのならば会ってもいいと電話をくれた。

杉田の自宅は新宿区の閑静な住宅地の中にあった。壁にびっしりと工具が吊してあるガレージから下りた地下が彼のアトリエとなっていた。飛行機の写真や絵が飾られていたが、プロレスに関するものは見当たらない。敢えて繋がりを見つけるとすれば、棚にあった英英辞典だけだった。しかし、これは木工用具の輸入のためだった。白髪交じりでネルシャツを着た杉田は、いかにも木工やアウトドアが似合う、優しそうな男だった。

彼は、カメラの三脚を使って自作したテーブルの上に魔法瓶から注いだ珈琲を置き、どうぞと勧めた。

杉田は新日本プロレスの重要な場面に居合わせた男である。

七五年六月、モハメド・アリがマレーシアでの防衛戦に向かう途中、東京に立ち寄ったことがあった。入社したばかりの杉田は新間から命じられ、アリに手紙を手渡している。

この挑戦状が、後の猪木対アリ戦のきっかけとなった。

「ぼくの仕事はどの外国人選手を呼ぶか、いくらで呼ぶか、誰を通じて呼ぶかということ。今はどうなっているか分からないけど、当時は四週間から六週間ぐらいのシリーズが年間にいくつかあった。そのシリーズに誰を呼ぶか。まずメインを誰にするか、上から決めていく」

上司は営業本部長の新間だった。

「向こうのプロモーターが写真や簡単な経歴を送ってきてね。どうします、新間さん、と訊ねる。安くて若い選手は（カール・）ゴッチさんから、メインとかセミファイナルの選手はロサンゼルスのマイク・ラベールという人から獲ることが多かったのかな」

杉田は年に二度程度、アメリカに渡りプロレス関係者と会っている。中でも印象に残っているのが、ＷＷＦのビンス・マクマホン・シニアだった。

「一見は穏やかな感じ。でも、穏やかだけではレスラーは束ねられない。レスラーを束ねられるのは、強いレスラーだけ。レスラーでない人は難しい。職人の世界と同じ。棟梁《とうりょう》は職人を束ねられるけど、経理の人間が職人を束ねられない。彼はそれをやっていたんです」

レスラー出身でないマクマホンが率いるＷＷＦには、レスラーを納得させる中長期の予定、計画があった。

「ＷＷＦと比べると新日本は計画性がなかった。アメリカのメインのレスラーを呼べるのは、本国で試合がないときだけという事情もあったんだろうけど。向こうにはシリーズの中でいつテレビ中継をするのかなども含めてストーリーがきちんとあった」

マクマホンたちとやりとりしていた杉田は、次第に外国人レスラーの招聘交渉に疑問を持つようになっていった。

「ニューヨークのトップの選手にはこちらが来てほしいときに来てもらえない。そこでいくらならば来てくれるのかと、ギャラが上がっていく。ギャラがつり上がっていって、結局それに耐えられなくなった。上の人たちは、会いに行くときにお土産を持っていったり、ちやほやして下手に出て、つなぎ止めようとしていた。ぼくはイギリスにいたから、外国人とどう付き合うかというのは自分なりに分かっていた。いくらちやほやしても、彼らの判断基準はそこにない。少しでも多く払う方を選ぶんです。ずっとそういうところに疑問を持ちながらやっていた」

しかし、杉田は、自分ならばこうやると踏み込むことはなかった。プロレスに深く関わりたいと思わなかったのだ。

「一度、藤波さんに言われたことがあるの。〝杉田君ってプロレス好きじゃないでしょ〟って。そのときは〝そんなことはありません〟と答えたけどね」

新日本に入社後、杉田は事務所に近い青山学院大学の夜間部に通っており、仕事の合間に宿題を片付けていた。当時の新日本は、そうしたことが許される緩い会社だった。大学を卒業すると、手先の器用な杉田はヨット造りに没頭するようになった。

「海が好きで最初は釣りから入って、手こぎのボートに乗っていた。友だちとエンジン付きが欲しいねと言って共同購入したんです。雨が降っても大丈夫なようにもっと大きなのが欲しいと言い出すと誰もいなくなった」

杉田が欲しかったヨットは高額な上、気に入ったデザインのものがなかった。それならば自分で造ってやろうと設計図を購入し、工具、材料を買い集めた。

「新日本の女性社員で武蔵境に住んでいる人がいた。その人の借りていた駐車場が広いと聞いて、ヨットを造りたいから貸してくれと頼んだ。日曜日は必ず、土曜日も隔週休みだったから、武蔵境に行っていた。ぼくが二七歳だった頃から五年半かけて完成させたのかな。二七、八フィートあって、ドングリみたいなずんぐりとした形だった。トイレも付いていて、六人ぐらい寝られた」

ヨットを造り始めたのは、長州たちがジャパンプロレスに移って新日本プロレスが大きく揺れていた時期だとぼくが指摘すると、杉田は「そうだったかな」と軽やかに笑った。

「そういう紛争ってぼくには関係ないのよ。（新日本は）長くいるところではないだろうと思っていた。みんなプロレスが好きで入ってきているからいいけど、ぼくは違っていたから」

プロレスに対して冷ややかな姿勢を崩さないこの男が長州の新日本復帰のきっかけとなった。

接触

八七年一月八日——。

前日のように雪がぱらつくことはなかったが、どんよりと灰色の空が広がる寒い日だった。この日、川崎市体育館では全日本プロレスの大会が開かれていた。大塚はいつものように会場入りして、控室を覗くと長州と出くわした。長州の顔を見て、大塚の口からふっと言葉が出た。

「リキちゃん、今晩空いている？」

「ああ、空いていています」

「試合終了後、俺に付き合ってくれない？」

「いいですよ」

長州は事も無げに答えた。

試合が終わった後、大塚と長州は車に乗り込んだ。車が走り出すと、長州は悪戯っぽい顔になった。

「大塚さん、これから行くところを当ててみましょうか?」

「どこに行くか分かる?」

「あー、大塚さんの態度を見ていたら読めちゃいました」

「どこ?」

「青山でしょ?」

そう言うと長州は大塚の顔を覗き込んだ。青山とは新日本プロレスのことだ。すでに本社は六本木に移転していたが、相変わらず長州は青山と呼んでいた。こいつ勘がいいな、そう思った大塚の表情で正解だと分かったのだろう、さらに訊ねた。

「向こうには誰がいるんですか?」

「向こう?　あー、猪木さんと坂口さん」

「やっぱり」

長州は腕から時計を外した。さらに自分の軀をまさぐって、太いネックレス、ブレスレットを取ると、それらを無造作に掴んで大塚に差し出した。

「大塚さん、これ預かっていてもらえますか?」

「どうしたんだ？」

大塚が怪訝な顔で訊ねた。

「これに会うんで」

長州は親指を立てた。猪木には派手な装飾品を着けて会いたくないのだ。長州が猪木にそこまで敬意を抱いているとは大塚は知らなかった。連れてきたのは失敗だったかもしれないという思いが大塚の頭をよぎった。

この会見のきっかけは杉田だった。少し前、杉田が大塚を訪ねてきた。新日本プロレスがひどい状況になっていると神妙な面持ちだった。新間に相談したところ、大塚に会ったらどうかと言われたのだという。ジャパンプロレスのレスラーは契約があって戻すのは難しい。営業の人間だけでも新日本に戻ってきてもらえないかという話になっていると杉田は言った。

「誰がそんなことを言っているの？」

「社長と副社長です」

猪木と坂口である。

「ああ、本当？　じゃあ一度お会いしますか？」

その後、二人は連絡を取り合い、会談の日を決めていた。

この日の午後、手描きの地図がファックスで送られてきた。几帳面な杉田らしく、六本木通りと交差したテレビ朝日通りから新日本プロレスの専用駐車場への入り方が図入りで丁寧に書かれていた。新日本プロレスはテレビ朝日第三別館の三階を間借りしていた。大塚たちの乗った車がテレビ朝日に入ると、別館入り口の前に人が立っているのが見えた。杉田だった。

すでに夜一〇時を回っており、ビルの灯りは消えていた。うす暗い中、杉田に案内されて社長室に通された。長州が横にいることに猪木は驚いた顔をした。

「おうっ、長州」と言って猪木は長州の手を強く握った。長州は背筋をぴんと伸ばして、直立不動になっていた。

それから九日後、八七年一月一七日、長州の生まれ故郷である山口県の徳山市民体育館で全日本プロレスの大会が行なわれた。長州はPWFヘビー級タイトルマッチでカート・ヘニングを八分一八秒、体固めで破り六度目の防衛を果たしている。

〈ヘニングを下しPWF王座V6を達成した直後にマイクを向けられた長州。

「ジャンボ（鶴田）、天龍、そして藤波とやりたい」ときっぱり言い切った。

日本テレビの『全日本プロレス中継』生放送中の1・17徳山大会でのことだった。全日マット上で、新日本プロレス所属の藤波の名前を出すのは異例のこと。いや、かなりの決断を要することだ。反響が大きいのを百も承知で、あえて藤波の名前を口にした。「他意はない」と言うが、計算の上での〝確信犯〟と思わざるを得ない〉（「東京スポーツ」一月二〇日付）

試合後、長州と永源は福岡へ移動して大塚と合流、新日本の坂口、藤波、杉田の三人と食事をする予定になっていた。長州たちの旅費はすべて新日本が支払うという約束だった。

大塚が福岡に向かう準備をしていると、電話が鳴った。長州からだった。

「今日のあれ、中止になったらしいですよ」

「えっ？　俺は聞いていないよ」

いきなり何を言い出すのだと大塚は首を傾げた。

「東京から中止だと連絡がありました」

「そんな話、俺は聞いていない。まあ、行ってみて向こうがいなかったら、飯だけ食って帰ってくればいいじゃない？」

大塚が返すと「ああ、そうですね」と長州はもごもごと答えた。福岡に着いてみると坂口たちがいた。先程の電話は何だったのだと大塚はいぶかしく思った。

「倍賞鉄夫が長州の個人事務所を通じて一本釣りしようとしていた。あのままスムーズに進めば、杉田の手柄じゃないですか。倍賞と長州は飲み仲間だった。六本木でぼくたちが猪木さんと会った翌日から倍賞が動いていたんです」

倍賞鉄夫は、猪木の妻、倍賞美津子の弟である。もともと営業部員として新日本に入社したが、営業部を希望していた大塚の説得でリングアナウンサーを代わりに務めるようになった。八三年の〝クーデター〟の際、一度退社、再び新日本に戻っていた。

「倍賞はぼくに戻ってほしくなかった。ぼくがいると自分の立場がないでしょ？　だから長州だけを戻そうと動いた」

大塚を新日本へ戻すという話を、倍賞は長州を戻すという話にすり替えたのだ。

現在、倍賞は病床にあり、事の次第を確かめるのは不可能である。杉田に大塚から聞いた話を確認すると「本当に覚えていないんだよね」と腕組みした。

「新間さんの自宅で会ったときにそんな話になったのかなぁ。それで新間さんに言われて行動したのかな。ぼくにとって大塚さんというのは怖い存在だった。営業部長だからいつも会社にいるわけではない。たまに帰ってくるという感じ。ああ、あの人が帰ってきた、みたいな感じ」

杉田は目を伏せて頭を下げる仕草をした。

「大塚さんだけじゃなく、ぼくは誰とも距離があった。価値観が違うという一言になってしまうんだけれど。倍賞さんたちがぼくを外して長州さんと話をまとめれば、サラリーマンとしては手柄を奪われてしまったということになる。でも、それほどこだわりはなかった。言い出したのは自分だったとしても、最後までやらせろという気持ちも能力もなかった」

あくまで杉田は恬淡《てんたん》だった。

それから数年後、杉田は新日本を退社している。彼は最後までプロレスの世界に馴染めなかった。

「レスラーの場合は住んでいる世界が狭いでしょ。今いる組織を辞めたとしても、狭い世界のどこかへ行くしかない。その中で生き延びていかなくてはならないから、彼らは情報が早い。特殊な、独特な処世術のようなものがある気がする」

レスラーには外の人を寄せつけない不思議な連帯感がありますよね、とぼくが水を向けると、

「そうそう、あんた、あの人のこと大嫌いだったんじゃないの、みたいなことがよくある」

大きな声で笑った。

社長・長州を追放

新日本の接触以前から、ジャパンプロレス内部には亀裂が入り始めていた。

発端は池尻のジャパンプロレスの自社ビルだった。このビルを建設する前、大塚は二ヶ所で購入直前に断られている。

「会社の名前で申し込むと、契約直前に地主が売ってくれなかった。地主がプロレスを嫌がったというのもあるでしょう。あと、ぼくが行ったからというのもあるかもしれません。ぼくが名刺を持って挨拶に行くと雰囲気が変わっちゃうんだよね」

大塚は派手な背広を好んで身につけていた。凄みのある雰囲気、裏社会との繋がりが連想されるプロレスの人間ということで、やくざだと勘違いされたのだと大塚は苦笑いした。

「最後にぼくの付き合いのある不動産屋が池尻の物件を見つけてきたんです。プロレス団体ですと言うとまた断られるかもしれない。そこで竹田さんに個人で買ってくれませんかと頼んだ」

会長の竹田が土地を購入し、ビルを建設。その総額をジャパンプロレスから返済していくという約束になった。

これが問題となった――。

「あの土地がたまたま値上がりしてしまったんです。買ったときは坪一六五万円だったものが、二年しないうちに坪一〇〇〇万円になった」

八五年、ニューヨークのプラザホテルにアメリカ、イギリス、西ドイツ、フランス、そして日本の五ヶ国の蔵相が集まり、ドル高是正のため協調介入に乗り出すことを決めた。いわゆるプラザ合意である。これにより一ドル二四〇円だった為替レートが、一年後に一二〇円となった。円高を受けて日本の輸出業は活況となり、バブル景気が始まった。日本国内の余った金は、土地買収に向かった。池尻は渋谷に近く交通の便がいい。一帯の地価が爆発的に上がったのだ。

約一億一五五〇万円で購入した七〇坪ほどの土地は、七億円の価値となっていた。

欲は人を疑心暗鬼にさせる。

「土地は誰のものだという話がたびたび出るようになっていた。その度にぼくが会社のものだよと言って鎮めた。竹田さんは役員会の席上では会社のものだと明言するのだけれど、別の場所ではあれは俺の名義になっていると口を滑らすこともあった。事実、その通りなんです。竹田さんの所有するビルにジャパンプロレスが家賃を支払うという形で返していた。ただ、きちんとお金を返した段階で所有権はジャパンプロレスに移ることになっていた。しかし、レスラーたちは竹田さんが自分たちから金を受け取り、さらに土地でも儲けていると思い込むようになっていた」

大塚が新日本プロレスの杉田からの誘いを受けて猪木と会おうと思ったのは、プロレス団体の経営に嫌気が差していた面もある。

「興行はそれほど儲からなかった。全日本もジャパンプロレスも儲かっていない。全日本は長州たちに新日本のときよりも一〇パーセント、ファイトマネーを上げる約束をしていた。試合数が増えてギャラが上がって……儲かっているのはレスラーだけになっていた。最初にジャパンプロレスに来た長州たち五人のレスラーは役員になっていたので、毎月役員手当も受け取っている。それにもかかわらず土地の件を問題にしてきた。何が文句があるんだとぼくも苛々してくるわけですよ。潮時かなと」

チケットの売り上げも陰りを見せていた。

八五年一月二六日午後九時過ぎ、広域暴力団山口組の竹中正久組長が、大阪府吹田市のマンションで対立する暴力団一和会の組員に狙撃された。竹中は病院に搬送されたが、意識不明のまま翌日死亡。山口組と一和会は全面抗争に入ることになった。

美空ひばりと山口組の関係に代表されるように、興行は地元を仕切る暴力団と密接な関係があった。ジャパンプロレスにも間接的ではあったが、大口のチケットを捌《さば》いてくれる暴力団関係者がいた。山口組と一和会の抗争により、彼らはプロレスどころではなくなっていた。

八七年二月、長州は大会を突然欠場した。

〈長州力が突然の蒸発!! 全日本プロレス『87エキサイト・シリーズ』開幕戦（20日、東京・後楽園ホール）を発熱、下痢を理由に長州が謎の欠場をした。この日、マサ斎藤が新日マット登場を決めたこともあり、事態は緊迫。長州欠場の謎を追うと、実は19日午後から連絡を断ち、ジャパン・プロも困惑している事実が明らかになった。20日深夜も東京・世田谷区の長州宅にジャパン・プロ幹部が集結したが、部屋の主はついに現れなかった。現時点では長州の単独行動による欠場だが、新日プロ移籍の噂が根深いだけに、この事件が引きずる尾は大きい〉(「東京スポーツ」二月二二日付)

大塚によると、事実は少々異なっているという。

二〇日深夜、幹部たちが集まったのはジャパンプロレスの事務所だった。その後、長州とマサ斎藤が群馬県伊香保温泉に滞在していることが分かり、大塚は会長の竹田と共に車で向かった。明け方、宿に到着し、長州と話し合いを持った。

〈21日、沼津大会、22日、館山大会にも長州は現れなかった。「カゼによる発熱性下痢」に加え「手首のケンショウ炎悪化」も理由となった。「関東近郊の、ある温泉で療養中。近日中にマット復帰します」とジャパン・プロ大塚副社長(※原文ママ)はいうが、噂の新日プロ登場の〝疑惑〟はぬぐえないのが実情だ〉(「東京スポーツ」二月二四日付)

大塚が長州をジャパンプロレスの社長にしたのは、引き留めのためだったという。ジャパンプロレスは長州と専属選手契約を結んでいなかった。

「長州が社長になろうと自分のやることは変わらない。社長にしておけば辞めないだろうという発想だった」

このとき、大塚自身は副会長になっている。代表権は大塚と竹田の二人で、長州にはない。

「レスラーにとって契約なんてあってないようなものなんですよ。ただ、（新日本からジャパンプロレスに移るときに）あれだけ渡したんだから出ていかないだろうと思っていた。こっちの方が甘かった」

長州はこの後、三月一二日の日本武道館大会までの全試合を休んでいる。理由は体調不良だった。

二月二五日午後、東京スポーツは自宅前で長州を捕まえている。

〈「オッ、東スポだな。オレは逃げも隠れもしない。ここの写真じゃまずい。ちゃんと話もするし、写真もＯＫ。場所を変えよう」と長州に誘われ、愛車に乗り込み、『リキプロダクション』近くのレストランで、ついに〝渦中の男〟長州のインタビューに成功した。

トレードマークの黒いサングラスを外す。顔の色はやや青ざめている。白いワイシャツがその青さをよけい引き立て、やはり高熱との闘いの後遺症がどこかに残っている感じだ。

インタビュー中、最も気になったのは長州が一度も右手を使わなかったことだ。右手首にケンショウ炎の影響で、梅干し大のハレがあった。医学用語でいう「ガングリオン」。ケンショウ炎の症状でケンの中にゼリー状の液体がたまったもの、これが神経を圧迫して凄まじい苦痛をもたらす。かつてプロ野球の江夏投手も苦しんだ。手術しないと治らない、やっかいなシロモノだ。「医者から右手を使うことを止められている。ムリをすればリングに上がれないこともない。だ

が、レスラー生命とは引き換えにできない。みんなに迷惑かけているし……」〉（「東京スポーツ」二月二七日付）

リキプロダクションは長州の個人事務所である。

三月四日、長州の〝ガングリオン〟を診察した医師が記者会見を開いている。

「悪性の結節腫ガングリオン。長州選手の場合、病根が深く、骨と骨の間にまで入り込み、手術をすれば約六ヶ月かかってしまう。極超音波を当て、注射器でドロドロのかたまりを抜くしかない。一、二ヶ月は右腕を使わず、トレーニングもランニングだけ。当然、三月いっぱいは静養です」

医師が話している間、長州は〈ひと言も発せず、深刻な表情〉であったと「東京スポーツ」は書いている。

三月二三日、長州はジャパンプロレスで記者会見を開いた。

「全日本プロレスの次のシリーズに自分を含めて参加する。だが、そのシリーズを最後としてジャパン・プロは全日プロとの業務提携を破棄、自主興行を行ない、独立路線を敷いていきたいと思っている」

しかし、長州は言葉を翻して、三月二八日から始まる全日本のシリーズに出場しなかった。三〇日、会長の竹田と大塚が記者会見を行ない、長州をジャパンプロレスから追放すると発表した。直後、大塚がジャパンプロレスの名前で関係者に出した葉書からは彼の抑えた怒りが伝わってくる。

〈（前略）既に新聞紙上でご存知かと思いますが、長州以下数名の選手達がこの度の興行をボイコットし現在不可解な行動を致しております。

この行動は、ジャパンプロレスリング（株）の社長である長州選手本人がその任務に背き自己の利益を優先させ、さらに他選手を扇動して会社の分裂を図ったとして会社側と致しましては、彼等を追放し、かつ特別背任追及の告訴を検討中であります〉

自分の売り時

長州はこの時期について全日本と新日本を「天秤《てんびん》にかけていた」と明かした。

「（全日本では）すごく良くしてもらったんです。ただ、若かったし……マサ（斎藤）さんにはギャンブル性みたいなものがあるじゃないですか」

長州は斎藤から「稼げるのは今のうちだぞ」と叱咤《しった》されたという。

「お前は黙って俺についてくればいいんだ、と。この頃はもう駆け引きの話ばっかりでしたね。新日本は佐山（聡）たちが出ていった後だったので、埒《らち》が明かない状態だった。全日本との契約が残っていたんだけれど、マサさんは〝リングに上がっちまえば、そんなのは関係ないんだ、それでも欲しいというんだから、新日本にケツを持たせればいいんだ〟と。マサさんの駆け引きは凄かったですね」

その後、長州が〝ガングリオン〟の手術を受けた形跡はない。これも、より良い条件を引き出すための交渉の一つだったろう。

谷津嘉章はこの時期、長州と共に猪木と会っている。

「猪木さんからは、お前らが帰ってくるならば一億円出してもいいと言われた。長州は、〝俺とお前とタイガー服部とマサさん、あとはいらない〟と言った。一億円を分けるのならば、人数が少ない方がいい。でも俺は、そんなの行ってもしょうがないでしょうと。それで長州の家で監禁されて朝の三時か五時までずーっと一緒に来い、来いって言われた。でも俺はうんとは言わなかった。長州は〝お前、プロレスを分かっていないんだよ〟って、なんか猪木さんの理論を説明されたけど、ちんぷんかんぷんだったね。結局は金だろって思ったんだけれど、口には出さなかった。分かりましたと言ってようやく解放された。

でも、俺は新日には行かなかった。俺が行かないのが分かったから、みんなを招集したんですよ。彼は一人ではできない。長州チームを作らなくてはならないんです」

小林邦昭、ヒロ斉藤、保永昇男、馳浩、佐々木健介たちが長州、マサ斎藤と行動を共にすることになった。

新日本が長州たちを呼び戻すために一億円を準備しているという話は大塚の耳にも届いていた。長州をジャパンプロレスから追放するという記者会見はそれを阻止するためだった。

「フリーになったら、新日本がわざわざ長州たちにお金を払う意味はなくなる。腹が立って、一億円をもらえないようにしてやれとね」

追放記者会見の後、長州はジャパンプロレスの道場に姿を現したという。

「ぼくが大阪に出張していると、今、長州さんが道場に来て練習しているんですけどっていう電話があった。帰れって言えよって。追放にしたじゃないかと。そうしたら、長州はなんで俺は社長なのに首にならないといけないんだって文句を言って出ていった。自分のやっていることが、ちゃんと分かっていなかったんですかね。数ヶ月後、ジャパンプロレスに来るときに渡した金を返せと長州に言いましたよ。そうしたら、もう使ったから返せないという。いくらならば返せるのかと訊ねると、一〇〇〇万。それで一〇〇〇万だけ返してきました」

長州は、一億円を山分けするため四人で戻ろうとしたという谷津の話をはっきりと否定した。

「向こう側からは何人か戻ってきてほしいというオファーがあった。ただ、ぼくが戻るときには、みんなが戻るという条件です。それは間違いなく一貫しています。何人かだけ戻るというのを考えたことはないですよ」

また大塚への返金については、「自分は返したことはない。ただ新日側、（倍賞）鉄夫が何らかの違約金を払ったかもしれません」と語っている。

移籍金は一切発生しなかった。

「ギャランティーを上げる交渉はしました。ただ……普通だったら（新日本へは）戻れない。自分から出ていったんだから。（戻るからには）プレッシャーは滅茶苦茶ありましたよ。だから、ぼくは長州力（という存在）なんだと思う。ぼく程頭の中で、自分の価値を計算してやれたレスラーは何人いるか」

追放から約一ヶ月後の五月五日、長州は高輪の教会で結婚式を挙げている。大塚にも招待状が届いたが、出席はしていない。

いろいろなことがあったけど、リキちゃんに対して嫌な思いはないんですよと大塚は最後に付け加えた。彼の机のそばには、長州と一緒に撮った小さな写真が飾られていた。

「嫌な思いがあったら、写真なんて飾らない。よく言うんですけれど、彼はプロレスという業界に就職したようなものなんですよ。自分の売り時を考えて動いた。それだけのことです。力道山、馬場、猪木、そして長州までは（レスラーとしての質は）〝純金〟だったと思います。その純金がその後、錆びたように見えたときは悲しかったなぁ」

大塚は、池尻のジャパンプロレスのビルを売却、竹田からの借入金を精算した。以降、プロレスの経営には関わっていない。

一晩泣き明かしたキラー・カーン

リング外の対立は虚と実が混じり合っており、リングの中ほど簡単に割り切れない。長州たちの新日本プロレスへの復帰でプロレスに絶望した男もいる。

キラー・カーンこと小沢正志だ。

小沢は四七年三月に新潟県で生まれた。中学を卒業後、大相撲の春日野部屋に入門。しかし、一九〇センチを超える長身を生かし切れず伸び悩んだ。もともとプロレスに興味があった小沢は、腰の治療で通っていた医院で日本プロレスの北沢幹之と知り合いになった。北沢が日本プロレスに入れてくれるというので、春日野部屋を夜中に逃げ出すことにした。しばらく友人宅でほとぼりを冷ましてから、日本プロレスに入門している。

七三年に坂口征二らと共に新日本プロレスへ移籍。七八年にメキシコへ海外修行に出かけ、そしてアメリカに移った。アメリカでキラー・カーンと名乗り、メインイベントを任されるようになった。

その後は、マサ斎藤と同様に、アメリカを主戦場としながら新日本のリングにも上がっていた。八四年九月二七日、長州たちに続いてジャパンプロレス入りを発表した。

現在、小沢は新宿区大久保で居酒屋を経営している。ぼくが訪れた日は金曜日ということもあり満席だった。人気のちゃんこ鍋を頼んで、ビールを飲みながら店が落ち着くのを待つことにした。運ばれてきた鉄鍋には豚肉、魚、エビ、豆腐、薄揚げなどが山盛りに載せられていた。卓上コンロに火をつけてしばらくすると、ぐつぐつと音を立てて鍋が煮えた。小沢が味を決めたという味噌味の鍋は美味だった。

一〇時を過ぎて客が減り、小沢は入り口近くのレジで計算を始めた。ぼくはさっと近づいて、名刺を出し、長州力の評伝を準備しているのだと自己紹介した。

長州とぼくが口にした瞬間である。

「おっ、おっ、俺に長州のことを聞くのか?」

小沢は喉に詰まった何かを吐き出そうとするかのように大きな軀を折り畳んだ。

「俺は、俺は長州という人間が嫌いだった。あの野郎、刺し殺してやろうと、そのぐらいの気持ちになったこともある」

必死で怒りを抑えるように軀を震わせていた。ぼくは慌てて、大塚に取材した際、あなたにもぜひ話を聞いた方がいいと言われたのだと説明した。ところが、小沢はぼくの言葉を聞こうとせず、一方的に長州の悪口をまくし立てた。とても今日は話ができるような状態ではない。彼の携帯電話の番号は大塚から聞いていた。明日の昼に電話しますと引き揚げることにした。

翌日、電話を入れると、小沢は落ち着いており、開店前の店に来てくれれば話をすると言ってくれた。

「長州を貶《おとし》めたって一銭の得にもならないしね。別に大したことはないんですよ、長州なんて。でもね、子どもがまだ小さいとき、一番俺が稼げるときに、スパッとプロレスを辞めたのはやっぱり長州なんですよ。俺が一晩中涙を流した原因も長州なんですよ」

小沢はずいぶん前から、新日本プロレスの金の流れに不信感を持っていたという。

「俺は自慢するわけではないですけれど、アメリカでは一試合一万ドル、二万ドル稼いだこともある。一ドル二四〇円の時代ですよ。それなのに日本に帰ってきたら一試合、九万とか一〇万円しか貰えない。なんでこんな安い金なんだと思っていた。もちろんアメリカでトップになれたのは、新日本のおかげですよ。でも、いろんな人が金を抜いたり、狡いことをするのが嫌でね」

アメリカのプロレスは徹底した実力主義である。つまり客をどれだけ呼べるか、喜ばせることができるかが問われる。

「アメリカでは客の入りの何パーセントがメインイベンター、何パーセントがセミファイナル（のレスラーの取り分）と決められている。客席を見て、今日はこれぐらい稼げたなというのが分かるんです。その通りの金がもらえる。その代わりメインイベンターは客を入れられないとすぐに（前座に）落とされる。ヘタしたら試合も組んでもらえない。厳しい。厳しい中で筋が通っている」

弁髪だけを残して頭を剃り上げたキラー・カーンは、モンゴル人の悪役という設定だった。これが日本でぱっとしない中堅レスラーだった小沢にはまった。

「今もよく夢に出てくるんです。リングのセカンドロープに上って腕を上げたら、ブーイングが返ってくる。お客の九割がアンチです。俺のファンなんて一割もいない。俺が手を上げて胸を張ったら、ブーイングがくる。うん、あれは気持ちがいいもんですよ。あの快感は忘れられない。快感ですよ」

悪役レスラー――ヒールはリング外で優しくて親切な人間が多いとよく言われる。小沢もその例に漏れない。本来の小沢は悪役どころか、実直で真面目な男である。その心の優しさは彼の育ちにも関係があるだろう。

「お袋は女手一つで男兄弟三人を育てた。俺は二番目。昼間は便利屋という運送屋みたいなことをやっていた。俺と兄貴は学校が終わったら駅に行って待っていた。お袋はでかい荷物を担いで階段を下りてくる。それで一緒に駄菓子屋に行って、少し食べさせてもらった。夜は薬屋で働いていて、後に試験に受かって薬剤師の免許を取ったんです。毎日働きづめで、一日三、四時間も寝ていなかったらしいです」

生活の砥石《といし》で磨かれながら育った小沢は腐敗した新日本プロレスにいることが我慢ならなかった。もうアメリカだけを回っていようと思うようになっていた。

そんなとき、先輩レスラーの永源遙からジャパンプロレスへ行かないかと誘われた。小沢は彼に、これまでと違ってガラス張りの経営でやっていくんですねと念を押し、移籍を決めた。

「長州が居酒屋かなんかでね、〝この会社（ジャパンプロレス）が駄目になったら、みんなでプロレスをやめよう〟とか乾杯の音頭をとったんですよ。なのにアメリカにいるときに、大塚さんからの電話で長州が新日本に戻ったことを聞いて、俺はただ、びっくらこいてね。長州は、あれだけ男同士みんなでやろうって言ったのに、なんでまた金に転んで戻ったんだと。猪木さんの会社に後ろ足で砂をかけた人間でしょ？　意地でも戻らないでしょう。新日本に戻ったということは馬場さんのことも裏切ったんですよね。俺は悔しくて一晩泣き明かした」

翌朝、小沢は妻にプロレスを辞めると伝えたという。そのときアメリカ人の妻との間に三人の子どもがいた。

「女の子、女の子、一番下が男の子。一番下はまだ一歳にならない頃だった。どうやって飯を食わせるんだというから、何をやっても食わせてやると。明日から仕事、何ができるっていったって、英語も片言しかできないしね。アメリカで食っていけるはずもない。それなのに、もう嫌だって辞めちゃった。長州に対して頭にきちゃって、同じリングに上がることはもうあり得ない。それだけでなく、長州と同じ仕事をやっていることも嫌になっちゃって」

ＷＷＦのビンス・マクマホン・ジュニアは小沢が突然の引退を切り出したことに面食らった。父の後を引き継いでいたマクマホンは小沢の悪役としての能力を高く評価していた。

「お前が何か困っているのならば、どんなことでも解決してやるからと言ってくれた。俺のことが必要だと。それでスケジュール帳を見せてくれたんですよ。そうしたらいろいろと試合が組んである。ほとんどがメインイベントなんですよ。そのときは頭を駆け巡りましたよ。ここでは二万ドルは取れる、あそこならばもっと取れるとか」

それでも小沢の意志は変わらなかった。すでに日程が決まっていた試合をこなした後、八七年一一月末に引退。やはり、アメリカでは新たな仕事を見つけることができず、妻子を残して日本に帰国した。まずは長野県の温泉街で働き、その後、東京に自分の店を出した。

話を聞いていると、小沢の長州に対する怒りには思い込み、錯誤が含まれていることに気がついた。

その一つは、新日本からジャパンプロレスに移ったときの移籍金だ。

「支度金が三〇〇万出た。俺が三〇〇万だったから、長州は五〇〇万とか貰っているのかなと思っていた。しかし、実際には八〇〇〇万円貰っていた。俺も本当は二〇〇〇万だったんです。しかし、一七〇〇万も抜かれていた。もし俺も二〇〇〇万貰っていたのならば、金で動いた人間になる。そして長州のことはそんなに恨まなかった」

ぼくは長州の移籍金は四〇〇〇万円、小沢は一〇〇〇万円だと訂正した。移籍金を支払った大塚に確認しているので間違いないですと説明すると、「あーそうですか。四〇〇〇万ですか」とあっさりと八〇〇〇万の数字を引っ込めた。

そして、小沢によると彼の金を抜いたのは永源遙だという。それでは長州に罪はないのではないかと問うと、声の調子が優しくなった。

「俺も金で動いた人間だとあのとき分かっていたら、長州をあんなに恨まなかったです。自分なりに真っすぐすぎたかもしれないけど、子どもに夢を売る仕事なんだから、あんな汚いことって嫌になったんだよね」

この時期、日本はバブル景気の熱に包まれていた。皆が時代の空気を吸って猛々しくなっているとき、分を守って歩こうとする人間は馬鹿正直だと嘲笑されるものだ。小沢が大きな軀を丸めて、ひっそりとプロレス界を後にしたのは当然のことだったかもしれない。

第十章

現場監督の秘密

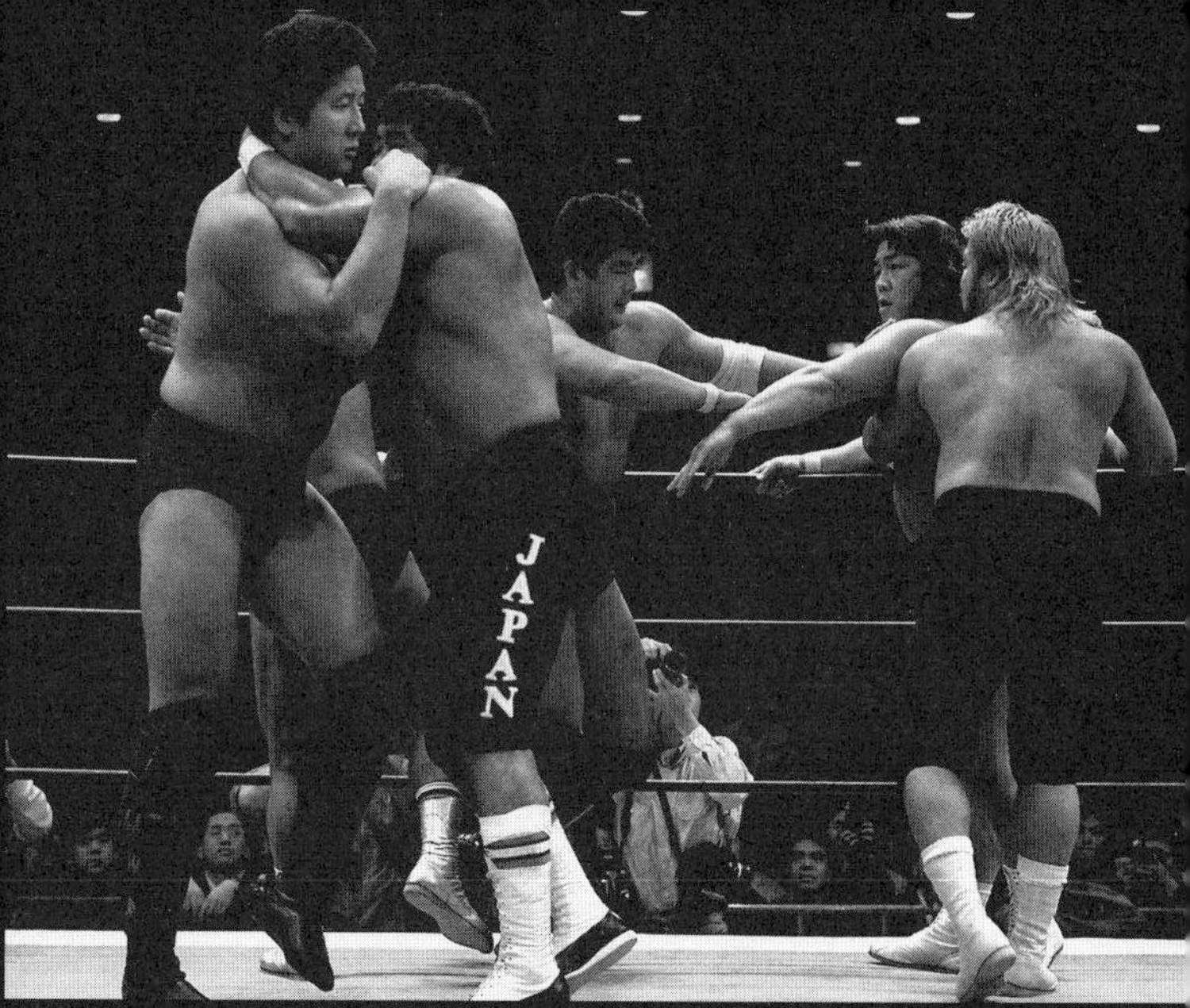

新日本復帰後、前田日明による“顔面蹴撃”事件が起こった

“顔面蹴撃”

長州が新日本プロレスに復帰したのは八七年六月一日、愛知県体育館だった。そして、その二日後の六月三日に行なわれた北九州市・西日本総合展示場大会で事件は起こった。

この日、第三試合でヒロ斉藤が橋本真也と対戦した。

ヒロ斉藤こと斎藤弘幸は六一年生まれの小柄なレスラーである。七八年に新日本プロレスに入門。スーパー・ストロング・マシン、高野俊二（現・拳磁）と共に新日本から「カルガリーハリケーンズ」として独立し、全日本プロレスのリングに上がっていた。その後、長州たちと新日本プロレスに戻った。

橋本は斉藤の技をほとんど受けず、初めから噛み合わない試合展開となった。リングサイドでは、セコンドについたドン荒川が橋本に「行け、行け」と檄を飛ばしていた。明らかな悪意が斉藤に向けられていた。斉藤は勝利したものの、橋本の蹴りを受けた左手甲を骨折した。

橋本たちは、長州らが移籍金を貰ってジャパンプロレスとして出ていったにもかかわらず、今度は新日本から総額一億円もの移籍金をふんだくって戻ってきたと聞かされていた。見せしめとして橋本は斉藤を痛めつけたのだ。

もちろん、長州がこうした行為を見過ごすはずもなく、マサ斎藤と共に控室に橋本を呼びつけた。控室には長州と共にジャパンプロレスから戻ってきた小林邦昭もいた。小林はこう振り返る。

「橋本はもの凄く楽しい人間なんだけれど、周りから影響を受けちゃうところがある。橋本の中で許せないことがあったんじゃないですか。それでマサさんたちがぼこぼこにした。ぼくの目の前で、もう死ぬ一歩手前ですよ」

小林はこの夜、橋本の部屋に電話を入れた。

「橋本はぼくらたちと違うホテルに泊まっていた。悪い雰囲気を引きずりたくないじゃないですか。彼の部屋に電話を入れていろいろと話をしたんです」

そもそもは新日本プロレス側が長州たちに帰ってきてくれと頼んだこと、そして移籍金は手にしていないと小林が説明すると、橋本は「ぼくたちはそんなこと聞いていませんでした」と素《す》っ頓狂《とんきょう》な声を出した。

「そのとき、ああ、やはり新日本の人間はちゃんとレスラーたちに話していなかったんだと思いましたね。つまり、新日サイドとしてはぼくたちが勝手に帰ってきたことにしていたんじゃないですか。自分たちが帰ってきてくれと頼んできたくせに」

橋本は小林に「すいませんでした」と謝った。この謝罪をきっかけに橋本は長州たちと打ち解けるようになった。

橋本が神経を尖らせていたのも無理はない。新日本プロレスのリングには、長州たちの旧ジャパンプロレスのレスラーのほか、前田日明、藤原喜明、木戸修、高田伸彦などUWFのレスラーたちがおり、緊張関係にあったのだ。

格闘技色を濃くした試合を行なっていたUWFは、経営が立ちゆかなくなり、八六年一月、業務提携の形で新日本に合流していた。

彼らは自分たちの道場で練習を続け、リングの上でも自分たちの流儀を貫いた。中でも前田は猪木を再三挑発した。何を仕掛けてくるか分からない前田を不気味に思ったのだろう、猪木はシングルで前田との試合を受けることはなかった。

この頃、新日本では「世代闘争」という〝構図〟をつくっている。猪木、坂口、マサ斎藤らを「ナウリーダー」、長州、藤波、前田らを「ニューリーダー」として対立させたのだ。しかし、ジャパンプロレスでも行動を共にした斎藤と長州を離すことは無理があった。さらにナウリーダー対ニューリーダーの対戦で、人数合わせのためだろう、若手の武藤敬司がナウリーダーに入れられたことがあった。やはり、この急ごしらえの構図はすぐに終息している。

こうした中、前田は焦りを感じていたという。

〈IWGPタッグ・トーナメントで腰を痛めて、1、2ヶ月試合を休んでいたんだ。吉田さん(長州)との試合は復帰1、2戦目の試合だったと思う。当時、マスコミが俺と吉田さんのカラミを注目していたということは、確かにあったけれど、そんなことより、プロとしての自分達にとって退っ引きならない状況があったんだ。それは新日プロとかUWFとかを越えた問題でね。

というのは、全日プロで天龍選手と輪島選手のカラミで、とんでもないことをやっていたんだ。ナマでボッコンボコンやり合っている。それは、プロとしての俺達から見れば、とんでもないことだったんだよ。2人共、まともに受けてやり合っている。それは半端じゃなかった。それを見た時、俺達はその上を行かなくちゃダメだと思ったんだ。あんな試合を天龍・輪島にやられちゃったら、俺達の影が薄くなってしまう、という危惧もあったしね。あれこそ本当の〝過激なプロレス〟だったよ〉（『真格闘技伝説』）

そしてこの焦りは暴発した——。

八七年一一月一九日、後楽園ホールで長州、マサ斎藤、ヒロ斉藤の三人と、前田、木戸、高田による六人タッグマッチが行なわれた。

長州と前田は序盤から激しく軀をぶつけた。早々に前田の左の鋭い蹴りが顔面に入り、長州がもんどり打って倒れた。開始八分を過ぎた頃——。長州が木戸をマットに叩きつけ、脚を摑んでサソリ固めに入ろうとした。前田はリングに入ると、おもむろに後ろから長州を右足で蹴り上げた。その衝撃で長州は持っていた木戸の脚を思わず離した。みるみるうちに長州の目の周りは腫れ上がり、鼻から血が噴き出した。長州はやったなという表情で前田を睨んだ。

二人の険悪な空気を察知した斎藤たちが間に入った。試合は長州が高田をフォールして終わったが、その後も揉み合いが続いた。

長州は前頭骨に二箇所ヒビが入っており、翌日、〈右前頭洞底骨折〉と発表された。

猪木は「正面からやったならばともかく、後ろから襲うとはプロレス道に反する」と前田に無期限の出場停止処分を与えた。

以下は前田の回想だ。

〈長州組は、かなり堅くなっていたね。でも、ああいうタッグ戦でのカットプレーは、誰にでもやっていたことなんだ。それに、当時のUWFは顔面を遠慮なく蹴るというのが、ひとつのスタイルだったしね。受ける方も、気合を入れて受けろ、という気持ちだった。うしろから蹴ったら卑怯だとかいっていたら、プロレスは出来ないよ。それに、あの時は蹴る前に、蹴りますよという合図で、吉田さんの肩をポンと叩いているんだよ。これもビデオに残っているよ。その時に、不意に頭を動かしたんで、つま先が顔に入っちゃったんだ。

無期限出場停止を聞いた時は、「こりゃ雪隠詰《せっちんづめ》でヤバイな！」と思ったね。その内にマスコミまで騒ぎ始めて「これはみんなで、俺を干すつもりやな！」と感じて、UWFの今後が心配だったね。実は、この年の秋頃からかな、新日プロがUWF選手と個人契約を結ぶような動きを始めていたんだ〉（『真格闘技伝説』）

そして前田は翌年三月に新日本から解雇された。

坂口政権の誕生

長州が戻った八七年からしばらくは、新日本プロレスはさまざまな意味で過渡期であったといえる。

テレビ朝日が「ワールドプロレスリング」として新日本の中継を始めたのは七三年四月のことだった。金曜日二〇時から二一時までの一時間枠という週末の最も視聴率が見込める時間帯が与えられていた。それが視聴率の低下により八六年一〇月に月曜日二〇時へ、そして八七年四月からは火曜日へと枠が移動した。

火曜日への移動の際、「ワールドプロレスリング」の番組名に「ギブUPまで待てない!!」という副題が加えられ、中継約七割、残り三割がタレントを起用したバラエティ仕立ての番組となった。もはやプロレスだけでは視聴率を維持できないというテレビ朝日の判断だったろう。この試みは視聴者の反発を買い、同年一〇月から再び月曜日に移動すると、元の中継番組に戻った。

同時期、ビートたけしが「たけしプロレス軍団」(TPG)を結成、猪木に挑戦するという企画も動いている。これもまた、反感を受けることになった。八七年一二月二七日、たけしが両国国技館のリングに上がると罵声が飛んだ。この日、前田の顔面蹴りで負傷欠場していた長州が復帰し、猪木とシングルで闘う予定だった。しかし、TPGの〝刺客〟として登場したビッグバン・ベイダーが猪木に対戦を迫り、猪木はカードを変更。猪木がベイダーにあっさり敗れると、怒った観客が暴動を起こし、新日本は一年間、両国国技館の使用禁止処分を受ける程の騒ぎとなった。

この頃、長州は最大の理解者を失っている。

八七年八月二〇日、新日本の両国国技館大会でアニマル浜口の引退式が行なわれた。

前年の一〇月七日、全日本プロレスの六人タッグマッチで浜口はジャンボ鶴田のブレーンバスターを受けてノックアウト負けしている。その直後、浜口は軀の自由を失ったという。

浜口によると――。

「起き上がろうと思っても起き上がれない。首から下が無感覚になってね。思考はちゃんとしているのに、気持ち悪いですよ。あれ？って思って。下の感覚がないから、漏らすと思いました。車椅子、流動食という言葉が頭に浮かんだ。頸椎《けいつい》損傷です。それで右半身利かなくなった。今でも右側の方は弱いね。だから引退したんです」

長州は引退の意思を確認するために、浜口の自宅に来た。

「運転手つきの車だったね。リキちゃんは車から外に出てきて〝浜口さん、本当に引退するの？〟って感じでね。男同士だから言葉は少なかったですよ。ぼくが決意は変わらないと伝えると、リキちゃんは車の中に戻って顔に白いタオルをかけた。タオルの下で目を瞑《つむ》っていたんだろう。それで車がすーっと出ていった。映画のような光景だったよ」

軀の不具合に加えて、谷津たちは全日本に残り、キラー・カーンは引退した。仲間がばらばらになってしまったことに、優しい浜口が心を痛めていたことは想像できる。

「リキちゃんから〝引退式だけはやらせてください〟と申し出があったんです。ぼくは静かに去ろうと思ったんですけれど、リキちゃんの心意気に感謝してやることにしました。両国という立派な会場で花道を作ってくれた。いかにぼくのことを思ってくれていたか分かった。リキちゃんはシャイな人だから誤解されることもある。でも、本当は優しくて思いやりのある人間なんですよ」

そして、猪木のレスラーとしての時代も終わりつつあった。八八年七月二二日の札幌中島体育センター大会、長州は初めてシングルマッチで猪木を破っている。八月八日には猪木が藤波の持っていたＩＷＧＰヘビー級王座に挑戦。試合は六〇分時間切れ引き分けで、藤波がタイトルを防衛した。試合後、猪木と藤波が抱き合い、長州が猪木を持ち上げて肩車した。

そして、新日本と長州にとって新たな時代の始まりとなったのは、八九年六月一五日、坂口征二の社長就任だった。

「猪木さんが参議院選挙に出るので、〝坂口、お前、社長やれ〟っちゅうから、〝じゃあ、私は現役辞めますよ〟って。あの頃は大変な時代だったよな。会社の借金が一〇億円もあった。そんな会社の社長を継ぐのは馬鹿かって言った人もいたけどね。でも俺はやることやってやるという自信はあった」

坂口が社長を引き受けた際、まず頭に浮かんだのは、ネクタイを締めスーツを着て、毎朝会社に行かなければならないことだった。坂口は堅苦しいことが嫌いだった。

「選手のときはよぉ、ラフな格好していたから。でも切り替えなきゃいけないと思った。車が迎えに来るから、ネクタイして背広着てよ、毎日会社に行っていたよ。銀行に行ったり、テレビ局行ったり、パーティーに招かれたり、そういうところで相手がみんな俺のことを知っているから話が早いんだよ」

坂口は現在、新日本プロレスの相談役である。長州のほか、藤波、創設者の猪木でさえも新日本プロレスから離れている中、途切れることなく関わり続けている数少ない人間だ。

「昔から言っているけど、俺は〝目線〟のことしかやってこなかったんだよ。みんな背伸びしてやりたがるだろ。俺はそうじゃなかった。だけど、俺は人よりも大きいから、人よりも頭ひとつ高い目線だったからうまくいったんだよ」

一九〇センチ以上ある自分の軀の大きさをいつもこんな風に話題にしてきたのだろう、坂口は独特の籠《こ》もった声で笑った。

坂口は欲のない男だ。彼は柔道が初めて採用された六四年の東京オリンピック出場も期待された柔道家だった。しかし――。

「もうちょっと頑張れば俺、東京オリンピックに出られたけど、もういいやって思っちゃったんだよな。全日本で必ず負けたんだ。オリンピックの年も決勝で先輩に負けて準優勝。先輩が出るからいいやって」

東京オリンピックの無差別級には明治大学の先輩にあたる神永昭夫が出場している。五輪前、大柄な坂口はオランダのアントン・ヘーシンク対策として、神永の練習相手になった。しかし、神永はヘーシンクに勝てず銀メダルに終わった。

猪木をはじめとして、他人より少しでも前に出ようという我の強い人間が多いプロレスの世界では、穏やかな性格のレスラーは軽んじられがちである。それでもみなが坂口に一目を置くのは、彼には柔道に裏打ちされた本物の強さが備わっていたからだろう。

坂口は日本プロレスから新日本プロレスに移って以降、一つ年下の猪木を立て続けてきた。血の気の多いレスラーが事件を起こすことも、あるいは会場で観客が暴れることもある。こうした際の警察への対応は坂口の役割だった。警察には柔道関係者が多数おり、坂口が現れると姿勢を正した。

長州と坂口が、ロサンゼルスでNWA認定北米タッグ王者となったことは前述した。これは長州にとっては初めてのタイトルである。

坂口にその話を振ると「俺が？　長州と獲っている？」と意外な顔をした。

七九年六月一五日にヒロ・マツダ、マサ斎藤組を破っていますというぼくの説明に、坂口は「ああそうなんだ」と頷いた。

「あの頃は新日本に権威のあるベルトが無かった時代だった。最初に（ストロング）小林さんと組んで、それから長州と組んだのかな。長州とのタッグは楽だったな。猪木さんと組んだときは、六対四で俺が動かないといけない。長州のときは、逆に長州が六で俺が四ぐらい。〝行け、行け〟ってコーナーから俺が指示してね。長州は若かったし、馬力があった」

記憶が戻ってきたのか、こう続けた。

「ロサンゼルスに行って元気だったからハワイに寄ったんだよ。ワイキキに泊まってよぉ。朝六時頃起きて二人で海岸を走った。そうしたら、歌手の菅原洋一さんがいたんだよ。俺はファンだったから話しかけたんだ。菅原さんがシェラトンかなんかのホテルでディナーショーをやっていて、俺と長州は招待を受けてね」

長州は坂口と酒を一緒に飲むこともなく、彼の趣味である麻雀に付き合うこともない。それでも、坂口の話をするときは声が明るくなった。坂口の九州弁の抑揚、くぐもった声、話し方を物真似することもあった。お互いにレスリングと柔道という競技を極め、プロレスを仕事として受け入れてきたという共通点が二人にあったからかもしれない。

社長になった坂口は現場を長州に任せることにした。

「それまで俺が現場監督みたいなことをやっていたんだよね。マッチメークとか。そして、俺はもう退くから、長州、お前が現場をやってくれと頼んだんだ。俺はもう現場に口出さないぞって引いたんだ」

北尾光司の暴言

〈実は試合は、すべてはそのプロモーターによってプログラムがつくられている、といっても過言ではない。

レスラーは、プロモーターには絶対服従だ。そうでなければマットで稼ぐことはできない。プロモーターは、ただ漫然と試合を組むだけでは通用しない。

つねに観客が入るように、対戦相手を考えてマッチ・メークする。誰と誰、どのキャラクターと、どのキャラクターを噛み合わせれば観客が沸くか……。それがつねに頭の中に入っていなければならない。

ただ既製の人気者を狩り集めるだけでなく、新人レスラーの中から人気者をつくり上げ、有能なチャンピオンを育てなければならない。興行師であると同時に、ボクシング・ジムの会長のように、子飼いの選手からチャンピオンを育てなければならないのである〉（『プロレス30年初めて言います』遠藤幸吉著）

この一節は、一九五〇年代前半、アメリカでのプロモーター及び〝マッチメーク〟について説明したものだ。プロレスにはレスラーを仕切る人間が必要だという認識は正しいが、間違いもある。

日本でもアメリカでもプロモーターは団体主宰者を意味し、現場を仕切る人間は「マッチメーカー」あるいはブッキングを行なう人間として「ブッカー」と呼ばれている。当時の新日本の場合、団体主宰者は猪木である。しかし、少々ややこしいのは、対外的には新間寿がその役割を担っており、プロモーターの集まりであるNWA総会には新間が出席していた。またマッチメークは基本的には坂口に任されていたが、外国人レスラーの窓口となっていたマサ斎藤をはじめとして複数の人間が関わっていたようだ。ただ、彼らも猪木の意向は無視できない。この混沌とした体制は、猪木の新日本ならでは、とも言える。

その猪木が国会議員となり、プロレスと距離を置くようになった。坂口からマッチメークを引き継いだ長州は、これまで以上に自由な裁量を与えられた。

『週刊プロレス』などの専門誌に〝マッチメーカー〟と書かれ、長州は怒ったことがあったという。

「マッチメーカーなんて書くんじゃない、この野郎とよくぶん殴ったりしていた。そうしたら、今度は現場監督とか言われるようになってきた。そうしたら、なんだ現場監督って揉めたりしたこともあった」

しかし、長州の役割を説明するには、何らかの肩書が必要だった。彼は渋々、現場監督という呼称を受け入れることにした。

取材を始めたばかりの頃、長州に現場監督の定義を訊いたことがある。

「現場ですよ。トレーニングと、あと試合。終わってから、あーだこーだって言う」

それ以上は口を閉ざし、話題を変えた。

坂口によると、長州が現場監督になって控室の雰囲気が一変したという。

「長州っていうのは、今はちょっと大らかになったけど、自分にも厳しかったし、人にも厳しかった。それまでは試合前なんかでも和気藹々《あいあい》としていて、マスコミの人間が（控室に）入ってきて、猪木さんに〝どうですか？〟〝社長、なんかいいネタないですか〟と訊いていた。猪木さんも〝こういうことを書けよ〟とか〝お前のところだけに教えるから、ちょっとプッシュしてくれよ〟とか。それが長州になったら、一切駄目」

坂口は「出て行け、だよ」と手を振った。

「当たり前のことよ。でも、昔は選手たちも試合前にわーわー言ったりふざけたりしていた。そこで長州は〝うっさい、おまえたちは〟とか言い出した。控室ではモニターで試合を見て、ピリピリした雰囲気をつくり出したんだ。長州も自分の試合まで控室から出ないで、ほかのレスラーの試合を見ていた。だらだらした試合をしたら、叱ってね。小鉄さんもやっていたけど、そういうことも必要だよね」

もちろん、厳しく締め付ける長州に逆恨みし、反発する人間もいた。長州が現場監督に就任して一年ほど経った九〇年七月二三日、青森県十和田での試合前のことだ——。

長州の記憶によると、会場に向かうバスに、そのレスラーは少し遅れてやって来たという。

「ぼくはバスの一番前で坐って待っていたんです。そうしたら、彼は前の日に何かあったのかな、今日、仕事はやらないとか言い出したんです。彼は自分で思っていたような試合ができなかったのかもしれない。入門して一年そこそこでできるはずがない。そんなことは十分、分かっているんです。仕事をできないというから、じゃあ、（バスから）降りろと言った。彼は平気な顔で降りた。そして俺がバスの前でなんか話したのかな。そうしたら〝うるせー、この朝鮮野郎〟と」

そのレスラーは北尾光司といった。

二メートルの長身をした北尾は将来を嘱望されて立浪部屋に入門。八六年には横綱に昇進し、双羽黒と改名した。このとき、横綱審議委員会の一人、稲葉修は幕内での優勝経験がない力士が横綱になることに反対、「軀は文句なしだが、精神面に甘さがある」と消極的な評価をしている。

稲葉が危惧した通り、北尾はその後一度も優勝することなく、部屋から脱走し大相撲を廃業した。八九年六月、新日本プロレス参戦を表明、翌九〇年二月に東京ドームで行なわれた『スーパーファイトＩＮ闘強導夢』でデビューしている。これは長州が現場監督となって初めてのドーム興行だった。

プロレスの観客は敏感である。北尾の中に傲慢さを見て取り、特別扱いの華々しいデビューに反発した。そして、無様な試合を続ける彼に冷ややかな目を向けた。当然、リングの上の北尾はそうした反応に焦りを感じていたことだろう。精神的に弱い彼は動揺し、長州に苛立ちをぶつけたのだ。

長州は北尾が吐いた言葉を聞いたとき、「朝鮮人」と罵倒されながら教師に殴られた小学三年生に戻ったような錯覚に陥ったという。

「ズキューンってくるんですよね。その一言で軀から力が抜ける。うん、こう前に足が出ないような……。昔のものがまた戻ってきたというか。あれから二〇年以上経っているのに……。喩え方が分からないんだけれど、常に何か違和感のある言葉。ただ、そのとき、ぼくの顔は変わっていなかったと思いますよ」

表情を変えなかったというのは、長州の意地だったろう。

「そして、〝お前、アウトだ〟と言ったと思う。その頃、バスに電話が付いてたので、そこからすぐに会社に電話を入れた。たぶん入れたと思います」

電話をしながら、これで北尾は終わるな、もったいないと思っていたという。

「（北尾がやり続けていれば）いいインパクトはつくれるという部分はあった。最終的にどっかで、ポンと（誰か大物レスラーを）食っちゃえばパッと上がる可能性はあったんですよ」

九月、新日本プロレスは北尾の契約解除を発表した。

越中詩郎の移籍

越中詩郎は現場監督時代の長州を最もよく知るレスラーの一人である。

二人が初めて会ったのは、長州がまだジャパンプロレスに移る前、札幌の居酒屋だったと越中は振り返る。越中はこのとき、全日本プロレスに所属していた。

「マスコミの人と飲みに出かけたとき、近くに長州がいるから行かないかと。いやいや、俺はいいからって言ったんです。当時、こちらは全日本、向こうは新日本と団体が別だったし、酒を飲む席で気を遣ったりするのは嫌だよって断ったのだけれど、なんか知らないけど行く羽目になった。そうしたら長州さんは店の奥の方、グラスに梅干しかなんか入れて、（箸で）突つきながら一人で飲んでいた。挨拶をしたら、〝頑張れよ〟って」

新日本と全日本は客の奪い合いを避けるため、開催場所をずらすことが多かった。この日は例外で、両団体共に札幌近辺で試合を行なっていたのだ。

「後にね、長州さんに、俺と最初に会ったところ分かりますか？と聞いたら、札幌だろってちゃんと覚えていた。ぼくの場合は、長州さんだけでなく、ジャンボ鶴田さんがいて、天龍さんがいて、藤波さんがいて、この四人が先輩として立ちはだかってくれた。彼らにかわいがってもらい、高い壁になってくれたという思いがある。もの凄く幸せだったなと」

越中の言葉は短く、歯切れがいい。

五八年、越中は東京の江東区で生まれた。高校卒業後、電気工事の仕事に就いた。

「銀座とかいろんなところが現場だったよ。古い地中線を新しいのと交換していく。電気を止めて、辺りを停電にしてから作業しなければならないので、夜間の工事になる。友だちとかが騒いでいるときに俺は仕事をして、昼間は寝ているという生活だった。向いていなかった。刺激が何もないからね」

七八年七月、全日本プロレスに入門。大仁田厚の後を継いで、ジャイアント馬場の付き人となった。八四年三月に三沢光晴とメキシコ修行へ出かけている。

「俺は海外遠征に出るのが夢でね。なんとかメキシコで泣く子も黙るようなレスラーになろうと思っていた。名前も覚えてほしいので、サムライ・シローにしようとか考えて。トランクス穿いて普通のリングシューズじゃ、ほかと同じになる。そんなとき、浅草の街を歩いていたら空手着があった。ああ、これを持っていこうと思った。それから二〇年、三〇年もその格好でやるとは夢にも思わなかった」

八四年七月、三沢は二代目タイガーマスクになるために帰国、越中は一人でメキシコに残された。水や食事が合わず、体重は一〇キロ程落ちたという。

そんなとき、坂口から連絡が来た。新日本への引き抜きである。越中はロサンゼルスで坂口と会った日のことをよく覚えている。

「坂口さんがロサンゼルスに呼んでくれて、日本料理屋でたぬきうどんをご馳走してくれた。メキシコなんか日本語も通じないし、日本料理どころではない。たぬきうどんを全部すすって、坂口さんが見ていなかったら、皿まで舐めようかという勢いだったね」

越中は全日本、そして馬場に対して恩義があると、移籍には躊躇していた。すると、「俺に任しときゃ、いいからよぉ」「あとは俺がやっちゃるからよぉ」と言ってくれたのだと、越中は坂口の鷹揚な口調を真似た。

「ロスまでのチケットを送ってくれて、小遣い貰って、うどん食べさせてもらって、坂口さんから〝後はやっちゃるからよぉ〟と言われたら、もう行くしかない」

八五年八月、越中は両国国技館大会で参戦の挨拶をしている。

「新日本は選手がガボって抜けたから、ぼくが欲しかった。ぼくはぼくで、（長州たちが加わり）選手がいっぱいいる全日本に帰ったところで出番はない。いろいろと建前はつくりましたけど、本音を言えば新日側とぼくの事情が合った。ところが、何年もしないうちに長州さんがみんなを引き連れて帰ってくるわけですよ。何だよって思いました」

新日本へ復帰したばかりの長州には、いい思い出はない。

「相手にしてもらえなかった。タッグでやらせてもらったはずなんですが、まったく噛み合わない。お前、何者だという顔をしていましたね」

越中はこうした扱いを若手レスラーへの試練だと理解していた。そうした姿勢が見込まれたのか、長州との距離は少しずつ縮まっていった。

「東スポとかマスコミに自分の記事が出ていなければ、記者の首根っこでも捕まえて、俺はこういう気持ちでやっているんだ、ちゃんと書けと言ってこいとか。長州さん自身は試合が終わるとすぐに逃げるように帰るくせに、面白いことを言うんだなと思いましたよ」

負けたときはマットの一つでも叩いて悔しさを出せという長州の教えには、なるほどと納得した。

また、顔が優しすぎると指摘されたこともある。

「メキシコ時代は髭を生やしていたんですけれど、剃《そ》って綺麗にしていた時代があったんです。猪木さんや藤波さんはいつもスーツを着てきちっとしている。自分もそうしなきゃと思っていたんですが、自分はきちっとするよりも、違った個性で行けということなんでしょうね。そういう発想かと。それでまた髭を生やしたんです。ここが欠けているから、こうしろという説明はしない。リキさんの言い方に、この野郎と何回も思ったことはありますよ。でも、目をつけている選手じゃないと言わない」

越中の印象に残っているのは長州が遠征バスの一番前に陣取っていた姿だ。長州はバスに乗り込んでくるレスラーの顔や様子を観察していた。

「こいつはきちんと練習しているかどうか。昨晩は飲みに行って大騒ぎしたとかも見ていた。たまにはいいやって笑っているときもあるし、問題を起こしたときは（新日本の）看板を汚しやがってと、ぶっ飛ばすときもありましたよ。昔は腹筋が強かったから、声が低いんです。それで馬鹿野郎と怒鳴ると響く。誰かが怒鳴られているときは、やベーなと近寄らない」

シリーズ中は、だいたい午後四時から会場で合同練習が始まる。

「合同練習ではスクワット、腕立て伏せ、腹筋などを行なう。合同練習で足りないトレーニングはあらかじめやっておく。ウエイトをやりたい日は一時間前とか、走り込みをやりたい日は二時間前とか。それは自分で考えていましたね」

越中はしばしば長州から「ちゃんとやっているか？」と声をかけられた。

「とにかく練習をやれと言われましたね。ベテランになると合同練習は免除されるじゃないですか。練習もせずに控室でふんぞり返っている奴になったら終わるぞということはしょっちゅう言われました。全日本に入ったとき一週間ぐらいゴミくずみたいな、人間扱いされない練習をさせられた。それとリキさんに練習をしろと言われたこと。この二つは頭から離れないね」

現場監督の仕事

ときに質問の意図と違う答えが返ってくることもあったが、取材を重ねるうちに長州は次第に現場監督時代の仕事内容を話してくれるようになった。

――トレーニングを見ながら、その選手の力や調子で、組み合わせを決めていったんですか？

「世代も変わっていく時代だったからね。うん、ぼくが現場監督だったときが一番しんどかったと思いますよ」

――どういうしんどさですか？

「たぶんね……あまり選手の意見を受け取らなかったから」

――いろいろと選手から要望は出てくるんですか？

「そのときは選手会っていうのができていました。（選手会長の要望を）聞くだけは聞くけど、やれないことの方が多かったですね。やってあげられないことの方が。あんまり（選手の言い分を）聞いちゃうと、うまくいかないという自分の感覚ですね」

――選手それぞれの力量ってありますものね。

「それはもう。一万、二万、四万とか（の観客を）入れるわけだから、こいつだったら観客を捕まえることができるなという力量はこっちで判断しちゃう」

――シリーズの流れみたいなものを考えてマッチメークするんですか？

「（東京）ドーム（興行）とかが最後に来るときには、ドームに向かっていく」

――シリーズ中に選手が成長したり、予想していなかった盛り上がりがあれば、それらを踏まえて対戦を変えたんですか？

「そうですね。うん」

――そうしたことを考えながら、長州さんもレスラーとしてやっていくのは大変だったんじゃないですか？

「（問いには答えず）ぼくの場合はインパクトを獲るというのが基本的な考えだったから。最終的に（シリーズの最終戦の会場が）両国（国技館）かドームかっていうときは、そこで間違いなくインパクトを獲るようにシリーズに入っていきますね。やっぱ、獲れる人間、獲れない人間っていますからね」

――長州さんがよく言う、うまく感情を出せる、出せないということですか？

「要するにインパクトを最終的にどこで獲るか。ぼくはあんまり（細かく）言わないんですよ、選手に。それを言っちゃうと、選手は……」

――先を読んでしまう。

「読んじゃうから。だからぼくは言わないですね。選手はきつかったと思いますよ。言わなきゃ選手は、ここで力を抜いた方がいいのか、必死でやった方がいいのか、分からない。（こんな風な流れになるというのを）言っちゃうと、（レスラーが）自分で（どう動くか）考えちゃう」

――だから先を教えない。いい試合を組んでほしければ、いつも全力でリングに上がって、長州さんにアピールしろと。

「そうですね。だからしんどかったと思いますよ」

――そこには長州さんのレスラーに対する好みとか、依怙贔屓《えこひいき》はないんですか？

「ないです。ないですよね」

――こいつは普段からよく練習しているから引き上げてやろうっていう気持ちはありますよね？

「あのねぇ……（少し考えて）、報いてやろうっていう気持ちはありますね、もちろん。（練習をきちんと）やっている奴とやっていない奴の違いは必ず出るんです。だから、ぼくは口うるさく言う。

高い波には一人しか乗れない。波を起こすのは全員。最後に乗る奴は一人。これは今でも変わらない」

越中も長州の現場監督時代に引き上げられたレスラーの一人でもある。

九二年一月三〇日、小林邦昭と齋藤彰俊が異種格闘技戦を行なっている。齋藤は誠心会館という空手道場に所属するレスラーだった。

この試合は越中と小林が相談して仕掛けたものだったという。

「当時の新日本には（闘魂）三銃士みたいに売り出さなければならない若手がいた。その中でぼくたちはどんどん端に寄せられていっていた。それで小林さんと話をして、自分たちで何かやりたい。それが異種格闘技だった。長州さんには相談していなかったんです。だから最初はいい気はしていなかったと思いますよ。なんだよ、勝手なことをやりやがって、と。最初は試合として認めてもらえなかったんですから」

九一年一二月、前年から新日本のリングに上がっていた誠心会館館長の青柳政司が門下生を伴って新日本プロレスの会場に姿を現した。門下生が控室の扉を閉め忘れたことを小林が注意、暴行を加えた。年が明けた一月四日の東京ドーム大会に青柳の弟子である齋藤彰俊たちが乗り込み、小林への対戦要望書を読み上げる——という流れだった。

小林と齋藤の対戦は全試合終了後に行なわれた。齋藤が小林の後頭部に蹴りを入れ、さらにマットに倒れ込んだ小林に膝蹴りしたところでレフェリーが試合を止めた。齋藤のテクニカルノックアウト勝利だった。

越中が小林と一緒に控室に戻ると長州が一人で待っていた。ほかのレスラーはすでに引き揚げていた。

「（小林と齋藤の対戦を正規の試合と認めないという）ひどい扱いにファンが後押ししてくれた。長州さんはこんな反響があると思っていなかった、みたいな顔をしていましたよ。そして、ニタッと笑って、〝次はお前だ〟って」

長州は物語を膨らませるために、越中の登場を少し遅らせた。

約一週間後の二月八日、札幌中島体育センター大会では、小林の仇《かたき》をとるという名目で若手の小原道由《みちよし》が齋藤と対戦、返り討ちに遭っている。

そして二月一〇日、越中は小林と組んで齋藤、田尻茂一と対戦した。この試合で越中は田尻を締め落とし、新日本側の初勝利となった。

この〝抗争〟は六月まで続いた。そして、誠心会館との間に〝絆〟ができ、後に小林、越中は青柳、齋藤たちと「反選手同盟」を結成した。

長州は越中の勘の良さを認めたのか、八月には天龍源一郎が主宰していた団体、WARに乗り込んでこいと命じている。WARは天龍を中心に九二年七月に旗揚げしていた団体だった。

「試合が終わった後、〝次、WARへ行け〟と。それだけです」

越中たちは新日本とWARの対抗戦の布石となった。

九三年、越中を中心とした反選手同盟は、「平成維震軍」と改名した。平成維震軍は、新日本とは別に自主興行を打つこともあった。

「長州さんから、新日本本隊と離れてくれ、お前らで興行やってくれと。それはまた大変だったんですよ。でも、それやっても客が入った。しばらく新日本のリングに上がらずに外をずっと回っていて、またどっかで会ってということを長州さんは考えていた。（新日本の興行に）合流したときにまたインパクトがある。そのタイミングなんかは、もう滅茶苦茶いいですよ」

越中は新日本プロレスへの〝中途入社〟としての分をわきまえていた。新日本の中心は、武藤敬司、蝶野正洋、橋本真也の「闘魂三銃士」となっていた。

「平成維震軍は三銃士と絡まない。三銃士は三銃士。（長州の考えは）メインはあくまでも生え抜きの三銃士。その脇で盛り上げろと。後に関わり出したのは、蝶野が（三銃士の中で）浮き始めたときぐらい」

九四年に蝶野はベビーフェースからヒールへと転向した。それまで平成維震軍はほとんど三銃士と関わっていない。

長州の意図を理解する越中は、ある時期から〝秘密〟を分かち合う仲となっていた。

「本当はこういう話はしちゃいけないのかもしれないけれど、長州さんの凄さを語るには外せないよね」

越中はそう前置きをして、当時の様子を語り始めた——。

「俺の右腕なり左腕になってもらわないと困る」

（昨日でシリーズ終わったんだから、もう息抜きしたいです。俺はリング以外のことを背負いた

くない。お願いですから、俺をこんなことに関わらせないでください）

越中は心の中で呟きながら、車のハンドルを握っていた。横須賀に住んでいた越中は、目黒にある長州の自宅に向かっていた。

頭の中に長州の顔が浮かんだ。

――それは狡いぞ、それは狡いぞ。俺にみんなやらせるのか。俺の右腕なり左腕になってもらわないと困る。

――お前もキャリアを積んでいるんだから、そういうわけにはいかないぞ。

長州の苦労を考えれば、とても自分は勘弁してくださいなんて言えないと、越中は溜息をついた。

越中は目黒で長州を乗せ、今度は新日本の事務所のある六本木を目指した。

会議室ではすでに永島勝司が待っていた。東京スポーツの記者だった永島は、八八年に新日本プロレスに中途入社し、渉外・企画宣伝部長となっていた。

「次のシリーズはだいたいこういう流れで」

長州と越中が席に着くと永島が紙を渡した。紙をじっと見つめる長州の顔が険しくなった。今日は長くなりそうだ。越中は暗い気持ちになった――。

「(一つのシリーズで）三十何試合やって、次の日の朝一〇時に会社に行かなければならないわけですよ。会社の営業なんかはチケットを売らなければならないので、こういうカードでやりますというのを一刻も早く知りたい。時間との闘いですよね」

こうした会議が存在することはほかのレスラーは知らない。そのため、越中は周りに愚痴をこぼすこともできなかった。

「永島が書いたものに長州さんが駄目と言うのが多かったですね。納得いくときは、顔色で分かるんです。ニコッとする。何を大切にしていたかというと、インパクト。試合のカードが発表になったときに、客がおっと思うことを凄く考えていたんじゃないですか。でもそれは考えても出てくるものじゃない。ぼくと永島なんか凡人だから、インパクトを出そうと会議室で二、三時間考えたこともありました。でもリキさんは一瞬。（自分たちが考えていた流れと）真逆にしたりしましたね」

当然、対戦カードの中には越中の名前もある。

「このシリーズは（目立つ）出番がないなってすぐに分かりますよ。そういう仕事をするようになってからは、たいがい出番はなかったです」

シリーズ途中でもカードを組み替えることがあった。

「当日になって、何かレスラーが気にくわないことをやったり、問題を起こしたりすると、〝あいつは駄目、外せ〟と。でも（組み替えるのは）そんなに簡単にいかないんですよ」

長州の現場監督時代は、東京ドーム、福岡ドームといった数万人収容可能なドーム興行を立て続けに開催していた時期と重なる。

ドーム興行は越中にとって精神的重圧を感じるものだった。

「武道館とか両国（国技館）とはまた違いますよね。ドームは化け物です。ドームを取って、客が半分だったら全部（自分たちの）責任になる」

　ドーム興行の準備は、ほかの大会と別にかなり前から始めることが多かった。

「札幌だったかな？　まだシリーズが二週間ぐらい残っているときでした。朝、ロビーに三人が集まって東京ドーム興行の叩き台を作らなければならない。でもその日、ぼくも試合なんですよ。札幌も大きな大会です。午前中はゆっくりしたいのに、取組表の入った鞄を持って、まず今日の試合はああだな、こうだなと話してから、ドーム（興行）の話をする。リングの上で軀を使って、さらに頭も使わないといけないので、休まるときがない。（マッチメークが）頭から離れないんです」

　そんな心中を長州から見透かされたのか、「自分（の力）は落とすなよ」と言われたことがある。

「ブッキングの仕事をしてますなんて、リングで一切出したらいけない。大変な仕事をしていますよなんて顔して上がったら終わりです。長州さんはブッキングなんかプロレスにありませんという感じだった。その凄さを感じた」

　越中は長州と一緒に食事に行く機会も多かった。長州の食欲は旺盛だった。

「リキさんと焼肉屋に行くと、二人でまずマッコリを飲んで、肉を一〇人前ぐらいずつ取る。まだ足りないっていうから頼む。長州さん、まだ食うんですかっていうぐらい。そういうときはプロレスの話は一切しない。馬鹿っ話ばかり」

　マッチメークは作家や脚本家、映画監督の仕事とよく似ている。物語、作品を最良のものとするためには、登場人物とは距離を置き、ときに冷酷にならなければならない。

「当然、人間関係はぐちゃぐちゃになるわけじゃないですか。いい扱いをされる選手はおーってなるし、そうでない選手は端っこの方で……（陰口を叩く）。当然、それは長州力の方に行きます。その負担をぼくが半分にしてあげられたか……」

越中は少し考えて、「それはなかなか難しかったですね」と呟くように言った。

「よく言っていたのは、みんな平等にチャンスはやるということ。絶対に長州さんはチャンスを与えています。ただ、それを摑む、摑まないかはそいつ（の力量）。例えば記者会見で頓珍漢《とんちんかん》なことを言って、客が離れたら見放される。ぼくから見ていても、誰かをかわいがっているというのはなかった。好き嫌いなし。それも立派だった」

人は一定の年齢になると、その性格、行動規範はどのような仕事をしているかによって定まってくるものだ。教師は教師然と、政治家は政治家然となる。この時期の長州は、近づきがたい空気をまとっていた。それは報道陣に対して、プロレスの秘密を握っている自分に余計な質問をするなという牽制であり、レスラーに対しては公平な立場を保つためだったろう。本来の長州は冗談好きで、気さくな男である。彼の不遜な態度は、仕事を遂行するための鎧《よろい》だったのかもしれない。

「ぼくがちょっと囓って大変なんだから。長州さんはがっちり囓っているんですよ、ぼくでも分かり得ない部分がまだあるんです。見ていれば（自分よりずっと）大変なことをやっているんだなと分かるんです。だから俺は疲れたから辞めさせてくれ、なんて言えない」

長州は「ドーム（興行）って発表が早かった。それが一番しんどかった」と話しているとぼくが言うと、越中は「へぇー」と大げさに驚いた。

「そんな風に言うようになったんですね。ぼくは長州さんからプレッシャーを感じるとか、弱音とか泣き言とか一切聞いたことがなかったですよ。

リングの中にはいろんな天才がいました。でもまったく違った仕事があって、それを（レスラーをやりながら）平気でこなしていたというのはあの人しかいないんです。側にいたことは自分の財産ですよ」

そして、こう付け加えた。

「他団体との交渉なんかも闘いなんですよ。その最前線の駆け引きで長州さんが負けたことは一回もないですから。それは凄いですよ。結局ねじ伏せますよ。Uインターのときもね」

UWFインターナショナルと新日本の全面対抗戦は、長州がしばしば現場監督として「プライドをかけてやった」とぼくに言っていた試合だった。

この対抗戦はさまざまな意味で、長州にとって大きな意義があったのだ――。

第十一章　消されたＵＷＦ

九五年一〇月九日、東京ドームにおけるＵＷＦインターナショナルとの全面対抗戦

平成の黄金時代

坂口社長、長州現場監督体制となってから新日本プロレスの経営は急速に好転した。

長州はドーム興行が新日本の財務体質を大きく変えたと考えている。

「ドームをこなせると収益がまったく変わってくる。テレビの放映権料も上がっていましたし。あの頃に（新日本プロレスは）ビルを造るべきでしたね」

八九年に坂口が新日本の社長を引き継いだときにあった一〇億円の借金は、一〇年足らずで完済した。

「坂口さんと二人で銀行に行ったことがあるんです。坂口さんが〝長州、今日で借金終わるぞ～、銀行、行くかぁ〟って。応接室に通されると〝これで全部終わりです〟。そこで坂口さんが冗談で〝次から違う銀行にします〟と言った。そうすると向こうは〝いやいや、少し残しましょう〟って。帰り道、坂口さんが〝銀行ってこういうもんだぜ〟と話したのを覚えています。坂口さんは（経理に）細かいから良かった」

そして、長州は「お前、ちょっと異常じゃやねぇのか、この経費は」と低く擦れた声を出して、坂口を真似た。

「いつもぼくは坂口さんに〝細かーい〟って文句を言っていた。文句を言っていたけど、あの人が一番まともでしたね。坂口さんはちょっと（ジャイアント）馬場さんに似ているところがあって、あのときはみんな人間関係がうまくいっていた」

その坂口は、長州が現場監督時代に面白いことを言ったのだと教えてくれた。

「新日本を作ったのは猪木さんですけれど、育てたのは坂口さんとぼくです、って。長州の名言だよ。長州はうまいこと言うなって」

俺は自分ではそんなことを言わないよと、坂口はハハハと大きな声で笑った。

「ドーム興行が成功。三銃士が出てきて、グッズが売れた。『闘魂ショップ』って俺が考えたんだよ。テレ朝の近くにアイスクリーム屋かなんかがあって、家賃を調べさせてよ。家賃二〇〇万だったっけな。最初は切符やTシャツを売って、家賃分ぐらいになればいいと思っていた。ファンの集まれる場所になるしね。そうしたら、両国の『G1クライマックス』のチケットを闘魂ショップで先行発売ってやったら徹夜で並ぶ人が出てきた。麻布署から怒られたんだよ。俺が〝いや〜、すいません〟って謝りに行ったんだけれどよ。切符の売り上げだけで四〇〇〇万とか五〇〇〇万あった」

この時期の新日本プロレスは派手な社員旅行でも知られていた。

「俺の方針は、儲かったらみんなでいい思いをしよう、金残して税金払ってもしょうがねぇじゃんって。ハワイに家族みんな連れて百何十人で行ったりよぉ。ゴルフコンペに優勝したら自動車一台だもの。ハワイは四、五年（連続で）行ったんじゃないかな。

仕事が終わったらみんなで飲みに行ったり、休みになったらゴルフに行ったり麻雀したり。俺はそういうのが好きだったから、選手とも社員とも会話っちゅうものができるよね。それで社長の考えがみんなに伝わった」

新日本が債務を完済した直後から、長州は新たな仕事を任されることになった。

長州がジャパンプロレスから戻る際、倍賞鉄夫を通じて猪木、坂口にある条件を付けていた。それはレスラーに対する査定である。ジャパンプロレスに移籍した一つの理由は、会社への貢献度が年俸へ正当に反映されないという不満だった。猪木がそれを受け入れたので、長州は新日本に役員として戻ったのだ。

ただし、査定は新日本の財政状況が立ち直った後に行なうと先送りされていた。社長を引き継いだ坂口はその約束を守ったのだ。

まず長州は坂口と交渉して、レスラーの年俸総額を決めた。その後、倍賞と共に一日三、四人ずつ面談した。

「坂口さんも気にしていて、三銃士が来る前の日には〝明日は大変だなぁ〟とか。〝あの金額（選手総額）を超えたらどうするんだぁ〟とか言っていましたね」

全レスラーの年俸交渉が終わった後、残った中から長州の年俸が決まったという。

「でも、残っていないわけですよ」

長州は大げさに渋面をつくった。

「あのときはみんないい思いをしたと思いますよ、間違いなく」

プロ野球などほかのプロスポーツと同じように、選手としての価値をきちんと評価し、その秩序の中でレスラーたちが個性を発揮するという、長州が望んだ形が出来上がっていた。

もっとも猪木が完全に新日本を手放したわけではなかった。九五年四月、北朝鮮の首都、平壌で猪木は『平和の祭典』と名付けたプロレス大会を開いている。社会主義国家でプロレスを見せようという発想は猪木らしい進取の精神に富むものだった。しかし、収益的には大きな赤字を生み出すことになった。

長州はその赤字の穴を埋める妙案を見つける。それは彼の耳元でうるさく飛び回る、不愉快な団体を叩きつぶすという一石二鳥の策でもあった。

挨拶しても反応がない

宮戸優光《ゆうこう》がはっきりとプロレスラーになろうと決めたのは、一九七五年一二月一一日、アントニオ猪木対ビル・ロビンソンの試合を蔵前国技館で観たときだ。

小学六年生だった宮戸は毎週金曜日夜に放映されるテレビ中継でプロレスの虜《とりこ》になっており、この試合をどうしても観たいと会場まで足を運んだのだ。試合の後、自宅のある神奈川県二宮町まで電車で帰る途中、震えるような興奮が続いていたことを覚えているという。

中学校に進学してからは、プロレスラーになるため柔道を始めた。二年生の夏休み、新日本プロレスの道場を見に行こうと思い立った。友だちと道場の前をうろうろしていると、レスラーが出てきた。荒川真（ドン荒川）という中堅レスラーだった。

「お前ら、中学生か？　これから巨人軍のグラウンドまで走るから、お前らも来い」

と声をかけられた。宮戸たちは気に入られたのか、道場での練習に参加させてもらい、風呂、食事までご馳走になった。このとき荒川と一緒にいた新弟子とはその後も付き合いが続いた。入門したばかりの前田明（現・日明）である。

その後、前田の紹介で、宮戸は新日本プロレスを辞めた佐山聡の内弟子となった。八四年、前田は新間の立ち上げたUWFに移籍した。八五年九月六日、宮戸もまたこのUWFでプロレスラーとしてデビューしている。

しかし、このときすでにUWFの経営は破綻していた。直後にUWFは新日本と業務提携を結び、前田たちは新日本に戻っている。宮戸も前田に付き添い、新日本と関わるようになった。

新日本には、かつて宮戸が憧れた猪木がいた。挨拶をすると、猪木は宮戸の顔を見て「はいっ」と短く応じた。ほかのレスラーはみな素っ気なかった。坂口は何も言わず首だけ動かし、藤波はちらりと目を合わすと「はい」と小さな声で答えた。

その後、ジャパンプロレスから新日本に戻ってきた長州は、最もつれない態度だった。

試合会場で宮戸が大きな声で挨拶をしても、なんの反応も示さない。まるで誰もいなかったかのように、表情に変化がなかった。一度、長州の顔が自分の方に間違いなく向いているときに挨拶をしたこともある。それでも長州の顔はぴくりとも動かなかった。

自分はまだデビューしたばかりの下っ端に過ぎない。挨拶を返す必要もないと思われているのだ。厳しい、怖いというイメージ通りの人なんだなと宮戸は思った。

新日本の中で、UWFのレスラーは複雑な立ち位置だったと宮戸は振り返る。

「提携は、プロレスに対する双方の〝思想〟〝考え〟の違いにはとりあえず目を瞑って、経済的な事情で手を結んだもの。UWFは、新日本をニセモノとまでは言わないにしても、自分たちが本物のプロレスだという打ち出し方をしていた。新日本側にはUWFへの敵対心、出戻りに対する反発心があった。一方、UWFの側も自分たちが本物と名乗ってしまっている以上、リングの上でそれを証明しなければならなかった。当然ぶつかりますよね」

リングの上でも控室でもUWFのレスラーたちは常に張り詰めた状態だった。その緊張が激しく弾けたのが、前述の八七年一一月一九日の六人タッグマッチだった。

リングサイドで試合を見ていた宮戸は、前田の蹴りが長州の顔面に入った瞬間、思わず「うわっ」と声を上げた。

「前田さんの強烈な蹴りをこめかみに受けてしまった。長州さんが振り向いた瞬間には顔が腫れ上がり始めていた。大丈夫かなと。それで立っていられる長州さんもさすがに凄いなと思いました」

試合が終わった後の控室でも、前田は「まだ向こうがやるっていうのならば、行ってやる」と興奮したままだったという。宮戸は高田たちと前田を押さえて車まで連れていった。

翌年の三月末、宮戸たちは新日本プロレスと契約更新をせず、前田が立ち上げた第二次UWFへ移っている。そのため、宮戸が新日本にいたのは約二年間という短い期間に過ぎない。その中でも長州には強烈な記憶があるという。

「場所は忘れてしまいましたけど、ある地方の会場でした。その日は満員になっていなかった。

七割ぐらいの客の入りだったかな。第一試合、第二試合と観客席は静かだった。ぼくは先輩の試合が終わって一緒に控室に戻るときに、ウオーミングアップしていた長州さんたちとすれ違ったんです。タッグマッチだったんでしょうね。長州さんがパートナーの誰かと話をしていた。〝おう、今日は客が死んでいるから、ゴングが鳴ったら最初からババッと飛ばしていくぞ〟みたいなことを言われていた。それを聞いたときに、そういうことなんだと、プロというのはその日の会場の空気を読んで出方、闘い方を変えるのかと。ただ試合をして勝てばいいっていうのではない。その瞬間、プロとして見えてなかった部分がぱっと照らされたような気がしたんです」

宮戸は控室に戻ったため、長州の試合は見ていない。ただその後、観客席の歓声が急に大きくなったことは分かった。会場の空気を長州が一気に変えたのだ。

Uインターの頭脳

九一年に第二次UWFが解散すると、宮戸は髙田延彦とUWFインターナショナル（以下、Uインター）を立ち上げている。

二〇〇七年に宮戸が上梓《じょうし》した著書は『U.W.F.最強の真実』、共に経営に携わっていた鈴木健の著書は『最強のプロレス団体UWFの真実――夢と1億円』。また、九三年に行なわれた大会名は『「最強」ザ・ルーツ・オブ・レスリング』『「最強」ザ・ファイト・オブ・チャンピオンズ』

といった具合に、Uインターは〝最強〟にこだわった団体だった。

最強というのは誰かが考えたキーワードだったのですかと訊ねると、宮戸は大きな目を見開いた。

「キーワードではない。我々のポリシー、魂です。プロレスが最強であるというのは、若手の頃から先輩に言われ続けてきたことです。ずっとそうやってきたわけですから」

宮戸たちが目指したのは、ビル・ロビンソンに代表される、関節技をはじめとする格闘技術、〝キャッチ・アズ・キャッチ・キャン〟に裏打ちされたプロレスだった。

宮戸はレスラーであったが、より才能を発揮したのは、裏方としての〝仕掛け〟だった。かつての新間とアントニオ猪木の関係のように、宮戸は高田を輝かせるために策を練った。

九一年一二月、高田は元WBC（世界ボクシング評議会）世界ヘビー級王者のトレバー・バービックと対戦し、勝利。バービックはモハメド・アリに勝利したことのある現役ボクサーだった。

この交渉も宮戸が中心となってまとめている。

当時の自分の考えを「敢えてほかと敵対することによって、緊張感をつくるという方法論」だったと宮戸は表現する。これは常に馬場の全日本を意識し、刺激してきた新日本の手法を想起させる。

この網に引っかかったのが、新日本プロレスの蝶野正洋だった。蝶野は九二年夏の『G1クライマックス』で優勝、NWA世界ヘビー級王者となった後、高田の名前を出したのだ。

『週刊ゴング』を引用する。

〈事の発端は本誌増刊『週刊ゴング・スペシャール・オータム号』に掲載された蝶野のインタビュー記事であった。その中で蝶野が高田との対戦を希望している箇所を要約してみる。

「俺は他団体と交流戦をやるんだったら高田さんとやってみたい。あの人はどういうレスリングをやっててもトップを取れる人だと思うし、世代的にも近い。高田さんがベルトを持っているんだったら、俺としたら統一戦をやったっていいと思っています」

あくまで〝交流戦が実現するのなら〟という仮定の下での話であるが〝統一戦〟という言葉は、やはり刺激的である。このフレーズは、高田とUWFインターを刺激するに十分であった。（中略）常に攻めの姿勢を崩そうとしないUWFインターはいち早く行動に出た。

10月26日、東京・渋谷の南平台会館で記者会見を行ない蝶野への対戦要望をぶち上げたのである。ただし、会見の内容は非常に紳士的なものであった。

「蝶野さんの勇気ある発言に対して敬服しています。新日本サイドはいろいろ問題もあるんでしょうが、ウチはしがらみも何もない団体ですから、新日本のリングで新日本の興行で、そしてまた、我々はプロレス界のために心から思っていますので、金銭的な面でのこちらからの条件というのは、まったくございません」

と宮戸取締役が、まずUWFインターの姿勢を明らかにした。（中略）

さらに同席したルー・テーズも「ミスター・サカグチは彼がプロレスを始めた頃からの友人ですし、私の行動も理解してくれるものと思っています」とUWFインターの行動をバックアップする姿勢を見せた。そして記者会見終了後、ＵＷＦインターは思いもよらぬ行動に出た。会見を終えたその足で、テーズが新日プロ事務所を訪問するというのだ。新日サイドに連絡を入れていないため、いわば抜き打ちであるが「これは殴り込みではないですし、坂口さんがいらっしゃらなくても、しかるべき人に渡せれば…」と宮戸。結局、多数の報道陣を引き連れる形で、テーズと鈴木健取締役が〝対戦要望書〟を携えて東京・六本木の新日プロ事務所を訪れた〉（『週刊ゴング』九二年一一月一九日号）

社長の坂口はアメリカに出かけており不在だった。代わりに取締役だった倍賞が対戦要望書を受け取っている。

この行動を宮戸はこう説明する。

「ルー・テーズさんのところで蝶野さんも修行していた。そのテーズさんの弟子同士で試合をやろうじゃないかと。もちろん新日にはなんの連絡もなしに行きましたよ。だって、蝶野さんだってうちになんの連絡もなく発言したわけでしょ。うちとしては反応しないわけにはいかなかった。ファンからすれば〝蝶野がやると言っているのに、髙田はどうして黙っているんだ〟という話になる。記者を連れていったのは、表でやらないと消されちゃうからです。蝶野さん、あなたは素晴らしい、我々と同じ考えである、ルー・テーズも実現に向けて全面協力しますと」

三日後の一〇月二九日、新日本は記者会見を開いている。これは一一月末に両国国技館で行なわれる大会の対戦カード発表のためだった。その席上で倍賞はＵインターからの対戦の申し出を受ける、近日中に高田と話し合いを持ちたいと語った。

ただし、新日本がUインターに連絡を入れると、宮戸たちは不在だったという。二七日から社員旅行でグアムに出かけていたのだ。宮戸たちが日本に戻ったのは三一日夜のことだった。

そして、一一月六日に新日本プロレスの事務所で両団体の話し合いを行なっている。出席したのは、新日本側から長州、倍賞、永島、そしてマサ斎藤の四人。Uインター側は、宮戸、安生洋二、鈴木の三人である。

出席者の一人、鈴木の回想を引用する。


〈その会談でのこちら側からの提示はこういうものだった。

「新日本さんのリングでかまわないし、ルールも任せますし、ノーギャラでもいいです」

すべてお任せでかまわないという内容だった。

「そちらの選手が『やりたい』って誌面で言ったんですから。こちらはそれに対して逃げる気はないから、やりましょうよ」

そういうふうにストレートに話をしたわけだ。ところが新日本側の回答は予想に反したものだった。

「いいよ、じゃあやろう。巌流島で3対3でやろう。そっちは高田とあとふたり出せ。その試合でそっちが勝ったら蝶野とやらせる。その代わり、リスク料として3000万出せ」

話し合いの中で、長州さんか永島さんがそう言い出した。蝶野は3対3のメンバーには入っていない。要するに巌流島の試合メンバーが闘って蝶野への挑戦権を獲得するということで、そのために3000万を出せっていうことだった〉(『最強のプロレス団体UWFインターの真実——夢と1億円』鈴木健著)

この会議の間、条件が書かれた紙を見ながら、どうすれば試合を実現させられるかと宮戸は思いを巡らせたという。

「長い会議でしたよ。二、三時間はあった。沈黙が結構長かったんです。でも新日が出してきた条件ではどうにもならなかった。こちらから何度も言ったのは、髙田さんは挑戦者ではないということ。蝶野さんが発言したのだから、こちらは受けてやってもいいという立場です。しかし新日は髙田さんを挑戦者として扱ってきた。向こうが話をすり替えたので、こちらもこう嫌らしい言い方をしたんです」

そこまでいろいろと条件を出すなんて、自分のところのチャンピオンにそんなに自信がないんですかと挑発したんですと、宮戸はフフフフと高い笑い声を出した。

この日、宮戸たちは持ち帰って対応しますと答えて、新日本を後にした。帰り際、この条件は一切報道陣へ公開しないようにと新日本側から釘を刺された。

しかし——。

「Uインターは返事ができなかった、尻尾を巻いて帰ったと(新日本サイドが)囲み取材で言ってしまったんです。そこでぼくたちは、皆さんこんな条件で返事できますかと公開しちゃった。

そうしたら今度は向こうが、約束が守れない、信用できない奴らだと怒った。でも実は約束を守らなかったのは向こうなんです」

話し合いの三日後の一一月九日、Uインターは記者会見を開き、新日本から提示された条件を公開した。そして髙田と蝶野の試合は実現せず、双方に因縁を残した。

その約一年半後、宮戸は長州をさらに激怒させる。

あいつが死んだら墓にクソぶっかけてやる

きっかけは池田というUインターの若手営業部員の一言だったという。

〈「よくテニスとかいろんなスポーツで、特別招待選手とかってあるじゃないですか。ああいうのって、プロレス界はできないんですか？」と純粋にそのアイディアをぶつけてきた。

私は「う〜ん……この業界じゃ難しいな〜。正直言ってできないな……」と喉元まで出かかったのだが、純粋にそう言ってくる池田の発想というのはある意味、Uインターで育ったからこそ出てきた純粋な発想なのかなと思った。

そう感じた瞬間に「それはこの業界ではできないな」とは言えなくなってしまった。

そこで私が「そうか。それ、できると思う？」と聞き返すと、「できるんじゃないですか」と

〝なぜ、そんなことを聞くのか〟というニュアンスで答えてくる。

今度は私が「どうやってやれば、できると思う?」と聞くと、「いろんなスポーツでやれているわけですから、きちんとしたギャランティーと賞金と、キチッとした招待状を書けば、それはできるんじゃないですか」と、正論を言う〉(『U.W.F.最強の真実』宮戸優光著)

宮戸はこの若手営業部員の提案を採用した。

九四年二月一五日、Uインターは記者会見を開き、四月に賞金一億円の『プロレスリング・ワールドトーナメント』を開催すると発表した。テーブルの上に現金一億円の札束を積み重ね、他団体のトップレスラーへの招待状を披露した。招待状の宛先は、新日本の橋本真也、全日本の三沢光晴、WARの天龍源一郎、リングスの前田日明、そしてパンクラスの船木誠勝《まさかつ》の五人である。

賞金の金額は、新日本との交渉で出された三〇〇〇万円を一つの基準にしたのだと宮戸は明かした。

「蝶野さんのときにリスク料として三〇〇〇万円って言われたでしょ? その三倍以上の額だから問題はないだろうという計算があったんです。さらにファイトマネーを一人一試合一〇〇〇万は覚悟していました」

この記者会見の様子を報じた『週刊プロレス』は一億円を前に招待状を持った鈴木の写真を表紙に掲載し、〈夢と一億円〉〈Uインターがまたやってくれた!〉と大きく書いた。

一億円という金額、招待状を出すという前例のない手法ばかりが注目され、過剰な拒否反応が起きたと宮戸は振り返る。

「要はまたあいつらが業界の秩序を乱した。根回しなしで札びらで頬を叩くみたいなやり方に受け取られた」

天龍は〈レスラーとしてその趣旨には賛成だが、年内のスケジュールもすでに決まっているし、もしそのトーナメントをやるなら各団体が持ち回りでやるなど問題となることがあって、今回は出場は断念する〉と返答。前田はこの大会への参加を拒否、代案としてリングスとの対抗戦を提案した。

宮戸はあくまでもこの大会はUインターが主催する大会であり、ほかの団体から方式について口を挟まれる筋合いはないと突っぱねた。

「できないと分かっているからパフォーマンスでこうした大会をやると言い出したんだという記者、レスラー、そして団体もありました。ぼくはこう返したんです。じゃあ、そちらの団体がやってくださいと。試しに招待状を出して一億円並べてみてください。Uインターは間違いなく出ますからと。そうしたら黙っちゃった。プロレスにおいて、もし一人でも二人でも出場するという選手が出てきたら、もうやるしかないんです。ましてや一億円ですから、こんなことハッタリでできませんよ」

結局、どのレスラーも招待には応じなかった。

こうした動きは長州を刺激した。三月一六日の東京体育館での試合後、長州は報道陣に怒りをぶちまけた。

〈では、長州の発言を忠実に再現してみよう。

「全日と、天龍の所とどうのこうの？　フザけんな、てめぇら。まえに蝶野のとき、てめぇら（挑戦状）出したきり、（対戦を）やるかやらないか、てめぇらグアム行って連絡もつかないような状況にしやがって。フザけんなって、ホントに。ああ。宮戸だろうが安生だろうが、そんなんだったら（出場要請を）持って会社来いって。てめぇらが好きなマスコミのガードマンいっぱい連れて来いって！

何をフザけやがる。何がルールだ、このクソバカヤロども、ホントに。

あのときだってオレは、対戦要請を受けて5対5で先にやってから、蝶野に挑戦しろっていったら、これはできませんって言ったのはてめぇらじゃない、コノヤロー。

アキラ（前田）の所も対戦要望をそういう形（7対7）で出したのに、なんでそれを飲めねぇんだ。てめぇらに金もうけさすことは、やりゃあしない。みんな首吊って死ね。あのヤローがくたばって墓建ったら、オレはクソぶっかけてやるって書いていいから。書いとけ、ホントに。恥さらしが…。（後略）」〉（『週刊プロレス』九四年四月五日号）

墓を建てたら糞をぶっかけるとは穏やかではない。この発言を耳にしたとき、どういう気持ちだったんですか、と宮戸に訊ねると、「それは正直言って気持ち良くはないですよ」と苦笑いした。

「でもそれが当時の自分の仕事でしたから、それで暗くなるような精神構造ではないです。矢では矢で返すというか、そういうやり方でしたね。敵の大将格、長州力が本気で怒っているというのはある種の快感でもありました。敵はたくさんつくりました。業界的には完璧な、本当のヒールになっていたと思います。ただ、そういう団体だったからこそ熱狂的なファンもついてくれた」

新日本のとき目も合わせてくれなかった長州さんがそこまで反応してくれたのですから、と宮戸は背筋を伸ばした。

ただ、と続けた。

「Uインターの掲げた看板の重さに、みんな参ってきていましたね。最強を名乗っている以上、蝶野さんが髙田さんとやりたいと言えば行かなきゃならない。ヒクソンが出てきたら、行かなきゃならない」

Uインターの躓きは、このヒクソン・グレイシーから始まったと宮戸は考えている。

ヒクソン・グレイシー

宮戸がヒクソン・グレイシーの存在を知ったのは、九三年一一月のことだ。

アルティメット・ファイティング・チャンピオンシップ（UFC）の第一回大会がコロラド州デンバーで行なわれた。ホイス・グレイシーは準決勝でケン・シャムロック、決勝でジェラルド・ゴルドーを破り優勝した。特にシャムロックは同年九月に旗揚げしたパンクラスの試合で看板選手だった船木を破っており、その強さは知られていた。ホイスは優勝した後、自分よりも兄、ヒクソンの方が一〇倍強いと発言した。ヒクソン、そして彼らのグレイシー柔術への興味が日本でも一気に高まったのだ。

Uインターがこの発言を無視することはなく、宮戸はすぐにヒクソンと交渉を始めた。ところが、一筋縄ではいかない相手だった。

格闘技の勝敗は、どのようなルールで行なうかに大きく左右される。交渉はまずルールの擦り合わせから始まった。なんとかルールを詰めると、今度はファイトマネーの話になった。ファイトマネーを片付けると、今度は違った条件を持ち出してきた。宮戸はヒクソンが試合を避けようとしていると確信するようになった。

「ここで逃がすわけにはいかない。あぶり出すしかないなということで、リングの上で〝グレイシーと交渉しているが、彼らが逃げている〟という発表をしたんです。少々強引なやり方でしたが、そこまでやるしかないというのが〝最強〟を掲げていたあの時点での我々の状況でした」

宮戸は当時を振り返る。

九四年一〇月八日、日本武道館で行なわれたUインターの大会でリングに上がった取締役の鈴木は観客に向けてこう話した。

「私どもはプロレスが最強の格闘技であることを信じております。ですから、ヒクソン・グレイシーなる選手とグレイシー柔術なる格闘技に挑戦し、格闘技最強はプロレスリングであることを証明したいと思います」

さらに、一一月一〇日、再び日本武道館で行なわれた大会では「安生をグレイシー潰しのヒットマンとして正式に送り込むことにしました」と鈴木は畳みかけた。

〝ヒットマン〟に指名された安生洋二は一九六七年生まれ、宮戸より四つ年下に当たる。高校を卒業後、第一次UWFに入門。宮戸と同様に新日本プロレスから第二次UWFへ移っている。その後、Uインターを宮戸と一緒に立ち上げた。二人はいわば盟友という関係だった。

宮戸は安生の格闘家としての力量は買っていたが、ヒクソンの道場に送ることには慎重だったという。

「彼が〝ヒクソンには二〇〇パーセント勝てる〟と公言していた以上、何らかの行動は起こさなければならなかった。道場に押しかけていくのは、衆人環視の試合とは事情が違う。道場の中に入れば、何が起こるか分からない。ましてや、アメリカ。殺される可能性もあるでしょう。そこで、一五人ほどで乗り込んでいくのはどうかと提案しました」

ヒクソンは強いとしても、彼の道場はあくまでも町道場であり、それほど多くの力のある格闘家がいるとは思えない。ゲーリー・オブライトやダン・スバーンらアメリカ人レスラーを含めた一五人程度で乗り込むことを宮戸は考えていたという。万が一乱闘になっても一五人いれば負かすことができると踏んでいたのだ。慎重な宮戸らしい策だった。

そんなとき、宮戸は鈴木からUインターの経営が危機的であると聞かされた。

鈴木はもともと、世田谷区用賀で文房具店を経営していた。店の近くに髙田が引っ越してきたことから付き合いが始まり、やがて髙田のファンクラブの運営を任されるようになった。Uインターの立ち上げの際には、会社経営の経験があるということで取締役になっていた。

Uインターの社長は髙田であったが、実務には関わっていない。宮戸や安生が現場の責任者であるとすれば、経営の責任者が鈴木だった。

宮戸は経営が危ないとはにわかに信じられなかった。武道館のような大きな会場でも客の入りは悪くなかった。Uインターは根強い支持者を摑んでいるという手応えがあったのだ。

頭の中に浮かんだのは、第二次UWFのことだった。第二次UWFは前田が立ち上げた団体だった。ところが、経理が不透明だと感じた前田と経営陣が対立、空中分解していた。またか、と宮戸は力が抜ける思いだったという。

そしてヒクソンの道場への〝殴り込み〟についても、経費節減のため安生一人で行ってほしいとも鈴木は言った。ニュージーランドで育った安生は英語が堪能だった。安生も宮戸が出した一五人での〝殴り込み案〟を蹴り、一人でも構わない、むしろ、足手まといになるので自分だけで十分だと言い張った。

出発前、宮戸は安生にこう釘を刺したという。

「とにかく軽率に動かず、二週間のスタンスを持っていってほしい。ヒクソンの道場へは、笹崎さん、そしてマスコミを必ず連れていくこと」

元新日本プロレスの笹崎伸司はアメリカでUインターの外国人レスラー招聘を担当していた。報道陣を連れていけば、ヒクソンたちも乱暴なことはできないだろう。対戦要望書を持って新日本プロレスに向かったときと同じだ。

宮戸の考えでは、最初の一週間で時差に慣れ、コンディションを整える。その上で日本と連絡を取り合って、どう動くか決める。必ずしもヒクソンの道場で彼と闘う必要はない――。

しかし、安生の行動は約束とは違っていた。

惨敗

そろそろロサンゼルスに着いただろうかと、宮戸が時計を見ていると電話が鳴った。

「やられました」

安生の声は弱々しかった。その声で宮戸はすぐに事態を把握した。ヒクソンの道場に行き、徹底的に痛めつけられたのだという。一体どういうことなんだ、連絡なしで行動はないだろう――怒鳴りたい気持ちを必死で押さえた。

直後に発売されたプロレス専門誌には、血塗れになった安生の写真が大写しになって掲載されている。ヒクソンはマウントポジションから顔面に拳をたたき込み、胴締めスリーパーホールドで安生を失神させていた。

あとから、飛行機に搭乗する直前、安生が朝四時までフィリピンパブで飲んでいたことを知った。そして、ロサンゼルスに到着後すぐにヒクソンの道場に向かっていたのだ。

「あれが一番大きかったです。それまでは最強のイメージを守って、ファンの期待に応えて頑張っていたと思います。その守っていた看板にヒクソンの件で泥を塗ってしまった」

宮戸はこの一件でUインターの内部に亀裂が入り始めたと感じていた。

「精神で繋がっていた人間たちが離れ始めた。フロント内部のお金の流れを含め、以前からあった漠然とした不信感がはっきりとした形となって表に出てくるようになった」

安生は『安生洋二　200パーセントの真実』という本を出している。それには「ヒクソンに二〇〇パーセント勝てる」と発言したのは宮戸の指示であったと書いている。また、ロサンゼルスには当然、宮戸も一緒に行くべきだ、一人で行くと言い出したのは、宮戸の度胸を試すつもりだったと。出発前、恐怖心を抑えるためフィリピンパブに行ったのは事実だが、薄いウーロンハイを一杯程度飲んだだけだったという。

ロサンゼルス到着後、軀を休めていると報道陣から「ヒクソンが待っている」と起こされ、彼の道場に向かうことになった。そのとき、ヒクソンと試合する気持ちは半々だった。日本で試合をした方が金を稼げると説得したのだが、応じなかったため五〇人もの道場生に囲まれた中で試合をすることになった――。

宮戸と安生はお互いに冷え切った気持ちを隠しながら、指先だけで辛うじて繋がっていたような状態だったろう。そして、その指先は九五年六月に離れた。

高田が両国国技館での大会で突然、引退宣言をしたのだ。宮戸はまったく引退について聞かされていなかった。

以前から高田が参議院議員選挙に出るという噂はあった。高田を現役引退させて出馬するという道筋を作っていた男たちがいたのだ。

鈴木の著書を引用する。

〈結果的に宮戸ちゃんがUWFインターを辞める引き金になってしまった高田さんの参議院選出馬は、元巨人軍監督の川上哲治さんからウチに話がきて、「絶対に当選させるから」という話を聞かされて動いたことだった。

前述したように、私が高田さんを説得しようと思って、それで私ひとりでは無理だから安ちゃんにも協力してもらうことにした。

（中略）

でも高田さんはギリギリまで嫌がっていた。逆に私や安ちゃんは周りの人たちにすっかり洗脳されていたから、「絶対に当選する」ってことを信じていたんだけれどもね。結局、高田さんが出馬を決心してくれたのは、さわやか新党が最初の結党の記者会見を開く1時間前だったからね。本当にギリギリだったんだ〉（『最強のプロレス団体UWFインターの真実——夢と1億円』）

安ちゃんとは安生のことだ。

七月二三日、第一七回参議院選挙が行なわれ、高田が代表となったさわやか新党は一議席も獲れなかった。惨敗である。

さらに――。

この『最強のプロレス団体UWFインターの真実――夢と1億円』には、鈴木がこの選挙期間中にUインターの若手選手と新日本の若手選手で試合をさせることを思いついたと書いている。選挙事務所から新日本に連絡、すぐに六本木にある全日空ホテルで、永島、そして倍賞と話し合うことになったという。

〈話の途中で向こうが突然聞いてきた。

「宮戸は?」

「いや、もうウチにはいませんよ」

「もう戻ってくることはないの?　宮戸が絡む話ならば、ウチはやらないよ」

「いえ、戻ってくることは絶対にありません」

そんな話になって、宮戸ちゃんのことはとにかくしつこく確認してきた。

それは長州さんが宮戸ちゃんのことを大嫌いだったっていうのがあったから。それと「宮戸はUWFの頭脳だ」というのを知っていたからだろう。「宮戸がいなければ、UWFは切り崩しやすい」って思ったんじゃないだろうか。

結局、その時の話し合いは最終的に向こうが「一度、持ち帰って長州とも話してみるよ」っていうことになったんだけれども、その日の夜にはもう電話がかかってきた。「若手とか言っていないで、トップから若手まで全部出して、東京ドームでやろう！　もう押さえたから。全面対抗戦でやろう。すぐにやろう！」

その日のうちに、そこまで話が進んでしまった〉

対抗戦の実施は、長州と髙田が電話で直接話をするという形で報道陣に公表された。八月二四日、新日本とUインターはそれぞれの本社で午後二時から記者会見を行なっていた。新日本は長州一人。Uインターは、髙田、安生、そして鈴木の三人。もちろん宮戸はいない。

〈（前略）長州は、同時刻から始まっていたUインターの会見の模様を気にしている様子だった。「髙田本人がそのつもりならばウチはいいぞ」とズバリ。会見中に髙田の発言を確認していたが、前向きのモノはないと判断。いったん会見は打ち切られた。

ところが、一本の電話から、それこそ事態は急展開した。本紙記者同士の情報交換から、長州と髙田の直接電話会談が実現したのだ。

何やら話し込んでいた長州は突然「よし、やるぞ。逃がさんぞ」と大声を張り上げると、受話器を置いた。そして、営業部員に「空いている会場を探してくれ」と指示。報道陣を集めると「髙田がやると明言した。もう逃がさない。潰してやる。全面対抗戦だ」と宣言した。

そこに「10月9日、東京ドームが空いています」との報告が届いた。新日プロとUインターの試合日程を確かめ「よし、押さえろ」と即断した。

そして「10・9東京ドームで全面対抗戦だ。全部シングルマッチ。ルールや対戦相手、日程……逃げ口上は許さん。ウチはやりたい人間を全部出す。向こうも全員で来い」と高ぶる気持ちをそのまま報道陣に熱く語った〉（「東京スポーツ」八月二六日付）

高田の引退宣言以降、宮戸が道場や事務所に行くことはほとんどなかった。それでも宮戸は新日本との対抗戦の話を聞いて、いても立ってもいられなくなった。対抗戦の経緯、詳細を調べて、Uインターにとっていい結果にならないと確信したのだ。そこで宮戸は安生を呼び出して話をすることにした。

Uインターが対抗戦を行なう最大、そして唯一の理由は金である。金につられて動いていれば、必ず足元を見られる。対抗戦はUインターの命取りになる可能性があると宮戸は言った。

しかし、安生は「そんなことでUインターは潰れない。俺はUインターを生かすためにやるんだ」と取り合わなかった。そこで宮戸は若手レスラーを集めて話をしたが、自分の言葉が響いていないことに気がついた。

身を引く時期が来たのだと悟った宮戸は、自分は辞めると鈴木に告げた。

Uインターに辞表は書いたんですか、というぼくの質問に宮戸は首を振った。

「辞表を出すというのもおかしな話じゃないですか？　（第二次）UWFで前田（日明）さんと揉めてまで自分が作った会社なんですから」

九月六日、『新日本プロレスvsUWFインターナショナル全面戦争』の対戦カードが発表された。その中には宮戸の名前もあり、蝶野と対戦することになっていた。出場するはずのない宮戸の名前をわざわざ入れたのは、長州の意趣返しだったろう。

九月二三日、横浜アリーナ大会で、長州、永田裕志対安生洋二、中野龍雄の試合が前哨戦として行なわれた。この試合は中野が永田を押さえて勝利した。そして一〇月九日、東京ドームで新日本とUインターの全面対抗戦を迎えた。

全面対抗戦

この夜、宮戸はUインターの道場に向かっている。最後に一度だけ道場で練習をしたいと思ったのだ。

一人で軀を動かしていると、扉が開く音がした。宮戸が顔を上げると田村潔司《きよし》が立っていた。田村は第二次UWFで入門してきたレスラーである。田村は宮戸の心残りの一人だった。新日本との対抗戦に宮戸が反対したのは田村のような将来ある若い選手が育っていたからだ。彼らを生かす団体にすれば生き残りは可能である。そう思った宮戸は新日本との全面対抗戦について話をしたいと若手レスラーを集めた際、田村の顔を覗き込んでいる。彼は複雑な表情をしていたが、声を上げることはなかった。

その後、田村は対抗戦のリングに上がることを拒否していた。道場で宮戸と田村は二人で練習をした。

「今、東京ドームでやっているんだね」

宮戸が田村に話しかけた。田村は頷いただけで、それ以上話は続かなかった。もともと田村とは特別に親しいという関係ではなかった。それどころか会社の方針を無視して自分のやり方を貫く彼に手を焼いていたほどだ。二時間程練習した後、一緒に食事をして帰った。

その後しばらく、宮戸はプロレス界から距離を置いている。そして、九九年四月、杉並区高円寺、環状七号線沿いに、ビル・ロビンソンと共に「U.W.F.スネークピットジャパン」というキャッチ・アズ・キャッチ・キャンを教えるジムを開設した。

宮戸には高円寺駅の改札で待ち合わせして、近くの喫茶店で話を聞いた。現役時代と比べると筋肉が落ち、骨張った軀をしていた。少し伸びた角刈りに、大きな目。その目つきは真っすぐで、自らの信じることを貫く頑なさを感じた。

田村とどんな話をしたのかは、あまり覚えていないと首を振った。

「Uインターはどうなっていくんだろうという話はしたかもしれませんね。ぼくがUWFで前田さんとぶつかり、みんなと苦労して築いたUインターとの決別でした。そんな思いのない人がUインターという財産を一夜で処理した、金に換えたんだとぼくは思っています。それで一体いくらになったのかはぼくは知りません。魂売ってどれぐらいになったんだよという虚しさを感じた夜でしたね」

　この対抗戦はチケット発売と同時に完売となった。当日は立ち見席を開放、二〇〇〇枚の当日券を用意することになった、雨の中、前夜から東京ドームの周りには行列ができ、当日券は四五分で売り切れた。新日本の発表によると、入場者数は六万七〇〇〇人。これまでの東京ドームのすべてのイベントの動員記録を塗り替えた。

　メインイベントは、ＩＷＧＰヘビー級タイトルをかけた武藤敬司と髙田との試合だった。一六分一六秒、武藤が髙田を足４の字固めで破っている。

　この技について宮戸は「自分たちとは思想の違ういわゆる伝統的なプロレスの技だった」と評する。宮戸は髙田の強さに心酔していた。誰よりも強いと信じていたからこそ、髙田をもっと輝かせたいと考えていたのだ。その髙田が新日本のリングで負けた。対抗戦の結果は、新日本の五勝三敗で終わった。

　長州は第五試合で安生と対戦している。試合開始前、テーマ曲である「パワーホール」が流れ、黒く日焼けした長州はいつにもましてむすっとした顔でリングに上がった。軽やかに動き回る安生の技を受けても長州は顔色を変えることなく、淡々と試合を続けた。四分四五秒、長州はラリアットで安生を倒し、サソリ固めで勝利した。わざわざ力の差を見せつけるかのような試合運びだった。

　試合後、「長州さん、キレましたか?」と訊ねられ、「キレちゃいないよ」と返した。安生は、自分が本気を出す相手ではないという口ぶりだった。

大会の直後、『週刊プロレス』が緊急増刊号を発売している。表紙には長州が口を開けて吠える写真と「U城・陥落」と書かれていた。

Uインターの経営が苦しかったのは事実だろう。その立て直しのために新日本と対抗戦を行なったことは、経営判断としては間違いではなかったかもしれない。しかし、その後のUインターは急速に色褪せていった。新日本に養分を吸い取られたかのように、花が散り葉が落ちて幹が萎《しぼ》み、そして枯れた。全面対抗戦の約一年二ヶ月後の九六年一二月二七日の大会で解散している。

「一〇・九が行なわれるとき、ぼくはそれが魂を売る行為だから、どういう結果になるかというのは分かっていました。単なる新日との勝敗そのものではないんです。そのことをみんなに話したけれど通じなかった。時代の流れの前には正論も通らないいんだと。そのときにぼくのUインターでの役割は終わったと悟りました」

長州に現場監督時代のことを訊くと、必ずUインターとの対抗戦の話になるのだと、ぼくは宮戸に伝えた。すると彼は、そうでしょうねと深く頷いた。

「それまで長州さんやUインターがやってきた本気、それぞれの思想のぶつかり、思いがあってこそ東京ドームの成功があった。新日本からしてみれば、Uインターは信用できない相手だった。その中で急転直下で実現した。その背景にはぼくが外されていたということもある。それも含めて新日本側の作戦の勝利ですね。最高の熱気の中で最高の結果で終わらせた。ただし、Uインターを潰すために、プロレスにあるべき強さそのものまで斬り捨ててしまったという感じがするんですよ」

ルー・テーズ、ビル・ロビンソン、ダニー・ホッジといった昔のレスラーを引っ張り出し、〝シュート〟の強さを前面に押し出すUインターは、長州にしてみれば、かつて自分を悩ませた亡霊に出会ったようなものだったのかもしれない。自分は仕事としてプロレスを受け入れている。どうしてまたシュートを打ち出すのだと。だからこそ、徹底的に潰そうとした——。

ぼくの考えを言うと、宮戸は喫茶店にいたほかの客が振り向くような大声でハハハと笑った。

「そうかもしれませんね。これまでのすべての鬱憤をあの日、怨念の一撃で叩き切った。それだけUインターに煩わされ、面倒をかけられた。Uインターのような奴らがもう出てこないように、根本まで切りたくなるのは分かる。でも切りすぎですよ。Uインターという団体だけでなく、プロレスの本質、その根っこまでぶった切ってしまった」

この対抗戦は長州の現場監督としての頂点だった。そして、頂点を過ぎれば坂を下るのは理の当然だったろう。

第十二章　アントニオ猪木と大仁田厚

二〇〇〇年七月、大仁田厚との電流爆破デスマッチで現役復帰

格闘技ブーム

一人の強い思い込みが、時代の欲求と合致して大きなうねりを起こすことが、ごく稀《まれ》にある。九〇年代半ばの石井和義はまさにそうした存在だったろう。石井は五三年に愛媛県で生まれた。六九年、極真会館芦原道場宇和島支部に入門。八〇年に大阪へ出て、新日本空手道連盟を設立している。後にこれが正道会館となる。

石井は空手をどのように世間に認めさせるか、商売にするかをいつも考えている男だった。もっとも、そんな風に夢を抱えている、陽の当たらない競技関係者は石のように転がっている。石井がそうした人間と違っていたのは、彼に商才があり、時代の要請を汲み取る力があったことだ。

石井は九一年一二月から、前田日明が立ち上げていたリングスと提携し佐竹雅昭ら正道会館の選手を参戦させていた。そして、大きな一歩を踏み出したのは、九三年四月三〇日のことだった。

フジテレビの『LIVE UFO』というイベントで『K―1 GRAND PRIX'93』という空手、キックボクシング、カンフーなど頭文字が「K」の格闘技の選手を集めて、世界一を決定するという大会を開催した。ヘビー級の選手によるキックボクシングに近いルールは一般の人々に分かりやすいものだったこともあるだろう、チケット一万二〇〇〇枚は完売、フジテレビが深夜二時半に放送した番組の視聴率は三・一パーセントという、深夜では異例の数字となった。

K―1はテレビ局との蜜月関係の果実でもあった。フジテレビは、スポーツ局のほか、営業、事業、宣伝、編成などの部署を集めて、K―1のため格闘技委員会という内部組織を作っている。フジテレビが大会を主催、スポンサー集め、チケット販売までを担い、宣伝のためバラエティー番組に選手を出演させた。このとき、地上波のテレビは絶大な力を保っていた。アンディ・フグ、ピーター・アーツたちはテレビコマーシャルにまで起用されるようになり、その顔は格闘技に縁のない人間にまで知られるようになった。この仕組みを、系列局の名古屋の東海テレビ、大阪の関西テレビでも踏襲し、九七年には東京、大阪、名古屋の三大ドームで興行を行ない、成功させている。

K―1が始まったこの九三年、アメリカで総合格闘技団体のUFC、日本ではパンクラスが旗揚げしている。さらに九七年にはPRIDEも加わった。

この背景には、旧来のプロレスに飽き足らず、シューティング（現・修斗）を設立した佐山聡、リングスの前田日明、Uインターの髙田延彦といった新日本プロレス出身者たちが格闘技の受け入れられる土壌を作っていたこともあったろう。

ただ、長州はこうした格闘技と距離を置いていた。

「格闘技系、シュート系というのは年に三、四回しかできないんです。マスコミはたくさんできないところでプロレスとの違いを出そうとしていましたね。まあ、そこのところは……（新日本には）テレビ朝日がしっかりついているし、ぼくらが関わることでプラスになることはない」

K―1、PRIDEはプロレスのように毎日試合することは不可能だ。興行としては、プロレスの方が永続性があると長州は確信していた。

「ぼくたちは何年もかけて高い波に乗るわけですよ。格闘技というのはその瞬間。誰が波に乗るかというのは、ファンが望もうが望むまいが……（関係ない）。格闘技（ブーム）というのは長く持たないとぼくは思っていましたしね。（総合格闘技は）瞬間だけのビジネスで、将来的なものを（どう）構築していくか、ぼくには見えなかった」

こうした理解は、プロレスを仕事として咀嚼《そしゃく》してきた長州ならではの直感だったろう。自信の裏付けになっていたのは、坂口社長、長州現場監督体制の新日本プロレスの経営が順調だったことだ。しかし、幸福な時間は永遠に続かないものだ――。

長州は坂口の経営者としての手腕を評価した後、こう呟いたことがある。

「坂口さんでさえ、あの人をコントロールできなかった」

あの人とはもちろん、会長であるアントニオ猪木だ。

猪木は、九五年七月の参議院選で落選しており、再びプロレスに近寄っていた。自分が離れている間に、新日本が輝きを取り戻していたことは猪木にとって複雑な思いだったはずだ。そして、それを看過する男ではなかった。

小川直也対橋本真也のセメントマッチ

九八年は新日本にとって一つの時代が幕を下ろしたことを象徴する年になった。一月四日に長州が、そしてその三ヶ月後の四月四日に猪木が引退したのだ。

新日本時代、付き合いの深かった大塚直樹は猪木の行動規範をこう教えてくれたことがある。

「猪木さんは、一般紙の朝刊に載るためにやっているんです。いいニュースでも悪いニュースでもいい。猪木さんにとっては、朝刊に載ることが市民権を得ることなんです。モハメド・アリと試合をしたのもその一つ」

総合格闘技の人気は社会現象になっていた。そこに手を出すのは猪木にとっては当然のことだったろう。

猪木は、九六年に世界規模の格闘技統一組織を目指すという「世界格闘技連合」を立ち上げていた。この世界格闘技連合はＵＦＯ（世界格闘技連盟）と名前を変え、バルセロナオリンピックの柔道重量級で銀メダリストになった小川直也を所属させていた。猪木はＵＦＯに佐山聡を呼び寄せているが、この団体は格闘家育成というよりも、彼の意のままになる新日本プロレスの別働隊を作ったと理解すべきだろう。

小川のデビュー戦は九七年四月一二日、新日本の東京ドーム大会だった。柔道の小川対プロレスの橋本真也という異種格闘技戦として対戦し、小川が橋本を裸絞めで破っている。

猪木＝小川と長州が衝突したのは、小川と橋本の三度目の対戦となった九九年一月四日の東京ドーム大会だった。

試合開始からしばらくして、小川は橋本に馬乗りになって拳で顔を殴りつけた。プロレスには、鍛えられる場所はいくら攻撃してもいいが、急所は攻撃してはならないという不文律がある。鼻骨など折れやすい顔面への殴打は避ける。小川はそれを敢えて犯していた。

試合終了のコングが鳴った後、小川は不遜な態度でマイクを持つと、「もう終わりかよ。新日本プロレスのファンの皆さん、目を覚ましてください」と挑発した。リング上で新日本とUFOの選手たちが揉み合っていると、控室にいた黒いウインドブレーカーを着た長州が走って出てきた。長州はリングに上がり、もみくちゃにされながら小川に近づき、「それがお前のやり方なのか」と詰め寄った。

顔を赤く腫らした橋本は、試合後の記者会見に憤然とした表情で臨んだ。

「絶対に許さないよ。そういうファイトで来るんだったら、俺も行くよ。何がアントニオ猪木だ。けしかけて、けしかけて。もう小川の目は飛んどるやん」

と、小川の行動は猪木の意向であったことをはっきりと語っている。

そして長州と猪木は、ある男の扱いを巡って、さらにぶつかることになる。橋本と小川の試合が行なわれた東京ドームでは、もう一つ重要な試合があった。

佐々木健介対大仁田厚である。

「大仁田は殺しても、殺せないんだ」

大仁田は五七年一〇月二五日、長崎市で生まれている。実家は「大仁田風呂敷屋」という店を経営していた。この店は祖父の半次郎が一代で築いたもので、大仁田が生まれた頃、一八八〇坪もある大邸宅があったという。

高校入学後すぐに中退、日本一周徒歩旅行に出かけた。出発前、地元の新聞社に連絡を入れて、これから旅行に出発すると記事にしてもらっている。その立ち回りの巧みさは、後の彼の萌芽といえるだろう。

七三年、実家が火事に遭ったという知らせを受けて日本一周を断念。その後、全日本プロレスに入団した。七四年四月一四日、後楽園ホールでプロデビュー。しかし、試合中に負った左膝蓋骨粉砕骨折の後遺症により八五年一月三日に引退した。八九年に新団体FMW（フロンティア・マーシャルアーツ・レスリング）を旗揚げした。これは後にインディーと呼ばれる小規模なプロレス団体の嚆矢《こうし》となった。

九五年に二度目の引退。またも引退を撤回しFMWのリングに上がっていたが、九八年一一月に後を引き継いだ経営陣、レスラーたちから追放された。

大仁田のマネジメントを担当している神尊仁《こうそじん》はその日のことをよく覚えている。

「FMWの事務所が入っているビルの前で大仁田を降ろして、ぼくは別の用事があったのでそのまま行っちゃったんです。事務所で大仁田の取材があると聞かされていました」

まもなく神尊は大仁田から「これからミーティングをしたい」という連絡を受けた。取材にしては終わるのが早いと首を傾げながら、神尊は引き返し大仁田を車に乗せた。

取材ではなかったことを聞かされたのは、二人で夕食を取っているときだった。

事務所にはＦＭＷ所属の全レスラー、フロントの人間が集められており、自分に団体を辞めるように迫ったのだと大仁田は言った。その中には、大仁田の付き人だったレスラーもおり、彼はずっと泣いていたという。

「その顔を見て、俺は何も言えなくなった。潔く退いてあげないと、あいつらが余計つらい思いをするだけだ」

大仁田の後を引き継いで社長となった荒井昌一の著書『倒産！ＦＭＷ　カリスマ・インディー・プロレスはこうして潰滅した』には、大仁田を追放した理由が多数書かれている。

――自分に都合が良くなるようにマッチメークを変え、結果として辻褄が合わなくなった。

――「俺のおかげでグッズが売れるんだろう」とオフィシャルグッズの権利料の半額を持っていった。

――自分の試合映像だけを、荒井たちに無断でＦＭＷが契約していた制作会社と違う会社に売却し、印税全額四〇〇万円を自分の事務所口座に振り込ませた。

〈さらにギャラの問題が発生しました。

駒沢大会は約８００万円の粗利だったのですが、大仁田さんは一方的に、まさに手摑むようにして５００万円を持っていきました。たしかに大仁田さんのおかげでもあります。でも、これでは、ビッグマッチに資金繰りを託していた会社はたまりません〉

一方、神尊は違った見方をしている。

大仁田はリングに有刺鉄線を張り、触れると爆発する――電流爆破デスマッチを始めるなど、人の目を集める才能があった。感情を露わにするのも巧みで、弁が立つ。大仁田がＦＭＷを引退した後、会場から客がさっと消えた。そして彼が復帰すると客足は戻った。大仁田の存在感に、彼らが畏怖し嫉妬したのだろうと。

とにかく間違いないのは、大仁田が類い稀なる異能を持っており、影響力のある人間であることだ。

追放後も大仁田は出場予定だったＦＭＷの大会に出ている。一一月一日に行なわれた小倉大会で大仁田は、「俺をリングに上げられる力量のあるメジャー団体はあるのか」と発言している。新日本と全日本に向けた言葉だった。

中でも新日本だった。神尊によると、大仁田はプロレス専門誌の記者から、猪木と長州に溝ができていると聞いていた。猪木の小川に対して、長州も「爆弾」を欲しがっているというのだ。

一一月一八日、大仁田は新日本プロレスの京都府立体育館大会に乱入し、長州宛てに対戦要望書を出している。

これに猪木は過剰に反応した。猪木は赤坂にあった全日空ホテルのスイートルームに全社員を集めたという。

猪木が大仁田を毛嫌いしていることは知られていた。しかし、大仁田には多数の支持者がいる。彼を新日本のリングに上げれば、大きな話題になることだろう。

──（猪木）会長がいくら言っても、大仁田は切符が売れる。好き嫌いを抜きにして大仁田を新日のリングに上げるのは賛成。みんなではっきりと会長に意見を言おう。

営業部員で話を合わせてから、部屋に入った。

「この中で大仁田参戦に賛成している奴はいるのか。もしいるならば、手を挙げろ」

猪木は大きな声を出した。その調子に気圧されたのだろう、手を挙げたのは中村という若手の営業部員だけだった。はっとした中村が周りを見回すとみなが下を向いていた。自分に逆らう人間がいたことに、猪木は少々戸惑った顔をしていた。

「お前、名前をなんというんだ。言ってみろ」

「中村祥之《よしゆき》です」

中村は専修大学時代に長州の運転手を務め、卒業後は新日本プロレスに入社していた。後に、中村はこのやりとりで猪木から顔と名前を覚えられたのだと笑い話にするようになった。

猪木が大仁田の参戦に不平をこぼしていることは神尊の耳にも届いていた。

──お前らはあいつの毒を知らない。

──大仁田は殺しても、殺せないんだ。

──あいつをなぜ新日本のリングに上げちゃいけないか、分かるか？　あいつは負けても消えない。負けても勝った人間の上を行っちゃう毒を持っている。だからあいつには触っちゃいけない。

神尊は子どもの頃から「猪木信者」だった。猪木を追いかけているうちに、顔を覚えられる程だった。九州国際大学在学中には、猪木が党首を務めていたスポーツ平和党のボランティア集めを任されたこともあった。

猪木が大仁田を嫌うのは、二人が同じ種類の人間であり、近親憎悪なのだと神尊は考えるようになっていた。

狙うは長州の首ひとつ

大仁田には、新木場ファーストリングで行なわれたプロレスラーの自主興行の大会前に話を聞くことになった。名前を聞いたことのないようなプロレスラーの興行に大仁田が出ることが意外だった。

新木場の駅を降りると、材木の香りが鼻腔をくすぐる。江東区木場の一帯は、江戸時代から隅田川の河口を利用した建設資材の集積場として発達した。いまだに駅前には材木置き場があるのだ。

駅から歩いて数分のところにある新木場ファーストリングは収容人数二八四人の小さな会場である。六時半開場の二時間程前にもかかわらず、サインを求める人間たちがちらほら立っていた。会場に入り、準備をしているレスラーらしき男に声をかけた。大仁田と取材の約束をしているのだとぼくが言うと、彼は「大丈夫かな」と首を捻った。

「大将、いつも時間ぎりぎりに来るんですよ」

大仁田は関係者から大将と呼ばれているようだった。

大仁田の乗った黒いメルセデスベンツが着いたのは、取材予定時間から三〇分ほど過ぎた頃だった。大仁田が車から降りると、サインを求める男たちがさっと群がった。黒い薄手のパーカーの上に黒いジャケットを羽織り、丸いサングラス——。年を取ってかつての肌の張りはないとはいえ昔と変わらぬ大きな軀を保っている長州に比べると、ずいぶん華奢で小柄だった。そして、ぽっこりと出た腹が印象的だった。

試合前のレスラーに会場で話を聞くことは不安だった。新木場ファーストリングの控室は会場に隣接したプレハブ造りの小屋である。そこにはほかのレスラーがおり、話しづらいはずだった。

大仁田は遅刻したことを詫びるでもなく、片手を上げてみんなに挨拶しながら、ぼくについてくるように目で合図して控室に向かった。控室は二つに区切られており、大仁田は奥にあった椅子にどっかりと坐ると、煙草を取り出して火をつけた。大仁田が来たことに気がついたレスラーたちが次々と挨拶に現れた。彼らは大仁田よりもさらに小柄で、愛想が良かった。

インディーと呼ばれる団体は、ぼくが思っていたプロレスとは雰囲気が違うのだと思った。

大仁田が長州と初めて言葉を交わしたのは、八二年だったという。当時、二人ともメキシコに滞在していた。

「(覆面レスラーの) ウルトラセブンの高杉 (政彦) から一緒に行かねぇかって誘われたのかな、新日本の奴らが借りているアパートに行ったんですよ。グラン浜田さんとかジョージ (高野) さんとかいろいろいた。新日本勢ばかりで全日本は俺ひとり。分が悪いのでさっさと退散した。向こうのことも知らないし、話も合わない。合っても何の得もないしね。だからさっさと行こうと」

大仁田は長州から「おう、元気か?」と声をかけられ、「元気にやっています」と答えた。長州よりも六歳年下に当たるが、大仁田は高校中退で全日本プロレスに入ったため、ほぼ同時期の入門である。

その後も二人の距離は縮まることはなかった。

「FMWの後に同じようなのが次々出てきて、俺がインディーと名付けた。そのインディーが勢力を増したときに、やっぱり虫が好かんのじゃないの、なんだこいつらと思っていたんだろうね、長州さんがいろいろと批判した。そのときはFMWは独自路線を行くべきだと思っていたから、交わることはないだろうと思っていた」

長州は電流爆破デスマッチに批判的だった。軀にいくら傷を負ったから、どこが凄いのだ、俺はあれをプロレスとは認めないという趣旨の発言を繰り返していた。

FMWを追放された直後、大仁田の頭に長州の顔が浮かんだという。

「俺が新日本のリングに上がることを考えたとき、長州さんを引っ張り出そうと思った。引退しているから、すぐには出てこない。そのうちに絶対にリングに上がりたくなるだろうと思って、俺は挑発したんだよ」

大仁田は当時を思い出したように「狙うは長州の首ひとつ」と芝居がかった口調で言った。

長州はともかく、猪木は大仁田を毛嫌いしており、触れるなと厳命していたという話を振ると、

「やっぱ、俺、毒なのかな」とフフフと笑った。

「だけど、毒も極めれば、世の妙薬なりって、俺は思っているんだけれど」

大仁田を〝殺しても殺せない男〟だと評していた猪木は、あなたを自分と同種の人間だと感じていたのではないかと訊いてみた。

「俺は猪木さんほどじゃないと思うよ。猪木さんほど、殺しても殺せない人はいないだろう。猪木さんから避けられていたので、長州力に照準を定めたのかもしれないな」

京都府立体育館に長州への対戦要望書を渡しに行ったときは、「客もみんな敵だったよ」と振り返る。

大仁田は神尊たちを置いて、たった一人で会場に入ったという。新日本プロレスのレスラー、観客の大仁田に対する反発は予想された。

「俺、ビビリなんだよ。もう滅茶滅茶ビビリ。だから超越するんだよ。どこかの時点、ドアを開けた瞬間に超越するんだ。電流爆破も同じ。リングに上がるとき、ビビリながらスイッチを入れる。無理にでもスイッチを入れるしかないんだよ」

新日本での初めての試合となった東京ドームでの佐々木健介戦では登場の際、煙草を吹かしながら花道を歩いている。にやにやと薄笑いを浮かべた大仁田に観客席から飲み物の入ったプラスチックのコップが次々と投げつけられた。わざわざ煙草を吸いながら歩く姿は、新日本のレスラー、そして観客を挑発しているようだった。すると「違うんだ」と手を大きく振った。

「あれはね、待ち時間が長かった。ドームだろ？　裏（に設けられた喫煙所）に行くには三〇分ぐらいかかる。出場まで四五分ぐらい（バックステージで）待たなければならない。それで煙草を二本持っていったんだ。一本吸って一本残っていた。それを吸いながらそのまま登場したんだ」

試合が終わった後、新日本の関係者が血相を変えて大仁田のところに来たという。ドームでは火気厳禁である。

「大変な事態になりました、東京ドーム、カンカンですって言うわけよ。俺からしたら知ったこっちゃないよ」

大仁田は口をすぼめると、紫煙を旨そうに吐き出した。

「試合が終わったときに、絶対に長州に辿り着けると確信した。猪木さんは俺を新日のリングに上げることを快く思っていなかったかもしれないけど、長州は違っていた。俺はそう読んでいた。なぜかというと、最初に（長州の一番弟子である）佐々木健介を当ててきたから。長州さんがウエルカムじゃなかったら、蝶野とか武藤とか、あの辺が出てきただろうね。プロレスってさ、先を読まないといけないのよ」

大仁田は佐々木の顔に火を叩きつけて反則負けとなった。その後に、前述のように橋本と小川の試合が大荒れとなる。そのとき、すでに大仁田は会場を後にしていた。

「だって、知ったこっちゃないもん。人のこと眼中にないもん。人のこと気にしたってしょうがないから。ぼくはぼく」

大仁田はあっさりした表情で言い切った。

「猪木さんは大仁田さんが新日本で試合をすることを面白く思っていなかった。大仁田さんの試合の存在感を薄くするために、猪木さんは小川選手をそそのかしたのではありませんか？」

ぼくの仮説に、大仁田は腕組みをして悪戯っぽく笑った。

「うーん、それは猪木さんのやりそうなことだな」

いつ、長州とやるんだよ

その後、大仁田は四月一〇日の東京ドーム大会で蝶野と電流爆破デスマッチを行なっている。さらに七月二一日の札幌中島体育センター大会では、蝶野、ＡＫＩＲＡと組んで、武藤敬司、天山広吉、ヒロ斉藤と対戦。八月二八日の神宮球場大会でも、グレート・ムタ対グレート・ニタという形で試合をしている。

しかし、肝心の長州の動きがなかった。大仁田は次第に焦りと不安を感じていたという。

「長州さんって、あんなに不器用だと思わなかった。（挑発に対する）返しも悪いしよぉ。そのときに現れたのが、真鍋だった。誰かいないと絶対に持たないと思ったんだ。それで三角関係をつくろうと。〝おい、真鍋、俺と長州どっちが好きじゃ〟って言ったりね」

真鍋とはテレビ朝日のアナウンサー、真鍋由《ゆう》だ。

「みんなやらせだとか言っているけど、あれはまったくのアドリブだよ。全部シビアなやりとりだよ。この男を使わないと長州に辿り着かないと思った。今でこそ真実を言うけど、真鍋が試合後にインタビューしに来るというのを、ディレクターが教えてくれるんだ。それで〝真鍋っ、おいっ〟ってやって。そこで真鍋が逃げたらしょうがない。でもしつこくあいつは来たじゃん。俺が真鍋をビンタしたら、テレ朝の偉い人が滅茶滅茶怒ったことがあった。馬鹿野郎、うちのアナウンサーにあんなことをしやがって、もう真鍋は大仁田のところに行かせないと言ったんだ。ところが、その日の視聴率がバーンッて上がっちゃったわけよ。そうしたらコロッよ」

大仁田は得意げな顔をした。理不尽な扱いを受けながら食い下がる、若手アナウンサーの真鍋とのやりとりは「大仁田劇場」と呼ばれるようになった。

長州は自分と試合をする気があるのかと大仁田から何度も訊ねられたことを神尊は覚えている。

「〝やるんだよな、いつやるんだよ〟ってことあるごとに確認を入れてきました。〝向こうから答えが返ってこないとどうしようもありません〟としか言いようがない」

神尊はたびたび長州と会って話をしている。長州は引退した自分が復帰することは受け入れられるのかどうか、その相手が大仁田でいいのか思案しているようだった。新日本プロレスの支持層には大仁田とそのプロレスに対する反発があった。

長州の対応を待っていては埒が明かないとみた神尊は、新日本の渉外・企画宣伝部長の永島勝司に相談を持ちかけた。

「最初の接触から一年以上過ぎて、さすがに何も動きがないとやばいと思って、永島さんに〝なんか動いてくれないと、こっちもしびれを切らしますよ〟と話をしたんです」

九九年一二月一二日、永島は大仁田が自主興行を行なっていた後楽園ホールに現れ、〝長州の汗が染み込んだ〟Tシャツを手渡した。

「永島さんは長州の確認を取っていると面倒くさいと、独断でシャツを持ってきてくれた。あれは汗というか、トイレの水道でジャバジャバ（水を含ませるなど）したんでしょうけどね。あんなアイテムがあったら、大仁田にとっては格好の材料ですよ。それで〝長州の汗の臭いがプンプンする〟って。あれで既成事実を作っちゃったわけです。永島さんも待ちくたびれていたんでしょう、こちら側についてくれた」

ようやく長州は重い腰を上げ、二〇〇〇年七月三〇日の横浜アリーナ大会で現役復帰し、大仁田と対戦することになった。

試合一ヶ月前の六月三〇日、新日本プロレスが大会を行なう海老名運動公園総合体育館に大仁田が姿を現した。長州との試合を電流爆破デスマッチでやりたいと直訴するためだ。黒のライダースジャケットに火のついていない煙草をくわえた大仁田が、報道陣を引き連れて体育館の中に入ると、長州たちはリング付近で試合前の練習をしていた。

左手に直訴状を持ってリングに近づこうとした大仁田に、長州が一喝した。

「またぐなよ、コラッ」

長州は大仁田を睨みながら、「またぐな、またぐなよ」とゆっくりと繰り返した。

「長州さんよぉ。これ読んで返事してくれ」

大仁田は和紙に墨で書かれた直訴状を広げた。

長州はリングアナウンサーの田中秀和に直訴状を受け取らせると、越中に「詩郎、またがせるなよ」と命じた。

「帰れ、何しに来たんだ」

汗でシャツの前を濡らした越中が大仁田の前に立ちふさがった——。

この一連のやりとりは、長州復帰の大きな話題作りとなった。

「またぐなよって、俺だって人間だからさぁ、向こうは佐々木健介とか一〇人ぐらいいてよ。こっちは俺一人じゃないか。上がれるわけないだろう、馬鹿野郎って思ったよ。こっちも一〇人ぐらいいにボコボコにされるのは嫌だったからさ」

そして七月三〇日、横浜アリーナでは大仁田の希望通り、電流爆破デスマッチが行なわれ、長州がレフェリーストップで勝利した。

結果などどうでもよかったと大仁田はうそぶいた。

「俺がやってきたのは、大仁田厚という素質がないプロレスラーをいかに開花させるかということ。プロレスというエンターテインメントは、力ある者だけがのし上がれるという格闘技とはまた違った不文律がある。俺はプロレスラーとして、〝強い〟象徴ではない。長州力とは違う。自分とは対照的な長州力を電流爆破に入れることができた。長州さんをリングに上げるだけで、俺の中では長州戦は終わった。上げるだけでよかったんだから。もし長州さんが復帰せずにあのまま引退していたら、長州力伝説になっていた。俺は伝説にさせたくなかった。長州伝説で終わらせないための悪巧みだったんだよ」

一気にまくしたて、ふっふっふっと大げさに笑った。

「あっ、これ書いておいてほしいんだけれど」

大仁田はぼくの目を見た。

「俺と対戦した中で、一度も電流爆破に当たらなかったのは、長州力だけ。それが気に入らねぇと思って」

そしてこう付け加えた。

「俺は長州力が男として決断してあのリングに上がってくれたことには感謝する。だけれど、俺はあの人と飯を食いたいとも思わない。男同士で語り合おうとなんか思わない」

そう言うと大仁田は腰を浮かし、取材の終了を促した。

彼の取材は、この本を書くためにぼくが会った中で最短、四〇分にも満たなかった。その間で十分必要な内容を語り尽くしたという感覚が彼にあったのだろう。ぼくも同感だった。これ以上、彼に質問を変えてぶつけたとしても話を引き出せない。長州は大仁田にとって人生の過程の一つに過ぎず、それ以上の思い入れはないのだ。

長州戦の翌年、大仁田は参議院選挙に立候補して当選している。彼は長州という踏み台を使って、自分の価値を上げることに成功した。実に賢い男だった。

周囲のレスラーと軽口を叩く大仁田の顔を見ながら、神尊が新日本の営業部の人間から聞いたという話をぼくは思い出した。大仁田と交渉を進めている時点から、猪木は周囲にこう言っていたという。

「最終的に長州は自分が出ていくつもりかもしれないけれど、大仁田の毒に触れたら、あいつは二度目の引退のタイミングを逸するよ」

この予言は的中することになった。

猪木の反発がありながら大仁田を新日本のリングに上げたのは、プロレスラーとしての才能を買っていたのかと長州に訊ねたことがある。

「買っているというか……今はもう駄目ですよ。でも当時は、まだ絞れるなという感じでした」

そして長州は両手で雑巾を絞るような仕草をした。

「絞れるというのは、まだ彼は新日本で使えると」

ぼくが訊き返すと、長州は頷いた。

「うん。時間はかかるかなと。水をいっぱい染み込ませれば（使える）……。一ヶ月、二ヶ月（で染み込ませられる）かと思ったら、一年以上かかった」

「海老名の体育館で大仁田さんに言った、〝またぐなよ〟は前から考えていたんですか？　それとも咄嗟《とっさ》に出てきたんですか？」

「あー、あれはその場の一瞬の感覚ですね。あれは、たぶん……。実際にあいつがあのときにまたいでいたら、終わっていますよね。だから、またぐなよ、またぐなよ、と（繰り返した）」

「絞る」あるいは「またぐなよ」という言葉は奇をてらったものではないが、印象に残る。

「またぐなよって、的確な言葉ですよね」

ぼくが感心すると、長州は「逃げているんです」と照れ笑いした。

「プロレスというのは凄い世界だから、簡単に（中身を）分かられても、自分が傷つく部分がある。だから巧く言葉で逃げている。あとはニュアンスで感じていただければいいんです」

プロレスという独特な世界に踏み込ませないために、煙《けむ》に巻いているという意味なのだろうかとぼくが首を捻っていると、長州が目尻を下げた穏やかな笑みで見ていることに気がついた。

長州対ヒクソン・グレイシー

一つの体制、組織が急速に力を失うとき、後から振り返れば、あれがきっかけだったのだという分水嶺のような事件がある。新日本の綻びは、大仁田が長州に試合をする気があるのかとじりじりしていた頃に始まった。

九九年六月二四日、坂口が社長から外されたのだ。

坂口によると、取締役会の前日に猪木から退任を告げられたという。

「（猪木は新日本プロレスの）大株主だよ。株主に社長を代えたほうがいいんじゃないかと言われたりすりゃ、しょうがない。俺も一〇年社長をやったし、借金を返したし……いつまで社長をやらないといけないんだろうというのも俺の中ではあった」

背景にあったのは一月四日の橋本対小川の試合だったと坂口は考えている。

「あの後、俺が号令をかけていないのに、長州も選手もみんな会社にやって来たね。あのときは長州が一番頭にきていたな。現場監督やっていたからね。〝社長、小川の野郎はどうするんですか〟ってね。小川は（猪木が始めた）UFOの所属だったんだな。猪木さんが参議院選落ちた後、会社としてUFOを応援していた。みんなそれを知っているから、〝UFO、どうするんですか？〟〝まだ助けるんですか？〟って言ってくる。それで猪木さんには悪いけど、（支援を）打ち切りだと。その後も小川に対するうんぬんが、ずっと尾を引いていた」

借金を抱えた新日本を引き継ぎ経営を立て直した、坂口を突然社長から外すのはひどい仕打ちだと憤ったレスラーたちが自宅に訪ねてきたという。

「選手は武藤と蝶野、そして橋本は来れなかったので、かあちゃん（妻）を寄越したな。あと営業の偉い奴らが来た。どうするんですかってね」

しかし——。

彼らが知りたかったのは、坂口が新日本を割って新団体を興す意志があるかどうかだった。

「俺は今の会社にずっといて、ちゃんと見てきたから、余計なことはしたくないって言った。でも、なんかみんな本気だなって、あのときは嬉しかったね」

坂口は証券会社と相談して、新日本プロレスの上場を進めていた。その動きも猪木の癇《かん》に障《さわ》ったのかもしれない。自分が立ち上げた新日本が手の届かない場所に行ってしまうという不安もあったろう。

坂口は会長に棚上げされ、社長には藤波が就任した。猪木の付き人であった藤波は坂口よりも扱いやすかったのだ。

ともかく、金融機関から信用のあった坂口の退任、そしてこの後のプロレス人気の冷え込みもあり、株式上場計画は頓挫することになった。

翌二〇〇〇年一〇月、橋本が「新日本プロレスリングZERO」を設立。当初は新日本プロレス内の別働隊という扱いだったが、一一月一三日、橋本は新日本から解雇され「ZERO－ONE」（ゼロワン）として独立することになった。ゼロワンは翌二〇〇一年三月に両国国技館で旗揚げ興行を行なっている。

長州は橋本、武藤、蝶野の三銃士の中でも橋本を買っていたという。

「インパクトをつくれるのは橋本が一番。橋本とはいろいろとあったけど、かわいい奴だよ。神経がずぶとくてね。あんなデブでも素質と素材がある」

そして「こっちの素材はちょっと（足りない）」と言って頭を指さして笑った。

「ゼロワンを作って出ていくときは止めましたよ。ああ、何度も会ったな。でもチンタの意志は固かった。チンタは意地を張って出て行ったんだろうな」

チンタとは、「いつもチンタラ練習している」ことから長州がつけた橋本の渾名《あだな》である。

この時点ではそれほど危機感はなかったという。

「橋本だけでなく、（武藤）敬司も蝶野も出て行くとしんどいなと。でもチンタだけだから。敬司はのらりくらり天秤にかけた。蝶野は二人とも出て行ってほしかったんだろうな。なんか見ていて分かった」

天秤にかけたとは、二〇〇二年一月に武藤が新日本から全日本プロレスに移籍したことを指している。

この時期の新日本プロレスについて坂口征二はこう振り返る。

「俺が社長をやっていた頃は本当に会社がまとまっていたんだ。みんな和気藹々として仲が良かったし、選手離脱もなかった。俺が社長を外れてから、ガタガタっときちゃったな」

そして、二〇〇一年夏、長州は現場監督を外されている。長州によると、これは猪木が力を入れていた総合格闘技との関係があるという。

「（現場監督は）ぼくには一番相応しいポジションですよね。もうイケイケでしたから。（それにもかかわらず外したのは、猪木）会長が新日本を出て子会社を作るときのあれですね。PRIDEとかそういうものに関わっていくとき。ぼくが外れない限り、（新日本のレスラーは）誰一人、（総合格闘技の試合に）出られない」

新日本のレスラーを総合格闘技の大会に出せという打診が猪木からたびたびあった。

「ぼくが〝アウト〟って言ったら〝アウト〟なんですよ。ほとんどアウトが多かったですね。うちが主導権を握ってやるならば別ですけれど。ぼくは〝触るな〟って、触らなければ……うん。ぼくはある程度会長の考えを継承しながら新日本を動かしてきましたから、なぜ会長がそっち（総合格闘技）に行くのか（理解できなかった）。会長の壮大な果てのないものがあったんでしょうね」

長州を現場監督から解任した後、猪木は新日本のレスラーを猪木事務所に所属させる形でPRIDEなどのリングに上げている。猪木事務所はもともと参議院選挙のために立ち上げたもので、猪木に関する権利管理を担っていた。

ぼくがプロレスに関わるきっかけとなった安田忠夫が、ジェロム・レ・バンナと対戦して勝利したのは、この年の大晦日に行なわれた格闘技イベント『INOKI―BOM―BA―YE2001』の猪木軍対K―1軍の全面対抗戦だった。こうした形でプロレスラーを動員するには長州が邪魔だったのだ。

同時期、長州自身がヒクソン・グレイシーと対戦するという話も持ち上がっていた。その真偽を確かめると「そういう話はありましたよ」とあっさり認めた。

「流れはありました。あったけど、契約までいくという話ではないです。周りが騒いでいただけですよ」

長州はヒクソンと対戦する気はあったのか――。

「もし俺がやっていたらですよ。結果はどういう形になるか分からないですけれど、勝っても負けても、逃げたでしょうね。勝ち逃げ、負け逃げもある。うん……ああ……五〇歳に入る前で、お米（ファイトマネー）は摑めるかというのはありましたね。あー、動いているお米の数字の桁が違ったね。桁が違っていようがなんだろうが、勝ち逃げも負け逃げもできる」

二〇〇一年二月、ヒクソンの息子が交通事故で亡くなった。彼の精神状態が不安定となり、この話は完全に流れたとされている。

その後、猪木との間に生まれた溝は埋まることはなく、二〇〇二年五月末に長州は新日本プロレスを退団した。

退団直後、長州は「（新日本との）確執の原因で大きなものは、アントニオ猪木」だと名指しして批判している。

〈（猪木との）確執にはいろんな問題があったが、ひとつはロサンゼルスの道場。反対じゃないが、強引に進められた。会社の状況が厳しい時期にロスの道場にかなりのものを注ぎ込むことがあるのか？　毎月一万ドル以上のものをかけることに何のメリットがあるのかと思う。目に見えないものもある。道場に誰が携わるかというと会長の身内、そういう関係だからね。厳しい時に無理して入っていくものではないんだ。

今考えれば、あの人の弟子とかそういうものはいないんじゃないか。みこしを担ぐ人間はいたが、周りにはほとんどいないよ。あの人が唱えたことは、出ていくものは大きいけど、返ってきたものは何一つない。「世界発進していく」と一〇年間やったが、何のメリットがあったのか？　興行会社として何一つ実にならなかった。オレにはそれを言う権利があると思っている。それなりのものを舵《かじ》してきたから。それをあの人はわかっていない。

あの人は常におびえている人間、最終的にコンプレックスがあるんだ。ジャイアント・馬場が坂口さんを信用してもあの人を信用しなかったのも分かる。坂口さんは細かいけど、経営は大したものと馬場さんは見ていたんだね。（猪木は）人間的に何か欠落しているんだ。

特にここ一～二年は最悪だね。橋本（真也）以来は…。まあ、あのバカも犠牲者かもしれない。かばうつもりはないけど…。いや、あのバカは犠牲になって当然かな。ハハハッ…〉（「東京ス

ポーツ」二〇〇二年六月二日付）

長州は退社する前、猪木と会って話をしたという。

「（外されたときは）自分でも大したもんだと思うくらいに、ちゃんと（猪木に）時間をとってもらい一対一で話しましたよ。そんなに長くないですよ、二〇分とか三〇分。役員会かなんかが終わったときに二人きりで部屋で」

猪木は「お前は頑張っているかもしれないけど、ちょっと俺は残念だなぁ」と溜め息をついたという。

「どういう意味で残念なのかは今でもぼくには分からないですね」

長州は無表情に言った。

第十三章

WJプロレスの躓き

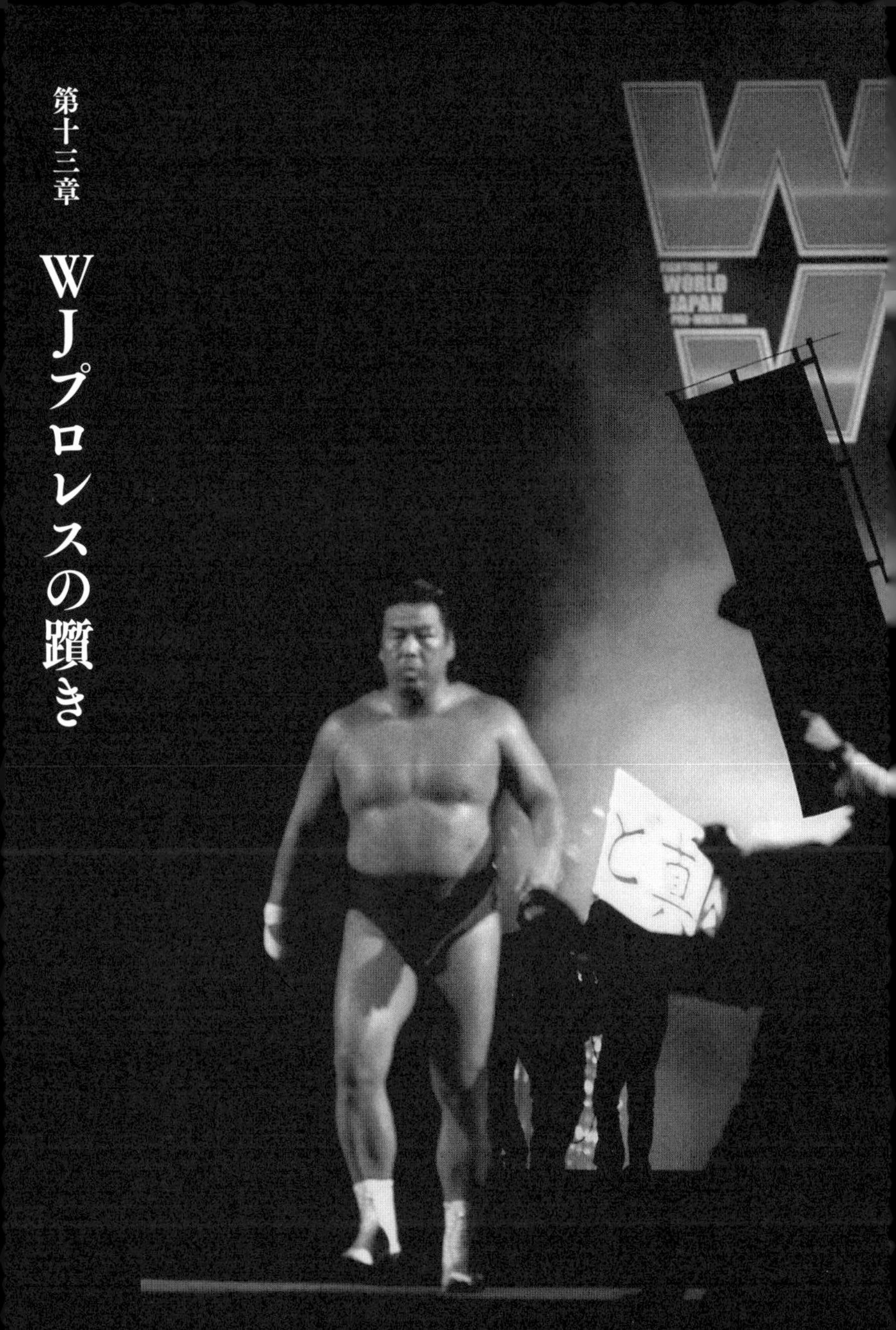

「プロレス界のど真ん中を歩く」と宣言して旗揚げしたＷＪプロレス

最後の弟子・石井智宏

新日本プロレスの退団から三ヶ月以上経った二〇〇二年九月一七日、長州は石井智宏という若手レスラーを伴ってサイパンへ向かっている。長州は暖かいサイパンを気に入っており、しばしば合宿を張っていた。

成田空港で飛行機に乗り込む直前、石井は長州から「お前、今、プロレス楽しいか?」と訊ねられた。

「楽しいです」

即答すると長州は首を振った。

「プロレスはそんな甘い世界じゃない」

(うわっ、来た)と石井は心の中で叫んでいた。石井にも長州と同じビジネスクラスの座席が用意されていた。サイパンまでの間、長州は手持ち無沙汰だったのか、リングに上がるときの心構え、私生活の過ごし方をぽつりぽつりと話し始めた。

(ああ、これが本当のプロなんだな)

石井はしみじみと思った。

一九七五年一二月、石井は神奈川県川崎市で生まれた。小学五年生のとき、たまたまプロレス中継を観てからプロレスの虜になった。やがて、プロレスラーが普段やっているというヒンズースクワットを密かに練習するようになった。

高校卒業後、知り合いのつてを辿って天龍源一郎のいたWARに入門した。しかし、レスラーの数が多かったため、放り出されている。それでもトレーニングを続け、一年半後、再び呼び寄せられた。

「今、当時の自分を見たら、こいつは馬鹿だなと思います。一人で練習しながら、何のためにやっているんだろ、意味あんのかなと考えたこともあります。でも、なんとかなるだろうと。人生考えていなかったんです」

石井は自嘲気味に当時を振り返った。

WARの経営はすでに傾いていた。WARが倒産した後、石井は天龍の付き人になった。天龍が新日本のリングに上がっていたとき、長州を間近に見た。控室の廊下にいた報道陣に向かって「出て行け、コラッ」と野太い声で怒鳴っていた姿をよく覚えている。その後、石井は天龍から離れて、みちのくプロレスのリングに上がっていた。

プロレス専門誌の人間を通じて、長州がサイパン合宿の練習相手を探していると聞かされたのはそんなときだった。

「みちのくは一ヶ月の間、二、三週間ぶっ通しで（大会を）やるんです。三週間なんて空くことはなかった。たまたまその期間だけ空いていたんです」

サイパンに向かう前日、石井は大田区久が原にあった長州の自宅に泊まっている。その夜、天井を見ながら、なんで俺、ここに泊まっているんだろうとふわふわした気持ちだったという。

サイパンでは朝、一緒にランニング、そしてジムに行くという毎日だった。食事は一日一回。

食事の際、天龍の付き人をやっていたときのように、箸や小皿を準備すると「うっとおしいなお前、いいよ、自分でやるから」と手で払われた。

練習後のマッサージも石井の役割だった。長州の筋肉は疲れが溜まっていたのか、固くてほぐすのに骨が折れた。

「もっと押せ」

俯《うつぶ》せになった長州が声を出した。石井が親指で思い切り押すと、バキッという音がした。親指の関節が外れたのだ。石井は、あっと思いながら、何もなかったかのように拳でマッサージを続けた。

「力ねぇーな、お前」

長州は寝転んだまま、くぐもった声を出した。

しばらくして永島勝司がサイパンにやって来た。長州の現場監督を補佐していた永島もまたマッチメークから外され、長州よりも約三ヶ月早い二〇〇二年二月末に新日本を退社していた。

石井は永島から長州と一緒に新団体を興すことを聞かされた。

「〝お前、興味ある？〟って永島さんに言われて、〝ああ～、そうですね〟と。〝じゃあ、長州に言っておいてやるよ〟みたいな感じで」

石井たちが泊まっていたコテージにはプールがついており、練習以外の時間はその小さなプールで過ごすことが多かった。石井がプールに浸かっていると長州から話しかけられた。

「お前、なんか俺に言いたいことあるんじゃないの？」

石井はさっと立ち上がり、「長州さんの下でやらせてください」と頭を下げた。

「お前、今までみたいに甘くないよ」

「分かっています」

長州は少し間を置いてから「分かった」と答え、それ以上何も言わなかった。

石井は日本に戻った後、みちのくプロレスの人間に連絡を入れ、すでに決まっているシリーズ以降は参戦しないと告げた。

長州の条件は練習生から始めることだった。長州に食らいついて本物のプロレスラーになるのだ。ようやく自分に機会が巡ってきたと思っていた。

バブリー

（何度数えてみても一桁多い）

これで正しい金額なのだろうか。大木麻記子は送られてきた請求書の金額をじっと見て首を捻った。なにしろ一軒あたりの支払いが一〇〇万円を超えているのだ。プロレスは自分の知っている世界とまったく違うのだと溜め息をついた。

大木が長州と永島の立ち上げた新団体で働き始めたのは、二〇〇二年一〇月のことだった。大木の叔母が居酒屋を経営しており、永島は古くからの客だった。大木は学生時代にその店を手伝ったことがあり、永島と顔見知りだった。たまたま仕事を辞めて次の職を探していると聞きつけた永島から頼まれて、新団体の事務所で働くようになったのだ。目黒区青葉台の事務所に行ってみると、永島、長州の知り合いという男がいるだけで、大木は雑用に追い回されることになった。

長州もたまに事務所に顔を出した。プロレスに興味のなかった大木は、ああ、この人が長州力なのだと思って見ていた。大きな軀をした優しそうな人だなという印象だった。そのうち人が増えて事務所としての体裁が整っていった。

新団体の名前は「ファイティング・オブ・ワールド・ジャパン」（WJ）と名付けられた。社長は福田政二、専務に永島、長州も役員となっている。福田はパチンコチェーン店や不動産業を手がける「大星実業観光開発」という会社を経営する北海道の実業家で、新日本プロレス時代から長州の有力な後援者の一人だった。

この団体の立ち上げは成り行きであったようだ。

永島の著作『地獄のアングル　プロレスのどん底を味わった男の告白』には、新日本プロレス退社後、付き合いのあったインディー団体「レッスル夢ファクトリー」の代表だった高田龍に出資者を紹介してもらい、「リキナガシマ企画」という株式会社を二〇〇二年八月に立ち上げたと書かれている。

高田によると、

「リキナガシマ企画というのは、長州力を総合格闘技のリングに上げるための会社だ。そのほか、映像、グッズなどプロレスに関する事業を展開する」

と永島から聞かされ、出資者を紹介した。ところがその後、リキナガシマ企画は立ち消えとなり、プロレス団体を始めるという話になっていた。高田は出資者が貸した金、二〇〇〇万円を永島から取り返すために、WJに関わるようになったという。福田は自らが社長になるという条件で、大星実業観光開発から長州と永島に貸し付ける形で一億円をWJに融資していた。

一一月一二日、長州は福田、永島と共にWJ設立記者会見を行なった。翌週の一九日、最初の契約選手として谷津嘉章の名前が発表された。

谷津は八七年に長州たちが新日本に戻った後も全日本プロレスに残っていた。新日本に戻ったとしても、長州のタッグパートナーとして扱われることになるだろう。自分はシングルで勝負をしたい。そこで馬場にシングルプレーヤーとして使ってくれるように交渉したのだ。

しかし、その約束は守られなかったと谷津は言う。

「馬場さんは俺を裏切ったんですよ。ジャンボ（鶴田）と組まされたんです。馬場さんから〝お前よぉ、オリンピックコンビやれ〟って。ジャンボと俺はオリンピック出場という共通点がある。それはやぶさかではないけれど、俺はまた持ち上げ役かよ、なんて思っちゃって。結局、俺は噛ませ犬みたいなもので。あの頃、馬場さんは外様の人間に試し切りみたいなのをやらせるんです。（初参戦）外国人の技を全部受けろというのが馬場さんの指示。技がどんなものか見たいからと。生え抜きの選手にはそういうことをやらせない。そうしたら、受け身をとれないのをやられちゃって。寝込んでうーうー唸っているときに、高野俊二（現・拳磁）、仲野信市たち、みんな

ＳＷＳに行っちゃうんだもの。残ったのは全日本の生え抜きだけ。俺がいたら、そいつらが遠慮しちゃうから出ることにした」

九〇年、谷津はメガネスーパーが出資した、天龍源一郎を中心とした新団体ＳＷＳに移籍。九二年五月にＳＷＳから離れるとＳＰＷＦという団体を立ち上げた。これは正式名称を社会人プロレス連盟といい、一般の人間にプロレスを教えてリングに上げるというものだった。

「俺はすぐに商品を作りたかった。まずは体力づくり。これは一年ぐらいかかる。その間は難しいことをやるなと。怪我しちゃうから。基礎体力がついてから技術を教える。だから早いよ、あっという間に（レスラーが）できちゃう」

その後、ＳＰＷＦから離れ、長州が現場監督を務めていた新日本、ゼロワンのリングに上がっている。

そもそも谷津がＷＪに誘われたのは、レスラーとしてではなかった。

「ＳＰＷＦで一緒だった高田龍がＷＪに入っていた。でも彼ではチケットが売れないんですよ。それで高田から泣きつかれて、俺は営業本部長になった。

俺が入ったときは事務所ができていたり、ある程度形が決まっていた。（旗揚げの）試合も横浜アリーナってね。でも聞いてみたら、何もやっていない。いや、照明とかキャストとかは全部できているんですよ。でも、どうやって売るかが何もない。〝どうやってチケットを売るんですか、誰が売るんですか？〟と聞いたら、会議でみんなが〝そんなのやんなくても来てくれる〟〝やれば入る〟と言う。だから〝そんなん入るわけないですよ、そんなに甘くないですよ〟と。

俺は自分で団体をやっていたから、よく分かっている」

谷津によると長州に直接、厳しく話をしたこともあったという。

「プロレス（人気）って冷えちゃっている。先輩、昔と違いますよってね。決して甘いもんじゃない。今、あなたがやっていることはスポンサーがいてできること、バブリー。そのイメージにファンはいい反応を示さないよ。楽観しない方がいい、とね」

谷津の言う「バブリー」という印象が、プロレス業界でしっかりとついたのは、一二月二一日の忘年会を兼ねた設立パーティーだった。品川から出る屋台船を貸し切り、福田の関係で元プロ野球選手など、多くの著名人が集められた。

WJの金遣いの荒さは噂になっていた。

――屋形船に来てくれた客全員に一つ二万円もする千疋屋《せんびきや》のメロンをお土産として渡した。

――関係者のお歳暮のため、事務所には福田社長の地元、北海道から高級アスパラガスを送ってもらった。量が多すぎて腐ってしまうので、知り合いに配っている。

――巡業用トラックに一〇〇〇万円、選手移動用バスに一七〇〇万円かけた。さらに社長専用車として六八〇万円のセルシオを購入した。

――事務所の賃料は月一二〇万円、敷金だけで七九〇万円を支払った。

当初、用意した一億円では到底足らず、追加で福田は一億円を貸し付けることになった。

プロレスは総合格闘技に押され、観客動員数は急激に落ちていた。その中で大盤振る舞いをするWJは、嫉妬が交じった嘲笑、冷笑、そして躓きの期待――負の視線を集めるようになっていた。

年が明けた二〇〇三年一月二〇日、前年一〇月に新日本を退団していた佐々木健介がWJ入りを正式発表。二月四日、一月末に切れた新日本との契約を更新しなかった越中詩郎、鈴木健想、レフェリーの保永昇男、二月一二日には元プロレスリング・ノアの大森隆男もこの新団体に加わることになった。

ある日、事務所にいた大木は銀行に行くように指示された。

——さすがに大きなお金だから、麻記だけじゃまずいぞ。

誰かが心配そうな声を出した。そこで、もう一人営業の人間が付き添っていくことになった。銀行には前もって連絡が入っており、部屋に札束が準備してあった。全部で三〇〇〇万円以上あった。これほどの大金を見るのは、大木は生まれて初めてのことだった。大木は鞄に入れながら、意外と札束は小さいんだなと思っていた。

事務所に持ち帰った現金は五〇〇万円ずつ小分けにされて、新日本から移籍してきた佐々木、越中、鈴木、そしてレフェリーのタイガー服部と保永に支度金として渡された。その中にはなぜか役員の永島も含まれている。

そのほか、新人の中嶋勝彦にも二三七万五〇〇〇円が支払われた。一四歳の中嶋は、中学一年生のとき、極真会館松井派主催の全国空手道大会で優勝。WJの将来を担う逸材として期待されていた。

長州にも八〇〇万円の支度金が出た形となっているが、彼は新日本を退団時に受け取った功労金の三〇〇〇万円全額をWJに入れている。

チケットが売れない

WJの道場は東急池上線の久が原駅の商店街を抜けた閑静な住宅地の中にあった。もともとは材木商が使用していた店舗用の一戸建てだった。道場に寄り添う形で、プレハブ造りの細長い小屋がついていた。その二階建ての簡素な建物が当座の寮となった。

二〇〇二年一一月、みちのくプロレスの巡業を終えた石井が荷物を持って寮に入った。寮にはすでに宇和野貴史と高智政光《こうちまさひこ》という練習生が住んでいた。彼らは谷津が立ち上げたSPWFのリングに上がっていたレスラーだった。谷津はWJに加入する際、長州に二人の面倒を見てほしいと頼んだのだ。

鉄骨造りの道場はがらんとして何もなかった。そのため石井たちは床に段ボールを敷いて、スクワット、腕立て伏せなどのトレーニングを始めた。

——お前らでは新日本には勝てないよ。

長州は石井たちの顔を見るたびに言った。

自分たちは新日本に入れなかった人間だ。そういう人間が新日本の若手に勝つには、彼ら以上の練習をするしかない。長州の言葉は自分たちを発奮させるためだと石井は思うようにした。新日本を超えること、これが石井たちの合言葉になった。天龍の付き人をしているとき、石井は新日本の練習に参加した経験があった。トレーニングの回数は新日本の倍、同じ練習をしていると躯が慣れてくるので、日によって練習内容を変えた。

やがてぴかぴかの真新しいウエイトトレーニングの器具、そしてリングが運び込まれて、道場の形が出来上がっていった。

毎朝、プロテインやバナナで朝食を摂った後、近所をランニング、一一時から練習が始まる。住宅地の中にあるため、騒音を考えて早朝の練習は自粛していた。練習が終わると、ちゃんこ番の人間が買い物に行き、午後三時頃から食事となった。

食事の基本はちゃんこ鍋、さらにサラダを含めた一品料理を三皿作るというのが決まりだった。ちゃんこ鍋の出汁《だし》はきちんと昆布と鰹節から取ること。厳しい練習の中、食事は一番の楽しみである。だからきちんとしたものを作れというのが長州の方針だった。

旗揚げ興行は三月一日、横浜アリーナと決まり、ＷＪ所属のレスラーのほか、大仁田厚、馳浩、天龍源一郎らが参加することになった。

二月一二日、長州は石井を連れて一二日間のサイパン合宿に出かけている。成田空港に向かう車の中で、石井は長州からこう告げられた。

「最初はお前と宇和野で行くから」

旗揚げ戦の第一試合が、石井対宇和野戦になったのだ。

（すげぇ試合にしてやろう）

石井は心の中で決めていた。

旗揚げ戦に向かって高揚していた石井とは対照的に、日本に残された谷津は浮かない顔をしていた。

谷津の記憶によると、年明けの段階で売れていたチケットは二〇〇〇枚程度だった。

「この調子だと前売りで六〇〇〇枚程度。六〇〇〇枚といったって義理で買ってくれた人がいるから、来るのは四〇〇〇人ぐらい。それで当日券の客が来てくれて、うまくいけば八〇〇〇とか九〇〇〇入ればいいですねと長州に言った。すると、長州は〝馬鹿野郎、キャパ（観客収容能力）は一万七〇〇〇人じゃないか。それだけ入れなきゃ駄目だ〟って言うんです。〝それは分かるけど、興行は水ものですよ〟って返すと、〝溢れるから水ものだって言うんだ。溢れるから興行なんだ〟。こっちは〝あー、そうですか〟としか言えない」

やはり、チケットの前売りは伸びなかった。

「〝そのうち（前売りは）伸びる、伸びる〟っていうけど全然伸びない。〝いい（座席の）チケットは（プレイガイドの）セゾンとかで売れます〟って、売れるはずがない。みんな素人なんですよ。永島だって新日本にいたっていうけど、企画部長。チケットを売ったことがない。それで選手に二〇〇〇枚、フロントは長州を含めて四〇〇〇枚売るように割り振った。（社長の）福田政二も、しょうがないからしぶしぶ売っていたんじゃない？　銀座のクラブ辺りで金をかけて売っていますよ。自分でも六〇〇枚か七〇〇枚売りました。それぐらい売らないと強いことは言えない。長州だって五〇〇枚ぐらい売ったんじゃないですか？」

そもそもＷＪには「コースを切る」ことのできる人間がいなかったという。

「コースを切るっていうのはね、シリーズをどういう順番でどこで大会を開くのか決めていくこと。ＷＪですべての興行を（主催）するのは不可能。だから、地方のプロモーターを募集して興行をしてくれる人間を探した。プロモーターを呼んで、ぼくが説明したんです。俺が二五（大会）ぐらい作って、あと七五（大会）ぐらいを任せる。それで年間一〇〇試合を目標にコースを切ろうと。すべてを決めなくてもいいんです。要するに大きなところ（会場の大会）だけでも決めて、あとは、尾ひれ（として、小規模の会場の大会）をつけていく。ぼくが入ったとき、そういうことを誰もやっていなかった。本当はもっと前に切っておかなければならなかったのに」

そして営業部員にプロレス興行の経験がない人間ばかりだったことも、谷津の負担になった。

「一般公募で来ているから、みんな素人です。経験があったのは一人、新日本からぼくが呼んだ人間だけ。みんなどうしたらいいの？って。一からプロレスの営業のやり方を教えないといけない」

新日本には、小口ながらチケットを置いてくれる煙草屋から、大口のチケットを捌《さば》いてくれる後援者まで営業部員が地道につくり上げた販売網があった。現場監督の長州、それを補佐する永島の仕事が輝きを放ったのは、そうした強い足腰があってのことだった。

しかし、往々にして神輿《みこし》に乗っている人間は勘違いしがちだ。立ち上げる際、ＷＪは新日本の営業部から主たる人間を引き抜くことができなかったにもかかわらず、自分たちが考えるプロレスをやれば客が集まると思い込んでいたのだ。

「ど真ん中」の理想

旗揚げ戦が行なわれた二〇〇三年三月一日、横浜は朝から曇り空だった。昼頃からぐっと冷え込み、気温は三度まで下がった。日中にもかかわらず薄暗く、やがて冷たい雨が降り出した。気が滅入るような天気だった。

開場の一六時になっても雨はやむどころか、強くなった。当日券売り場には列ができていたが、その数は限られたものだった。

同日、日本武道館でプロレスリング・ノア、有明コロシアムで『K—1 WORLD MAX』が開催されていた。ノアは三沢光晴たちが全日本プロレスから離脱して二〇〇〇年に立ち上げた団体で、この日は三沢と小橋建太によるGHCヘビー級選手権が組まれていた。こうした大会の影響もあり、横浜アリーナに集まった観客は公式発表では一万三二〇〇人。実際は八〇〇〇から九〇〇〇人程度だっただろう。

第一試合、石井対宇和野は激しい試合となった。途中から二人は互いに頬を平手打ちした。最後は石井が宇和野の上に馬乗りになって、拳で殴り続けた。レフェリーが軀をぶつけて試合を止めると、仰向けになった宇和野の鼻からすっと血が流れた。

長州はWJを「ど真ん中のプロレス」と表現していた。飛んだり跳ねたりする派手な技を多用せず軀をぶつけ合うという長州の考えが体現された試合だった。

石井はこの試合をこう振り返る。

「いい試合をするという意識はなかったです。最後は、宇和野を病院送りにしてやろうと思っていた。本当に病院に行きましたね」

控室に戻ると、ほかのレスラーから声をかけられた。

——何？　お前、キレたの？

——宇和野となんかあったのか？

そう勘繰られるほどの内容だった。

試合後、しばらくすると、石井の右の拳はグローブのように大きく腫れ上がった。それでも負けず嫌いの石井は泣き言を口にすることはなかった。

「素手で殴ったので拳は腫れました。まあ、でも大したことはないです」

第五試合で大仁田と対戦したのは越中だった。長州からＷＪに誘われたとき、越中に迷いはなかったという。

「キャリアを積んできたら、（プロレス界のために）やらなきゃいけないことがあるんだという長州さんの言葉もありましたね。ぼくは全日本、そして新日本と大きな団体でしかやったことがなかった。選手がいて、営業がいて、組織としてきちんとしていて、すべてが整っているわけじゃないですか。ある程度、年齢を重ねてきて一からやってみるのも面白いかなというのがあった。うん、それでやってみたい、やってみようかなと。長州さんの考えというのは、言わなくても分かるようになっていたんでね」

越中はレスラーとしてだけでなく、巡業部長という役職で役員にもなっている。

「役員という肩書はおまけみたいなもので、まずはリングを一生懸命やること。そんなに重くは受け止めていなかったですよ」

初めてとしては悪くなかったと越中は感じていたという。

「ぼくらは全日本、新日本でもお客さんが二〇人、三〇人という中でやったこともある。プロレスというのは水商売と一緒ですから。その割にはいいスタートを切ったなと思っていましたよ」

一方、セミファイナルの第七試合で佐々木と組んでダン・ボビッシュ、ドン・フライ組と対戦した馳は違った見方をしていた。

専修大学レスリング部の後輩である馳は、ロサンゼルスオリンピックに出場した後、八五年八月に星稜高校教諭の職を辞して、長州がいたジャパンプロレスに入っている。八六年二月、プエルトリコへ修行に出発、カナダのカルガリーを経て八七年一二月に帰国した。そして長州と共に新日本に移籍。九五年七月の参議院選挙に当選、新日本プロレスを退団した後、全日本プロレスに所属していた。

「（WJは）長くは持たないなと。新しいものを作り上げるというのではなく、選手もほとんど出来上がった人間ばかりだった。ここから新しいものを作るのはなかなか難しいなという印象がありました。団体としての熱がなかったですね。長州さん、天龍さんもいましたけど、年齢的にも人気的にも峠を越えていた。そしてプロレスの業界自体がK－1とかPRIDEに押されてエネルギーが落ちていましたからね」

メインイベントでは長州と天龍が対戦。長州はラリアットで天龍を倒し、七分五三秒、フォール勝ちを収めた。

試合後の会見で、長州はこう語っている。

「WJが真ん中に坐ったという確信と自信を持って前へ出ないと。我々は我々でど真ん中を歩くんだという気持ちで、一歩、二歩とずっと真ん中を歩いていくつもりです」

旗揚げ戦の後、『MAGMA01』シリーズが三月一五日の後楽園ホールから始まっている。三月二〇日まで五会場で大会が行なわれ、全大会、長州と天龍のシングルマッチが予定されていた。二人の六連戦はシリーズ最大の売りだった。

ただし長州は五一歳、天龍は五三歳――。五〇歳を超えた二人を興行の柱に据えることは、重い荷物を担いで細い綱の上を渡るようなものだったろう。

そして、その綱渡りはあっさりと終わった。

シリーズ三戦目となる群馬県太田市の大会前、長州が体調不良で天龍との試合を中止にしたいと言い出したのだ。団体の中心である長州が欠場しては格好がつかない。そこで天龍が頭部に異常を感じたため欠場すると発表した。長州は大仁田との六人タッグマッチに顔見せ程度に出場している。

この対応に収まらなかったのは谷津だ。

「群馬の太田では俺が地元の人間にチケットを売っているんだよ。それなのに天龍がドタキャンしたなんて。俺は長州に言ったの。どこが悪かろうが、天龍でもなんでも連れてこいと。(調子が悪いならば)プロレスって包帯を巻いてやる、みたいなアングルだってあるわけでしょ? それもやらなかった。

実際、あのときは天龍はやる気満々だったんだけれど、長州ができない状態だった。俺たちにしてみれば何を言っているんだという話。チケットが売れなければ営業が悪いということになるわけでしょ？　お前、何をやっているんだ、この野郎ってなりますよね。俺もカチンときたんです」

以前から谷津は長州がプロモーション活動に非協力的だと腹に据えかねていた。旗揚げ戦前、長州にはさまざまなメディアから出演依頼が多数来ていた。しかし、そのほとんどを断っていたのだ。

「あの頃はイメージとかなんとかあったのか、（長州は）絶対にテレビとか出なかった。だから、営業はすごく困ったんですよ。また、長州を連れてきてくれればチケットを売ってあげるという人もいた。で、〝頼むよ、先輩〟って言うと、〝俺は関係ない〟と。（チケットが）売れねぇのは、お前が悪いんだと。それはねぇーんじゃないって。昔じゃないんだから。プロレスというジャンルが冷え切っている。あんたはプロレスというジャンルの中にいるんだよってことを分かっていない」

そして、二人は決裂した。

「そのうち、どんどん（団体が）おかしくなっていって、〝お前なんていたってしょうがない、やめろ、お前〟って言われたんですよ。お前なんか（営業の会議に）来なくていいと言われた」

当初、谷津はレスラー兼営業本部長という役職で月々一五〇万円を提示されていた。

「これじゃ高いよって言っていたんです。俺がこれだけ貰っているんだから、新日本から来ている連中はもっと高いんですよ。そんなに払っていたら、すぐに潰れるって。だから（長州から会議に来なくていいと言われた後）営業本部長で五〇万とか貰っているのはおこがましいので、月一〇〇万で（レスラーとして出場する形で）いいですよって言ったんですよ。その後も試合には出ていたけど、長州とは全然話をしていない」

いつ頃、営業の会議に来なくていいと言われたのですか、と年表を見せて確認したのだが、谷津は覚えていないと首を振った。

谷津の口からは長州、そしてＷＪへの不満が止めどなく、そして乱雑な形で流れ出て、聞いているぼくが唖然《あぜん》とする程だった。

死亡事故

ＷＪは道場に近いマンションを借りて、新しい寮にしていた。石井たちはそちらに移り、その後に入門してきた和田城功《くによし》がプレハブの二階に住むことになった。

七八年生まれの和田がプロレスラーを志したのは、長州が猪木を初めて倒した試合を観たときだった。肥満気味だった和田は、いわゆるいじめられっ子だった。強くなりたいとレスリング部のある高校に入り、国体にも出場している。高校卒業後は中華料理店に就職した。将来、プロレス団体に入門すれば、新弟子は料理を作らなくてはならない、そのとき役に立つと考えていたのだ。仕事の傍ら、アニマル浜口のジムに通い、ひたすら軀を大きくすることを目指した。目標は長州のような大きな軀だった。

ＷＪを立ち上げる際、長州が「新弟子を二人育てたい」と語っている記事を目にした。浜口と相談して、ＷＪの事務所に履歴書を送ってみた。面接のため事務所に行ってみると、部屋の中には長州が坐っていた。憧れの人を目の前にして、和田は固まってしまった。

「プロレスというのはいろいろな団体があるけれど、メジャーとインディーの差はなんだ？」

長州の問いに和田は「分かりません」と首を横に振った。

「同じだよ、やることは同じだよ。メジャーもインディーもないんだ」

和田はプロレス雑誌を毎週買い、長州の言葉を記憶するほど読み込んでいた。かつて長州は大仁田などのインディー団体を馬鹿にする発言をしていた。あれ、昔と言っていることが違うなぁと思った。

「もう一度、浜さんのところに行って、プロレスとはなんぞやと聞いてこい。それでもやるならば来い」

長州の言葉を伝えると浜口は「そうか、じゃあ、頑張れ」とだけ言った。こうして和田はＷＪの練習生になった。

旗揚げ戦の行なわれた横浜アリーナで、和田は無我夢中で走り回っていたという。

「あのときは生まれて初めてセコンドに入ったんです。セコンドの仕事というのは、ロープ開けだったり、脱いだシャツを控室に持っていったり。ところが、あの日は何をやるのか教えられる人がいなかったんです。石井さん、宇和野さん、高智さんは試合に出るのでそれどころではない。ぼくは（鈴木）健想さんの付き人になっていた。健想さんに聞くつもりだったんですが、夫婦喧嘩で会場入りが超遅れてしまった。ぼくがプロレスファンとして持っていた知識だけでやるしかなかった。横浜アリーナって裏側がだだっ広くて迷路みたいになっているんです。そこで一人で右往左往してました」

印象に残っているのは、第一試合の石井と宇和野の試合である。自分もデビューすればこんな試合をしなければならないのだと身が引き締まる思いだった。

シリーズ三戦目、群馬県太田市の大会で長州対天龍戦が中止になったことは、会場入りしてから知った。

「あの日はみんなバラバラに会場入りしていたんです。ぼくは免許を持っていなかったので、健想さんの助手席に坐っていました。その日も健想さんが奥さんと大変な喧嘩をしたみたいで、もう駄目だよ、なんて暗い顔してました。会場に着いてみると、長州さんが試合に出られないと、もの凄く雰囲気が悪かったことを覚えています」

ＷＪは邪悪な何かに魅入られたような団体だった。

シリーズ四戦目、長州が「全身の倦怠感」を理由にこの日から欠場。さらに翌日の三月二〇日、アメリカを中心とした有志連合が、武装解除問題の進展義務違反を理由としてイラクに侵攻、イラクへの武力行使が始まった。国会議員に禁足令が出たため、参議院議員だった大仁田は欠場を余儀なくされた。

そして七月二八日のことだ。

近々行なわれるタッグトーナメントに向けて、鈴木健想のタッグパートナーとしてジャイアント落合という選手がＷＪの道場に来ていた。

ジャイアント落合——本名、岡田貴幸は七三年五月に秋田県男鹿市で生まれた。秋田工業高等専門学校時代には、全国高等専門学校体育大会の柔道競技で四連覇を成し遂げている。卒業後は、正道会館に入りＰＲＩＤＥなど総合格闘技の試合にも出場、佐竹雅昭が主宰する「怪獣王国」に所属していた。

彼は中日ドラゴンズの監督だった落合博満の甥《おい》にあたり、ジャイアント落合と名乗っていた。身長一八五センチ、体重一三〇キロという巨漢、黒々とした癖毛をした落合の外見はプロレス向きだ、と鈴木が目をつけたのだ。落合は総合格闘技のほか、インディー団体の「格闘探偵団バトラーツ」のリングにも上がっていた。

一一時からの練習が始まって一〇分ほど経った頃だ。

和田たちＷＪの所属レスラーは鈴木の指示で、マットを使ったトレーニングをしていた。その横の空いた場所で、落合が受け身の練習を一人でしていた。何度目かの受け身の後、大きな音を立てて落合の軀がマットに落ちた。

和田はこう振り返る。

「ぼくが覚えているのは、前回りの受け身を取るのかなと思っていたら、ズダーンと音を立てて倒れた。あれって思っていたら、そのままいびきをかき始めた。それでみんなが〝救急車を呼べ〟と。指を（落合の口の中に）突っ込んで、舌を巻かせないようにって」

落合は道場から近い品川区旗の台にある昭和大学病院の集中治療室に運ばれた。

「たぶんうちの練習に来て初日か二日目。たぶん初日ですね。だからぼくは挨拶程度しかしていないです。あとから聞いたら、彼はバウンサー（用心棒）の仕事を六本木でしていた。前日の夜は揉め事があって、二時か三時まで帰れなかった。それで眠るのが遅くなったと聞きました。その状態で練習に来て、頭を打ったら……。プロレスの受け身は馬鹿にしてはならないんです」

このとき長州は、和田たちとは別に道場の中二階を軽く走っていた。落合が倒れたので慌てて駆けつけ、病院まで付き添っている。

和田たちが集中治療室で見守ったが、八月八日に落合は急性硬膜下血腫で亡くなった。三〇歳だった。

「ぼくたちが落合さんをボコボコにしたのが原因だとかいろいろと言われましたけど、ボコボコも何も一緒に練習もしていないんですよね。そして練習から始まって一〇分ぐらいしか経っていない。倒れた時間を照らし合わせれば、何もなかったことは分かりますよね。全員、警察に簡単な事情聴取はされましたけど、すぐに事件性がないと不問になった」

とはいえ、練習中にレスラーが死亡したことは、団体に薄暗い印象を植えつけることになった。

すでに設立当初の羽振りの良さは嘘のように消えていた。旗揚げから三ヶ月後の六月から、福田、長州、永島の三人は給与返上していた。それどころか、会場費の支払いにも事欠くようになっていた。

会場代は、まず半分を前金として入れて、残りを当日精算していた。大木によると、当日券の売り上げを当日精算に充てていたという。

「途中でどれぐらい当日券が売れているのか聞きに行って、確認しながらハラハラしていました。私は最後まで残って、お金を数えて精算していました」

レスラーへの支払いも滞るようになっていた。まず八月二一日の大阪府立体育会館大会を最後に鈴木健想が契約を残したままWJを退団した。

内部告発

WJの専務だった永島の著書『地獄のアングル』では、ジャイアント落合の死亡事故で、決まりかけていたスポンサーの話が立ち消えになったと書かれている。そんなWJの起死回生の策が、総合格闘技大会『X―1』の開催だったという。

〈そもそもX―1は、総合格闘家のブライアン・ジョンストンが、WJの外人ブッカー担当であるマサ斎藤にもちかけてきた企画だった。

確か時期的には、二〇〇三年の五月頃だったと記憶している。

「ブライアン・ジョンストンっているだろ。アイツがさ、日本でPRIDEみたいな格闘技大会をやりたいって言っているんだよ。オヤジ、どうだよ。やってみる気はあるか？」

いきなりマサが提案してきたのだった。

（中略）同じようにマサから、ジョンストンの話を聞かされた長州は、「これは面白いことが出来そうだ」と大賛成。すぐさま実現に向けて動き出すことになった〉（『地獄のアングル』）

ジョンストンは斎藤に、自分の周囲には無名ではあるが強い格闘家がいる。彼らを使って大会をやろうと持ちかけたのだという。

K－1、そしてPRIDEが外国人格闘家を使って人気を博したのは、テレビ局がさまざまな番組を通じてその選手の素性、背景を知らしめ、ときに物語を膨らませて、興味を喚起したからだ。どれだけ力があったとしても、名前も知らないアメリカ人の格闘家に対して、なんの繋がりもない日本人が思い入れを抱くことはない。PRIDEなどの成功例を表面的に真似た安易な企画だった。当然、チケットは売れなかった。

さらに――。

〈大会三日前のことだ。WJは、マスコミを集めてX－1用のリングを公開する……はずだったのだが、ここで思わぬ事態が起きてしまう。

X－1では、リングを金網で覆うケージマッチのスタイルを取ることが決まっていた。いわゆるプロレスで言うところの金網デスマッチである。

ところが、いざリングを報道陣にお披露目する当日、アクシデントが発生してしまった。金網を組み立てようとしたら、なんと部品が足りなくて組み立てられなかったのだ。

金網はジョンストンがアメリカで用意したものだった。日本に送られてくる過程のどこかで、部品が欠けてしまったのである〉（『地獄のアングル』）

『地獄のアングル』には、足りない部品をワイヤーで繋いで凌いだと書かれているが、和田によると試合当日になっても問題は解決していなかったという。

「九月六日の朝、施錠する鍵がチェーンの穴と合わないということが分かった。ぼくが（試合の行なわれた横浜文化体育館に近い）横浜出身だということで、高智さんの車で金物屋を探して南京錠を買いに行ったんです。当日ですよ」

問題があったのは、金網だけではなかった。

「セコンドで使うバケツとかを準備しなければならないと思って、永島さんに聞いたら、用意していないというんです。〝トイレのでいいだろ〟って。佐々木（健介）さんとかが命がけでやっているのに、格闘技をなめているって、永島さんに対する怒りを感じましたね」

ＷＪのレスラーからは第七試合に佐々木、第六試合に中嶋勝彦が出場することになっていた。中嶋はプロレスを含めてこれがデビュー戦だった。

和田はアメリカから来た選手たちの質が低いことにも腹を立てていた。ジョンストンが言う、無名ではあるが実力のある選手というのも嘘だったのだ。

「選手は選手で観光気分で来ているんです。そういうのは見ていたら分かるじゃないですか。こいつら、ふざけるなよ、みたいな」

第一試合、第二試合と熱のない対戦が続いた。五〇〇〇人収容の会場は半分も埋まっておらず、空席の目立つ観客席は静まり返っていた。

会場が沸いたのは、第四試合の途中のことだった。

ジミー・ウェストフォールとアダム・〝バーノン〟・グェラという、双方腹部のたるんだ、しまりのない軀をした選手が金網の中に入った。試合開始から二人ともむやみに拳を振り回し、軀をぶつけるという喧嘩のような試合だった。

一〇〇キロを超える二人の軀がぶつかったため金網が大きくたわみ、出入口の扉が大きな音を立てて落ちた。その瞬間、退屈していた観客から乾いた笑い声が上がった。

その後、選手たちが金網に近づくたびに、リングサイドに控えていた和田たちが駆け寄り、その部分を腕で支えることになった。

メインイベントは、ダン・ボビッシュとベイシル・キャストという選手の対戦だった。ボビッシュはＷＪの旗揚げ戦にも出場している。しかし、メインに相応しい知名度、人気があるとはとても言えなかった。二人が入場曲と共に登場しても会場からの拍手はまばらだった。試合はボビッシュがあっさりと勝利、大会は最後まで盛り上がらないままに終わった。また、この大会で佐々木が骨折、しばらく欠場している。

谷津は会場で試合を見ていた。

「X―1なんかとんでもない話でね。絶対に無理、茶番になっちゃうよと。（でも）マサさんが絶対に売れると。それで（社長の）福田政二がうんと言った。俺はそんなんで金儲けなんかできるわけねぇって冷ややかに見ていたけどね。なんかプロデュースした外国人がいたでしょ？　ブライアン・ジョンストン？　マサさんと彼は新日のときから仲が良かった」

谷津は二〇〇〇年一〇月三一日にPRIDEでゲーリー・グッドリッジと対戦したことがある。これは当時率いていたSPWFを維持するためだった。

「どうしても会社が金欠だから、どうすっかなと思っていたら、（総合格闘技から）何個か出てくれって言われたんですよ。負けてもいいから売名行為で出ちまおうかと。金になるし。あのときは、なんのかんので一五〇〇万円ぐらいもらったんですよ。売名行為で出たんだけれど、SPWFよりも谷津の方がクローズアップされて、金にはなったけど失敗だったなと。思惑が外れてしまったんですよ」

グッドリッジの試合以降、谷津は総合格闘技から距離を置いていた。

「プロレスラーはプロレスをやればいいんだと。余計なことはやらなくていいんだと言っても、俺は営業を外れているから、外野でしょ。言えば言うほど、向こうは意地になっちゃって。見に行ったけど、すぐに帰っちゃったよ。あー、駄目だ。恥ずかしいって」

X―1の後、谷津は社長の福田から頼まれて、社長専用車を中古車販売店まで持っていった。

「ジョンストンへの支払いができなかったんですよ。あいつに五万ドルとか六万ドルとかすごい金を払わなければならなかったのに、会社にキャッシュ（アウト）フロー（の金）がない。現金にしなきゃいけないのに、誰も行きたくないっていうから、俺が行くことにした。甲州街道のところのガリバー。社員を一人連れていったんだ。そのまま売ってくると、帰りの足がなくなっちゃうからね。黒のセルシオ、新古車だったから、五〇〇万ついた。なんだかなぁと思ったよ」

谷津が溜まっていた不満を吐き出すのは時間の問題だった。

X―1から約三週間後の九月二九日、〈WJ崩壊危機〉〈長州を告発!!　退団谷津　営業本部長〉という見出しが東京スポーツの一面に出た。

記事はこう始まっている。

〈経営危機が噂されているWJが、団体存亡の瀬戸際に追い込まれていることが28日明らかになった。今月末に退団する営業本部長・谷津嘉章（47）が、WJの抱える問題点を指摘し「もう、もたない」と断言。長州力（51）の運営方針にも、辛らつな言葉を投げかけた。団体設立から1年、旗揚げ戦から7ヶ月で、引退を撤回してまで長州が立ち上げたWJが崩壊しようとしている〉（九月三〇日付）

谷津の写真のほか、二八日に三重県営サンアリーナ・サブアリーナ大会の観客席を撮影した写真が掲載してある。並べられたパイプ椅子のうち、半分から後ろは空席となっていた。

給料未払いにも触れている。

〈移動日となった27日には、名古屋市内で会社サイドと選手会の緊急ミーティングが開かれた。コスト削減のため、会社から選手にファイトマネーの4割カットが提示された。実は8、9月分も未払いだという。

谷津もこの事実を認めており、これには選手サイドも難色を示したままで、いまだ解決していないもよう〉

役員となっていた越中や谷津は、それ以前から給料が未払いとなっていた。

一〇月一日午後三時、WJの事務所に、社長の福田、永島、長州、佐々木、越中、大森、タイガー服部たちが集まり会議が開かれた。この席で越中たちは、給料未払いを理由にWJとの専属契約破棄を申し出て、認められている。

第十四章　どん底

ＷＪ活動休止後、規模縮小した「リキプロ」で理想のプロレスを追求した

ZERO-ONE

「社長、面接の奴が来ました」

そう言って男が扉を開けた。部屋の中はカーテンが閉められており、薄暗い。目を凝らすと、ソファの上にティアドロップの黒いサングラスをかけた長髪の男が坐っているのが見えた。分厚い胸板ではちきれそうなTシャツ、足には蛇革のウエスタンブーツ――。長州力だった。

(リキプロって、長州力の会社なのか。えらいところに来てしまった)

八六年冬、これが中村祥之と長州の最初の出会いだった。

このとき、長州はジャパンプロレスに所属しており、同時にリキプロダクションという個人事務所の社長でもあった。専修大学の学生だった中村は知り合いの紹介で、リキプロのアルバイト面接に来たのだった。

「お前、専修大学か?」

長州がぶっきらぼうに口を開いた。

「はい」

「じゃあ、お前、馬鹿だな」

ハハハと大声で笑った。

「裏口(入学)か?」

中村はいいえと強くかぶりを振った。中村はプロレスファンではあったが、アントニオ猪木が好きで、長州はどちらかというと嫌いだった。このアルバイトは落としてくださいと心の中で願っていた。そんな中村の心中に長州は気づくはずもなく、機嫌良く「お前、運転できるのか？」と訊ねた。

「はい、できます」

「じゃあ、明日、一〇時にこの事務所に来い」

「えっ、いや……。ぼく、大学の授業がありますんで……」

「専修大学なんて勉強しなくてもいいだろ？」

長州は軽い調子で言った。そして翌日から中村は長州の運転手となった。

「翌日から毎日、長州さんの送り迎え。逆に大学の授業に行くのに、会社に伺いを立てないといけない程でした」

中村は当時を思い出して、含み笑いした。

「あの頃の長州さんは勢いがあったので、信号が黄色はもちろん、赤になったばかりならば、行け。一方通行も〝大丈夫、俺は長州力だ。そっちの方が近い〟と。一度、警察に見つかって止められたことがあるんです。長州さんが〝今、ちょっと仕事忙しいんです〟と窓から顔を出すと、〝本当は駄目なんだけれどなぁ、気をつけて〟って通してくれましたね」

長州がジャパンプロレスから新日本プロレスに戻った後、大学四年生になっていた中村は新日本の営業部でアルバイトをすることになった。アルバイトといっても、一つの地区を任されて約一ヶ月常駐。ポスター張りからチケット販売まで社員同様の仕事を任された。卒業後はそのまま新日本プロレスに入社している。

　中村もまた、新日本が大きくなる渦の中にいた一人である。

「坂口さんが社長のとき、一月には必ず社員旅行があったんです。ハワイアンオープンと坂口さんが名付けたゴルフコンペがあって、優勝すると三〇〇〇ドルぐらい貰えた。ぼくは一度優勝したことがあるんですけれど、嬉しかったですね」

　中村が、猪木の面前で大仁田を新日本のリングに上げることに賛成したことは前述した。その後、中村は二〇〇一年に橋本真也と共に専務取締役としてゼロワンを立ち上げていた。長州よりも約二年先んじて団体を運営していたのだ。

　WJが事務所を開けた直後、中村は視察を兼ねて顔を出している。

「お互い頑張りましょう」

　中村が声をかけると、永島が鷹揚に胸を張った。

「お前のところが駄目になったら、いずれ面倒見てやるから頑張れよ」

　中村の耳には屋形船での忘年会などの派手な出費の話が届いていた。プロレス団体を運営している人間として、そんな出費に耐えうる収入がないことは分かる。自信満々な永島の顔を見ながら、このままだと長く続かないだろうなと思っていた。

　中村は営業を任された谷津に同情的だった。

「残念ですけれど、WJには新日本の現役の営業が誰一人ついていかなかった。営業でしっかりした人が誰もいなかったので、谷津さん自身がやらざるを得なかったんでしょう」

その後、『X―1』という総合格闘技の大会を開催すると聞きつけた中村は永島に連絡を入れている。

「ゼロワンは金網を持っていたんです。貸しますよって言ったら、永島さんは〝作っちゃったよ。最初からそれも金額に入っているんだよ〟という返事だった。一〇〇万とか払ってあの金網でしょ？　永島さんもあとから借りたほうがよかったと後悔していました。どんどんWJが揺らいでいくのを横目で見ていましたね」

とはいえ、ゼロワンの経営も楽ではなかった。プロレス界自体が地盤沈下して観客が減っていた。年に数回行なっていた一万人強収容する両国国技館での大会には中村も苦心していた。

そこで、中村は長州に頼んでみようと思った。

コラコラ問答

WJは二〇〇三年一〇月一九日から東北を中心としたシリーズに出ていた。遠征先ならば長州も比較的時間があるはずだと中村は考えた。WJの日程を手に入れると一〇月二二日に新潟県の燕市民体育館で大会があった。新潟ならば東京から日帰りで行くことが可能だ。さらに調べてみると、長州たちは燕市内のビジネスホテルに泊まっていることが分かった。

かつて運転手を務めていた中村にとって、相変わらず長州は近づきがたい存在だった。親しく口をきくことはなく、もちろん頼み事をするのは初めてのことだった。鼻であしらわれるかもしれない。とにかく会ってみることだと肚を決めた。

ホテルに着いてフロントから部屋に電話を入れて「中村です」と名乗ると、受話器の向こうの長州は驚いた声になった。

「どうしたの？」

「ちょっと話ができませんか？　今、ホテルのフロントにいます」

二人はホテルの一階にあるこぢんまりとしたロビーで話をすることになった。

「久しぶりだな。橋本は元気にしているか？」

長州はにこにこと笑いながら訊ねた。

「まあ、元気にやっています」

「自分でやってみると分かったけど、興行会社というのは大変だなぁ。WJは売り上げはある程度目処が立っているんだけれど、支出が大きくてよ、どうしようもないよ」

ふっと溜め息をついた。

（大変なことはぼくも予想がついていましたよ）

そう思いながら中村は、恐る恐る一二月にゼロワンの両国国技館の大会があることを伝え、そこに出てほしいと頭を下げた。

話を聞き終わると長州は「よしっ」と声を出した。

「祥之、この話は絶対に誰にも言うな。分かったな。永島にも言うな」

中村は東京に戻るとすぐに橋本を呼び出した。

「両国、何やる?」

橋本は中村の顔を見ると暢気《のんき》に訊ねてきた。

「長州力とやってください」

長州と聞いて、橋本はくすりと笑った。

「お前、できるわけないだろ。長州力、俺のこと大嫌いなんだ。やるはずないだろ」

橋本がたまに長州を話題にすることがあった。自分をつくってくれたのは長州力である、しかし、突き抜けようとすると押さえつける存在でもあると。長州は闘魂三銃士のほかの二人、武藤を「敬司」、蝶野を「蝶野」と呼んでいた。そんな中、自分だけが看板レスラーになっても「チンタ」と小馬鹿にした渾名で呼ばれることに橋本は腹を立てていた。とはいえ、二人とも不器用な生き方しかできないこと、凄みのあるプロレスを見せるという意味では、似通ったところがあると中村は見ていた。

「もし、向こうがイエスって言ったらどうします?」

「いやー、言うわけない。言うわけない」

橋本は大げさに頭を振った。

「あの頭の固い長州力だよ。言うわけない」

「実は長州さんと会ってきました」

「えっ、何?」と橋本は目を丸くした。

「なんて言っていた？」

「オッケーです」

「本当かなぁ。俺は信用しない」

長州、橋本、そして中村が顔を合わせたのは、それから二週間程後のことだった。場所は用賀の東名高速道路出口に近い和食チェーン店の個室だった。

テーブルの上にはしゃぶしゃぶ用の鍋が置かれ、肉が盛りつけられた皿が並べられた。長州は焼酎、森伊蔵のロックを飲み、橋本はお茶をすすった。まったく会話は弾まなかった。二人が箸をつけないため、中村は目の前の鍋の底からぶくぶくと泡が立ち上るのを見ているだけだった。

「お湯を足してください」

たまらず店員を呼んで、鍋の中に湯を注いでもらった。皿の上にのせられた赤い肉が乾燥していくのを中村はもったいないと思いながら眺めていた。どれほど経ったろうか、ようやく長州が口を開いた。

「やるんだったら、これ以上話をする必要はないだろ」

橋本が黙って頷くと、長州は続けた。

「俺がこの席に着いたということは、やるということだ」

そして長州は「もう、帰る」と腰を上げた。

一一月一七日、中村は長州の携帯電話に連絡を入れている。

「明日、ゼロワンの道場で橋本が両国大会に向けた記者会見をやります。そこで言いたいことを言ってもらえませんか？」

「ああ、分かった」

長州は短く答えた。記者会見の始まる時間を念押しして中村は電話を切った。翌日、中村は橋本に「長州さんが記者会見に合わせて来る予定です」と耳打ちした。

「本当に来るのかな？」

橋本は首を傾げた。

「来なかったら来なかったで、普通の記者会見をやりましょうよ」

ゼロワンの道場は東京の竹芝桟橋に近い、倉庫を利用した無骨なコンクリート造りのビルの中にあった。記者会見のために、道場には長机とパイプ椅子が並べられていた。そろそろ記者たちが来る時間だと中村は道場の一角を区切った事務所の中に入った。

「今日は事務所で留守番しているから、会見は頼むよ」

中村は社員の肩を叩いた。何かあったとき、顔見知りの記者にしらを切るのが嫌だったのだ。

しばらくして事務所の扉が勢いよく開き、社員が息せき切って中に入ってきた。

「長州さんが来ましたっ」

（やはり来てくれたか）

中村は心の中で快哉《かいさい》を叫びながら、素っ気なく言い返した。

「嘘だろ。なんで長州さんが来るんだ」

長州が来ることは中村と橋本の二人しか知らない。

「いや、嘘じゃないです。大変です。橋本さんと喧嘩になります。喧嘩です」

記者会見の途中、突然道場に入ってきた長州は、橋本に詰め寄った。

「何がやりたいんだ、コラッ。紙面を飾ってコラァ。何がやりたいのか」

紙面を飾る、とは橋本が長州をスポーツ紙で批判したことを指している。すでに二人は新聞を使って互いを批判していた。そしてテレビカメラに視線をやると「はっきり言ってやってやれ、コラ」と続けた。

「嚙みつきたいのか、嚙みつきたくないのかどっちなんだ。どっちなんだ、コラ」

長州の勢いに気圧されていた橋本は、それを打ち消すかのように大声を張り上げた。

「何がコラじゃ、馬鹿野郎、コラ」

長州は橋本の言葉に「何コラ、タコ、コラ」とかぶせた。

橋本も負けていない。

「なんや、コラ」

「紙面を飾るなって言ってんだコラ」

長州と橋本は顔を突き合わせる寸前まで近づいて、互いを罵倒し合った。

橋本が少し落ち着いたと見たのか、長州は「わかった」と引き下がった。一度、出口に向かったがすぐに振り返った。

「お前、今言った言葉、呑み込むなよ」

先程とは打って変わって、穏やかな調子だった。諭すような口調に橋本は機先を制された。長州はこう続けた。

「分かったな、ほんとだぞ。噛みつくなら、しっかり噛みついてこいよ、コラ」

「おっさん、なめんなよ」と応じた橋本をおいて、長州はさっと道場から出て行った。長州らしい、上手な喧嘩だった。

橋本は長州が去った後、「あのおっさん……」と怒りが収まらず軀を震わせていたという。しばらくして、中村の携帯に永島から着信があった。自分の知らないところで動いたなという抗議だろう。中村は電話に出なかった。

この長州と橋本のつばぜり合いは話題となった。そして、短時間に「コラ」という言葉が何度も出てくることから、後に「コラコラ問答」と呼ばれるようになった。

「俺の言っていることは嘘だと思う?」

長州の人生を描く上で欠かせない人物が何人かいる。その男はその中の一人に入るだろう。彼は長州と長期間、行動を共にしていた元新聞記者である。その経歴だけを考えれば、真っ先に話を聞きに行くべきだったかもしれない。

ただし――。

ノンフィクション、あるいはドキュメンタリーと呼ばれる仕事は、被取材者の証言の精度を把握することが重要である。何を言ったか、はもちろんだが、誰が言ったか、が大切なのだ。彼が出した本は報道に関わっていたと思えないほど裏付けがあやふやで、詳細に読んでいくと事実関係に齟齬《そご》が出てきた。周囲に話を聞き、十分な材料を集めてから会わなければ、意味のない取材になると後回しにしていたのだ。

それは東京スポーツから新日本プロレスに入り、その後、長州と共にWJを立ち上げた永島勝司のことだ。

例えば――これまでも引用してきた彼の著書『地獄のアングル』では、旗揚げシリーズでの長州対天龍戦の中止についてこう描写している。

〈長州対天龍の四戦目が行われるはずだった群馬の太田大会当日のことだ。

まだ、時間は朝早くにもかかわらず、俺の携帯に電話をかけてきた人間がいたのである。

「誰だ？　こんな時間から俺に電話をしてくるのは」

俺は、すかさず携帯のディスプレイを確認した。すると「天龍」の文字が表示されている。

「永島さん、あのさ……」

電話に出ると、か細い声で俺を呼ぶ天龍。いつもと違って元気がないのが分かる。そして、非常に気まずそうな声で次のようなことを俺に伝えてきた。

「申し訳ない！　今日の試合、休ませてほしいんだ」

「朝起きたら、身体の調子が何だかおかしくてさ。さっき病院に行って診てもらったら、頭部に異常があるらしいんだよ」
「そうなんですか……。体の負傷ならまだしも、頭だったら試合は危ないですね」
「医者に『今日、試合をやらせてくれ』って相談したら、『試合なんてとんでもない。あなた、死にたいんですか？』って血相を変えて怒られてしまったんだ」
「事情は分かりました。そんな状態では、さすがにうちとしても天龍さんに試合をさせるわけにはいきませんよ。今日のところはこっちで何とかしますんで、ゆっくり身体を休めて早く復帰してください」〉

これらのやりとりはまったくの創作だ。

二〇〇九年に発売された『プロレス下流地帯』というムックの中に、永島の『地獄のアングル』を原作とした『地獄の実録「WJ」「ど真ん中」――伝説のスキャンダル団体！』という短編漫画が収められている。永島が追加で話をしたのだろう、こちらでは原作とは違って、長州が試合を中止してくれと永島に電話で〝哀願〟した状況が描かれている。

永島に話を聞く際には、これまで取材をした人間の証言と辻褄が合うか、彼の言葉を裏付ける資料が残っているのか、確かめながら話を聞かなくてはならないと思っていた。

彼から指定されたのは、新橋駅から近い大衆酒場だった。約束の時間は昼の一二時。店に入ってみると、すでに永島は席に着いており、テーブルの上には焼酎を何かで割ったと思われるジョッキが置いてあった。

「おう、先にやっているよ」

永島は手を上げた。初対面にもかかわらず、ずいぶん親しげだった。

彼の著書などに写っている永島は、小型冷蔵庫のような四角い軀をした精力溢れた男という印象だった。ところが目の前の男は痩せてすっかり脂が抜けきっていた。かつてと比べると一五キロも痩せたという。

「藤波と会ったんでしょ？　言っていたよ。長州のことを書くんだったら、俺のところに来なきゃ駄目でしょ」

「周囲の人の話を固めてから、永島さんにお話を伺おうと思っていたんです」

ぼくの答えに、「こいつ」と拳を上げ、愛嬌《あいきょう》のある笑顔を見せた。

「俺はあいつの裏も表も知っている。昔から俺のことをずっと〝オヤジ〟と呼んでね。年はそんなに変わらないんだよ。あいつ、メキシコの話をした？　俺が東スポの記者だったとき、メキシコから長い手紙を寄越してさ。帰りたいのだけれど帰れない。もう（プロレスを）辞めたいって。便箋《びんせん》に涙ながらに書いてきた記憶がある。ああ、光雄、相当悩んでいるなぁと。その頃、俺は猪木と仲が良かったから、そろそろ長州を帰さないといけないなと話をしたんだ。それで光雄、帰ってこいと。その直後に起きたのが噛ませ犬」

新聞記者時代から猪木と親しく、マッチメークに関わっていたというのが永島の自慢だった。ただ、坂口や大塚から永島の名前が出たことはなかった。念のため、長州から来た手紙は残っていますかと訊くと、「ない」と首を振った。

「まずＷＪで長州さんが体調不良で欠場したときの話を聞かせてください。『地獄のアングル』では天龍さんが怪我をしたと、事実ではないことを書いています。それは長州さんを守るためですか？」

「うん。大学の後輩でもあるし、長いことずっと一緒だったからね。でも、何と言っていいのかな。守ったというのではない。あいつとの長いコンビネーションの中で自然とわき出したものなんだろうな」

「しかし、この本が出たのは、ＷＪが活動休止して、長州さんと決別した後です。本当のことを書いても良かったのでは」

「ああ……どっかで本当のことを書いたんじゃないかな。本当に駄目だったのは長州だったと。あれは天龍さんが素晴らしいと思うよ。旗揚げシリーズで長州がリタイアしました。それで天龍戦が駄目になりました。それはあってはならないこと。俺が彼に電話をしたら一発で分かってくれたからね。〝俺の診断書が必要ですね〟って。団体として長州を守らなくてはならないことを天龍の源ちゃんは完璧に分かっていた」

「ところで、長州さんはどこを悪くしていたんですか？」

「手だっけなぁ、足だっけなぁ」

永島はどうしてそんなことを訊くのだという意外な顔をした。

「どっちだっけなぁ。確か足じゃないかな」

「手と足って、全然違いますよね」

ぼくの声に咎《とが》めるような調子が混じっていると感じたのか、永島は目を伏せた。

「記憶が曖昧だなぁ。あいつは一度アキレス腱をやっているのね。足だと思ったなぁ。これはもう、そうだったかなとしか言えない」

「では、永島さんは、長州さんが足を引きずっていたなどの記憶があるんですか?」

「いや……その日は会場にやって来たんじゃなかったかな。その後は、毎日電話がかかってきた」

「負傷の後も、電話で話しただけなんですか? 怪我の具合は確認していない?」

「具合は相当悪かったと思うよ。俺も記憶はない。俺の言っていることは嘘だと思う?」

永島は逆に訊き返した。

「長州さんがどのような負傷で欠場したかというのは、非常に重要です。WJの最初の躓きになったわけですから。それを当事者に確かめることは、取材として当然のことだと思いますが」

「あー、俺も分からねぇ。だって見ていないもの。でもね、レスラーって手が一本、あれ(痛みがあったと)したって試合をやるからね。骨折ならばあれだけれど。たぶん足だったと思う」

『地獄のアングル』では、九月末に谷津が東京スポーツで内情を告発したことが、WJの決定的な打撃になったと書かれてある。

「WJの契約第一号が谷津になったとき、俺は光雄になんでいまさら谷津なんだって訊いたんだ。そうしたら、あれは営業が優れているからだと。選手も少しやっていたけど、現役のレスラーとしてではなく、あくまでも営業として獲った。でも谷津を獲ったのが失敗だった。(SWS時代、一緒の団体にいた）天龍からも谷津には気をつけろって言われていたんだよ」

「谷津さんは、ＷＪに辞表を出した後に東スポに話した。きちんと筋は通しているとおっしゃってました」

「辞表を出したかどうか、俺は知らない」

「永島さんはＷＪの幹部ですよね。営業の最高責任者の人事は重大な話じゃないですか？」

「営業のことは分からない。営業は（社長の）福田さんと谷津。谷津がいつ辞表を出したのかなんて知らない。谷津には谷津のいろいろな計算があったとは思う」

東京スポーツの記事が出た後、谷津は永島に電話を入れている。記事に激怒している長州と自分の衝突をリングの中で使えないかと提案したという。

「それは本当。オヤジ（永島）だったら喧嘩をアングルに使えるだろうと。ところが、それ以前に長州が谷津に対してキレていた。あいつはキレたらもう駄目。その後も谷津は言っていたよ。あれをアングルにしたら面白かったのにって」

持っていた分厚いジョッキをぐびりと飲むと、店員を呼んでお代わりを頼んだ。

「それより俺が考えていたのは、新日との全面対抗戦だよ」

永島は身を乗り出した。

「六本木で猪木と偶然会って、いろいろとぶちまけたんだ。ＷＪが生き残るには、新日本とやるしかない。全面対抗戦だよ。（主催は新日本とＷＪ）折半の興行にしてね。折半じゃなくても（新日本主催で）八〇〇〇万とか一億を貰うとかでもいい。全面対抗戦を東京ドームでやる。それは一回で終わらない。何度もやることになるから、間違いなく、WJは生き残った。その話を聞いて猪木も〝分かった。今度、長州と三人で飲もう〟という話になったんだよ。そうしたら、長州はゼロワンと話を進めていた」

長州が自分に黙ってゼロワンと話を進めていたことがWJを立て直せなかった一因だと、永島は著書の中にも書いていた。

「永島さんが猪木さんと会ったのはいつ頃ですか？　二〇〇三年の一〇月頃ですか？」

「えー、何月と言われたら困っちゃうなぁ。俺が猪木に会ったのは、（ゼロワンの）橋本との話が進んでいるときだったよ」

「谷津さんの発言が東スポに載った直後の一〇月一日に、WJは給料未払いで主たる選手の契約書を返却していますよね。その状態で新日本との全面対抗戦は組めないと思うんです」

「俺が猪木と話をしたのは、その前だよ。選手に契約書を返す前です。だって長州が橋本のところと話をしたのはその前でしょ？」

「いや後です」

「それは誰の証言なの？」

事実関係を整理するため、ぼくは長州に関する詳細な年表を作っていた。iPadを取り出して、その年表を永島に見せた。

「ゼロワンの中村祥之さんが長州さんに出場交渉をしたのは、一〇月二二日の燕市のWJ興行。そして一一月一八日にゼロワンの道場での記者会見に行って……」

永島はぼくの言葉を遮った。

「燕市？　それはゼロワンの興行だろ？」

「いやＷＪです」

「俺はそんな興行知らないよ」

「いや、でもそういう記録が残っています」

「専務の俺が知らない興行ってあるの？」

永島は小馬鹿にするように笑った。そこで今度はＷＪの興行一覧を打ち出した紙を渡した。永島は指先で文字を追うと「そうか、俺が知らないだけだ」と小さく呟いた。

「あー、でも猪木に会って話をしたのは事実。それがどういう状況だったかは覚えていない」

永島はかつてのＵＷＦインターとの対抗戦を念頭に置いていたのだろう。確かに、長州がゼロワンのリングで橋本と対戦するよりも、新日本との対抗戦を行なえば多くの観客を集められたかもしれない。しかし、プロレスを取り囲む空気は以前とは変わっていた。どのように盛り上げるのか、策を綿密に練らなければ、東京ドームクラスの興行を成功させることは難しかっただろう。その余力がＷＪに残っていたかどうか——。

「契約の解除については……選手たちが言い出したんだよな。その前に名古屋かどこかで、宮満教というのが中に入ってきて、彼も一緒に喫茶店で話をした」

「内外タイムス」出身の宮崎は出版プロデューサーとして『さらば桑田真澄、さらばプロ野球』、あるいは菅野美穂のヌード写真集『ＮＵＤＩＴＹ（ヌーディティー）』などを手がけていた。前者は、読売巨人軍の桑田真澄がスポーツ用品メーカーから裏金を受け取り、登板日を教えていたという内容だった。

　宮崎はWJ立ち上げ当初から関わっており、道場などの不動産探しも手伝っている。出版業界で際どい場所を立ち回ってきた宮崎が、瀕死のWJにどんな旨みを見つけたのかは分からない。とにかく二〇〇三年九月頃、宮崎を社長とした新体制移行が進んでいた。ところが、レスラーたちが猛反発して白紙に戻されている。

「中嶋勝彦を獲りにいくとき、紹介してくれたのが宮崎だった。名古屋のなんつったっけな……、竹内さんという人を知っていたんだっけな……確かそうだよな……」

　取材は一時間ほど過ぎ、すでに永島の呂律《ろれつ》が回らなくなってきていた。

　WJにいた高田龍が「永島さんは毎日仕事もせず、四時ごろから事務所の近くの居酒屋で酒を飲んで酔いつぶれていた」と呆れていたことを思い出した。

「谷津さんから聞いたのですが、彼がWJに入ったとき、営業部に〝シリーズのコースを切れる〟人間が誰もいなかったそうです。まともに営業のできる人間がいないまま新団体を立ち上げることに不安はなかったんですか？」

「営業はすべて福田さんだよ」

　永島は大儀そうに答えた。

「福田さんは実業家としての経験はあったかもしれませんが、プロレスの興行はまったく知らない。そういう人間に大切な営業部門を任せるのは考えものですよね」

「それは別よ。コースを切ったりするのは谷津とか下の人間がやればいい。そこに不手際があった。彼に対して不安があったかというと……でも社長としてやるべきでしょう。彼が営業のトップ。そこからスタートしているんだから」

「では、WJで永島さんの仕事って何だったんですか？」

「企画でしょ」

「具体的には？」

「マッチメーク、ブッキング全部だよ。（他団体の）天龍を使ったりするのも、（ノアに所属していた）大森隆男を獲ってきたり。すごく恨まれたけどね。アングルも全部、俺ら（が決めた）」

永島は当時の悔しさがぶり返してきたようだった。

「長州はね、第一試合からケツ（メインイベント）まで長州（のプロレス）でやりたがった。自分がずっとやりたかったプロレス、猪木が真似できないプロレス。でも喜怒哀楽というか、変化をつくらなきゃいけないんだよ。俺はいろんなアイデアを出したよ。（佐々木）健介は、俺はハンメに回ってWJに入れようと思った。長州馬鹿野郎って入ってきて、初めてストーリーや物語ができる」

ハンメとは「反目」させるという意味の隠語だ。

「そうしたら、長州は〝オヤジ、そういうことは必要ない〟とひと言。そのときに、これはやばいなぁと。いろいろとやろうとしたけど、長州が承認してくれないと何も先に進まない。マスコミから〝永島さん、手足をもがれたね〟って言われた。確かに、そうだったよ」

その後、酔っぱらいながらも、永島はなかなか話をやめようとしなかった。

「次の予定があるので、そろそろ」

とうとうぼくは話を切り上げることにした。自分がこうした形で強引に取材を終わらせたことは過去にあったかなと、頭の隅で考えていた。酔っぱらった永島をおいて外に出た瞬間、急ぎ足で近づいてきたスーツ姿の若い男とぶつかりそうになった。まだ明るい空を仰ぎ見て、まだ夕方にもなっていないのだと、はっとした。

「もう駄目だ、できない」

長州がゼロワンの記者会見に乗り込んで橋本と激しく口論した様をプロレス専門誌で読んだとき、石井智宏は（おおっ、さすが長州さんだ）と鳥肌が立ったという。長州が記者会見に行ったことは、事務所の人間から聞かされたが、詳しい話は教えてくれなかったのだ。

その長州の胸中が揺れていることを知ったのは、それからしばらくしてからのことだ。長州は、石井、宇和野、高智たち、ＷＪに残っていた若手レスラーを道場に集めるとこう言った。

「俺は両国に行かない。もう駄目だ。できない」

あれだけ橋本を挑発しながら、一二月一四日に両国国技館で行なわれるゼロワンの試合に出場しないというのだ。さらに長州は足を怪我しており、回復が思わしくなく、弱気になっていた。

そして「悪い」と頭を下げた。

「もう無理だ」

長州が弱音を吐くのを見るのは初めてだと石井は驚いた。WJの経営が大きく傾いていることは感じていた。決められた日に給料が払われたのは旗揚げから数ヶ月だけで、その後は分割払い、そして半年を過ぎた頃から支払いは止まった。

(俺の所属する団体はいつも潰れるのかな)

石井はかつて所属していたWARを思い出した。

ただ、WJで自分がレスラーとして成長しているというはっきりとした手応えがあった。リングの中のレスラーは自分のプロレスを客観的に見るのは難しい。みちのくプロレスなどでリングに上がっているとき、客の反応を見ながら、手探りで自分のプロレスを作り上げていくしかなかった。それがWJではいつも長州の視線を感じていた。

——リングに上がる前から、相手を潰しに行くという気持ちを持っておけ。

——あれは違うぞ。

——ロープブレイクで離れたとき、お前、安心しただろ。あそこで相手が殴ってきたらどうするんだ。

——いつでも気を抜くとやられてしまうという感覚を忘れるな。

リングから降りた後、石井はしばしば長州から声をかけられた。その言葉で石井は自分に足りないところを気づかされた。長州の視線は石井の励みとなっていた。

「俺は長州さんについてきて良かった。まだ長州さんとやっていきたいんです。これからも一緒に歩きたいです。宜しくお願いします」

石井は心に溜めていた思いを必死に伝えた。じっと腕組みして石井の話を聞いていた長州は、少ししてから「分かった」と頷いた。

「おい、酒を持ってこい。今日は飲むぞ。お前ら、言いたいことを言え」

道場の食堂のテーブルに焼酎の一升瓶が置かれた。

「よし、飲みましょう」

石井はグラスに氷を入れて、たっぷりと焼酎を注いだ。長州が本音を話してくれたという喜びがあったのだろう、高智、宇和野、和田は一時間もしない間に酔っぱらい潰れてしまった。この後、プロレス専門チャンネルの収録が予定されていた。スタジオには行ったものの高智たちはスタジオのトイレに入ったまま出てこなかった。そのため、酔っぱらった石井と未成年で酒を飲まなかった中嶋だけが出演することになった。

ただ、石井たちのように長州と行動を共にすることを決めた人間はごく一部だった。

ＷＪの事務所で働いていた大木麻記子は、佐々木とその妻である北斗晶がＷＪの事務所に来て、長州、永島と一緒に会議室に入っている姿を何度も見ている。扉の向こうから北斗が永島に向かって怒鳴っている声が漏れ聞こえてきた。時折、長州が取りなすような調子で「お米が……」と話す声が聞こえてくることもあった。長州を前にしていたからか、佐々木は黙っていた。佐々木は福岡の高校を卒業後上京、ジャパンプロレスに入門し、長州の自宅に住み込み世話になったという恩義があった。

WJの経営は回復するどころか、悪化していた。過去の未払いが解消されるという見通しはない。家計を任されている北斗が怒るのももっともだと大木たちは同情していた。その後、佐々木はWJから去った。

佐々木など月一〇〇万単位のレスラーの給料が未払いとなった後も、大木たち事務員の給料は支払われていたが、それも秋頃止まった。みな生活があり、無給で働き続けることはできない。そこで、退職扱いにしてほしいという声が社員から出ていた。

二〇〇三年一一月二一日、WJは会社の規模縮小を決めた。社員は全員解雇、残りたい社員はアルバイトとして再雇用する。大木は退社を選択し、必要なときには手伝いに駆けつけることにした。

直後、WJは大会を運営する最低限の資金にも事欠いていることが露呈する。

帰りの交通費がない

WJの輸送関係をとりまとめていた佐藤周治と長州の付き合いは長い。一九三四年生まれの佐藤が新日本プロレスの輸送関係の子会社「新日本サービス」の社員になったのは、四〇歳を二つか三つ超えていた頃だと記憶している。

「長州さんがメキシコ修行から帰ってきたときは空港に迎えに行きましたよ。長州さんが維新軍を作ってからは、日本人レスラー、外国人レスラー、そして維新軍とバスを三台走らせていて、私は日本人のバスの運転手をしていました。だから、そのときはあまり付き合いはなかったです。日本人レスラーのバスの席順は坂口さんが決めていたんでしょうね。運転席の真後ろが坂口さん、その次が猪木さん、そして藤波さんの順番。反対の列は一番前から山本小鉄さん、倍賞(鉄夫)さん、その後ろは誰だっけな。四番目が星野勘太郎さんだったことは覚えています」

嚙ませ犬騒動の直後、猪木と坂口がバスの中で、長州と藤波は本当に仲が悪くて困るとぼやいていたのを佐藤は聞いたことがある。

遠征では佐藤はレスラーたちと一緒の宿に泊まり、宴会にも参加した。

「私が働き始めた頃は旅館が多くてね、八畳間とか一〇畳間の相部屋。よくタイガーマスクだった佐山さんと一緒の部屋になりました。宴会のときは仕事を終えてから最後に行くので、空いているのが猪木さんの隣だったりして、小さくなって食べてました」

この頃、プロレス人気は凄まじく、試合会場からバスを出すのに一時間程かかったものでしたよと佐藤は楽しそうな顔をした。

長州と親しく会話をするようになったのは、彼がジャパンプロレスから戻ってからだ。レスラーでも報道陣でもない佐藤は、シリーズ中の長州にとって数少ない気が置けない人間だったのだろう、食事の席を共にして軽口を叩くこともあった。

「仕事の話はまったくなし、ですよ。飲んだときは他愛のない話ばかり。一度だけ長州さんに、あるレスラーについて〝彼は最近、試合がうまくなったね〟という話をしたんです。そうしたら〝それは違う。人からうまくなったと言われるのでは駄目なんだ〟と。ああ、それが長州さんたちの本質なんだと思いましたね」

佐藤は長州のことを真っすぐな人、面倒見のいい人と評する。

WJ立ち上げ直後、佐藤は長州から来てくれないかと頼まれた。すでに定年退職していた佐藤は、嘱託として社長の藤波の運転手をしていた。WJから提示された給料は新日本で貰っている金額よりも低かったが、自分を必要としてくれるところに行った方がいいだろうと誘いを受けることにした。

WJでは輸送部長という役職を与えられた。輸送部員は四人。運転のほか、会場での物販も手伝っていた。

「まずはリング運搬用のトラックと選手用のバスを止められる駐車場を探すことからでした。よみうりランドのゴルフ場の正門近くの駐車場を借りました。そこにプレハブの事務所を造って、毎日通ってましたね」

輸送部長として最後の仕事は二〇〇三年一二月七日の鹿児島県串良平和アリーナ大会となった。

「永島さんとも東スポの記者時代から付き合いがあって、遠征のときは同じ部屋に泊まったこともありました。永島さんから会社が厳しいとは聞かされていました。四ヶ月か五ヶ月ぐらい給料が遅れるようになって、最後の二ヶ月はなし、です。経理担当とは揉めたことはあります。部下の給料はなんとかしなければならないという気持ちがありましたから」

でも、お金の話ですから、長州さんとは関係ないですよと慌てて付け加えた。

鹿児島大会で佐藤は、物販を手伝いながら売上金がどれぐらいあるのか密かに計算していた。給料が未払いの上に、帰りの高速代金、ガソリン代を受け取っていなかったのだ。試合が終わったとき、「最小限の交通費分として頂きます」と売上金を摑むと、経理の男が「返してください。それがなければ、私がここから帰れません」と泣きついてきた。

「そんなものはなんとかしろ。こっちだって、ぎりぎりなんだ」

男を振り切ると部下に必要な金を配り、佐藤はバスの運転席に乗り込んだ。ハンドルを握りながら、この団体は終わったなと思っていた。

佐藤が去った後もＷＪは興行を続けたが、何かに魅入られたどころか、もはや呪われた団体だった。

翌二〇〇四年一月一〇日と一一日の二日間連続、北海道の札幌テイセンホールで大会が予定されていた。長州たちは試合当日の一〇日に飛行機で北海道に入ることになっていた。ところがこの日、新千歳空港は大雪が降ったため着陸ができず、上空を旋回した後、羽田空港に戻った。一〇日の大会は急遽、翌日の昼に振り替えることになり、一一日は昼夜二回興行となった。

三月一日の後楽園ホール大会の後には、会場使用料を払えなかったため永島が事務所に足止めされた。当日券の売り上げを加えても、一八万円足りなかったのだ。この三月の末、中嶋勝彦が退団している。一六歳の中嶋に将来性があると見た佐々木が自ら立ち上げた事務所に呼び寄せたのだ。

二〇〇四年五月二七日の後楽園ホールがWJ最後の大会となった。

「自分は酒でくたばるなと思いました」

ある夜の取材で、ぼくがWJについて軽く訊ねると、長州が堰《せき》を切ったように話を始めたことがあった。

最初の質問はこんな風だった。

「長州さん、WJのときに選手一人当たり五〇〇万円の支度金を払っていますよね。そのお金を銀行から大木さんが運んだとか」

長州は「よく調べましたね。麻記に会いましたか」と相好を崩した。

「麻記は最後まで良くしてくれた。（彼女が）結婚したとき、（自分は経済的に）限界を超えていて何もしてやれなかったんです」

残念そうに下を向いた。

「支度金というのは長州さんの発案だったんですか？」

「発案でもないけどね。（新日本の中でも）下の人間を獲ったわけじゃないから。彼らは新日本でそれなりのギャランティーをもらっていたのに、WJに来るという決心をしてくれた。会社辞めて出てきているわけだから、踏ん切りつけるものもあるわけですよ。彼らは何か出るんじゃないかと思う……ぼくも立場が逆だったら、何か出るだろうと」

「ジャパンプロレスに移籍したときに移籍金が発生したのと同じように」

「うん。あのときのマサさんと同じ感覚ですね。お米で気持ちを固めようというのではないですけどね。まあ、ちょっと安心感みたいなものを与えるというか……」

「WJのキャッチフレーズ、ど真ん中のプロレスというのは長州さんが考えたんですか？」

「ああ、なんて言うんですかね、あれは自然に出てきた言葉ですね。ぼくがど真ん中という言葉を使うのは、自分の生い立ちみたいな部分があるかもしれませんね」

「どういうことですか？」

「自分の韓国人の血。幼少の頃の引け目みたいなのがある。端を歩いていたというかな。子ども時代に言えなかったんです。ど真ん中を歩くぞと」

「これから自分は端を歩かない、ど真ん中を歩くという長州さんの決意表明だった」

「プロレスの業界で自分も頑張ってきて積み上げてきたというのは、少なからず自負していましたね。（自分は在日であることを）カミングアウトしているけど、していない（それを取り立てて取り上げられるのは好きではない、という意か？）。ぼくがど真ん中という言葉を使うときは、業界の〝作り言葉〟ではなく、自然に出る言葉です。幼少の頃の悔しさ、惨めさみたいなのが言葉になる。ぼくに言葉の能力はない。欠落していますよね。田舎のガキの子ども言葉みたいなのばかりでしょ」

自嘲気味に笑った。

「子どもの頃、ぼくは怯えながら生きていた。その辺が微妙に心のどこかに引っかかっている。だから自然にど真ん中みたいな言葉が出てくるんでしょうね」

「WJを立ち上げたとき、勝算はあったんですか？」

「あったと思います。まだ自分がやれるな、まだインパクトを取れるなと」

「しかし、天龍さんとの六連戦は……」

ぼくの言葉を長州は遮った。

「ああ、源ちゃんと。あれ、どこかでぼく一回、体調か何かでスカしてますよね」

「ええ。四戦目で天龍さんとの対戦を中止。翌日から欠場しています」

「ぼくはね、歯がメチャクチャ強いんです。あるとき、バーンと当たったときに歯が綺麗に折れたんです。それから何試合かしていると、どんどん噛み合わせが悪くなった。口の中を噛んでしまうので、それまで入っていた差し歯も含めて八本を抜いて、インプラントにしたんです」

インプラントとは本来、体内に埋め込む医療機器や材料を意味する。歯科の場合、顎の骨にチタンを埋め込み、義歯をつける治療法を指す。

「源ちゃんは相撲上がりで（打撃が）重い。それでぼくも打ち合うタイプでしょ。プロレスラーというのは打ち合わないといけない。それがしんどい年齢になっていたけど、自分はそういうキャラだし、源ちゃんもそう。だから打ち合ってみせるしかなかった」

「天龍さんの打撃を食らって、歯がどうかしたんですか？」

「そのときは痛いという感覚はなかったんだけれど、翌日になって……。ぼく、ここのところに傷があるでしょ」

　長州は口の右側の下をさすった。

「ここに歯が当たって、抜けた。そのときの傷です」

「インプラントが飛んだ？」

「いや、上顎のインプラントは大丈夫だったんですが、右の奥歯にも、部分入れ歯をしていたんです。その金具が飛んだ」

「えっ、頬を突き抜けたんですか？」

　ぼくは思わず声を大きくした。

「ああ、突き抜けましたね。中から」

「それで病院に行った」

「はい。歯ががくがくになって、マッチのところに行った記憶がありますよ。歯に関してはマッチのところにしか行かない」

　マッチとは、大田区西馬込で歯科医を開業している長州の友人、篠崎稔のことだ。

　上顎のインプラントに加えて、奥歯には部分入れ歯――それだけでなく、自分の歯は上下三本ずつしか残っていないと長州は言った。

「その後、耳です。ぼく耳がもともと良くないんです。ガキのときから、海とか川で泳いでいたでしょ、そのときよく内耳炎みたいな感じで熱が出た。耳がわいたときに熱を持つじゃないですか？」

耳がわく、とは寝技などで耳の毛細血管が切れてしまい腫れることだ。

「天龍さんの打撃を受けて、部分入れ歯の金具が頬を突き抜けて、そのショックもあって耳が腫れた？」

「うん……。確かそうだったと思います」

篠崎に確認すると、やはりこの時期に治療を行なっていた。長州はレスリングで耳が潰れているため、何かのきっかけで熱を発しやすいとも篠崎は教えてくれた。耳の器官は喉、扁桃腺《へんとうせん》にまで繋がり、外からは見えないが、痛みが出るとかなり厄介だ。普段、痛いと口にすることがない長州が中止を申し出たのだから、よほどつらかったのだろう。そして、その真相を周囲に明かさなかったのが、いかにも長州らしい。

もう一つ訊いていいですかと、ぼくは長州の目を見た。

「WJでX－1という総合格闘技の大会を開催しています。長州さんは新日の時代、総合格闘技には触れてはならないとおっしゃっていた。それにもかかわらずX－1を開いたのは……」

「ぼくは最後の最後まで反対だったんですよ。あの頃、総合がイケイケのときで、それが売りになるのかなと」

「しかし、X－1は長州力プロデュースという触れ込みでした」

「そう。名前はぼくのを使いました。いくら反対してもね……（止められない。ならば）長州力の名前を使って、どんだけのことができるかという……でも失敗でしたね」

長州は深く溜め息をついた。

「そっから嫌なことがいっぱい起きた。今に続く嫌なこと、……マサさんとの関係にヒビが入った」

マサとはもちろんマサ斎藤のことだ。

「X－1の外国人選手はマサさんが手配したんですよね」

「マサさんが（WJで外国人レスラーの）ブッキングをやっていたのでそのルートで呼びました」

「アメリカではブライアン・ジョンストンが選手を集めた」

「その人とマサさんが（組んで）やったと思います。でも、ぼくはその人を知らない。日本で何回か試合をやって活躍したみたいですね」

ブライアン・ジョンストンは長州の現場監督時代に新日本のリングに上がっている。しかし、その記憶はないようだった。長州は間をとってから続けた。

「今まで（総合格闘技という）避けていたものを……それを逆手に使えるのならばと思ったんですが、外れましたね。永島と切れて、一気に別れたのもX－1」

「永島さんとの決裂のきっかけはX－1だったんですか」

「ああ、永島に関しては知らないことが多すぎましたね。永島というのはもともと東スポ上がりで、ぼくが新日本でぺーぺーのときから、（報道陣に対しての）扱い方を知らないときに知り合っているから……。うん、（WJのときに彼の）金銭のだらしなさが出てきましたね。これはぼくの失敗でもあるけど、あまりに（彼の）プライベートを知らなすぎたんですよ。ええっ、嘘だろうってものが多すぎた」

X―1以降、長州は永島を完全に見切っていた。そのため、ゼロワンの中村と会い、橋本真也と対戦すると約束したとき、永島には言わないように釘を刺したのだ。

「WJのときは人間関係がうまくいっていなかったですね。新日本のときも同じようなことが少しあったんですけれど、後から、実はこうだったとか言ってくる人間もいる。そのとき一緒に飯食ったり、酒飲んだりしていたんです。〝お前、そんなことないくらでも言うチャンスはあっただろう、なんで言わなかったんだ〟と訊くと〝言いづらかった〟と。でも、聞かなきゃ分からない。ぼくだって、（嫌なことは頭を）切り替えて聞きますよ。でも、それを言ってこなかった。ぼくには言い訳、逃げの言葉にしか聞こえない」

長州にしてみれば、かつてのジャパンプロレスのときと同じように自分はリングの中で腕を振るい、経営は社長の福田や永島に任せていたつもりだったろう。

しかし、ジャパンプロレスの大塚と違い、彼らはプロレスという厄介な世界で団体を舵取りする能力に欠け、経営者としての当事者意識も希薄だった。長州が現場監督として経験を積んだことで頑なに自分のプロレスを貫こうとしたこともあったろう。彼らは長州に向き合って、ときに不都合なことを直言し最善の道に導くことができなかった。

しかし、そうした人間を選んだのも長州である。そのことを後悔していたからこそ、これまで彼はWJについてほとんど語らずにきた。どす黒い思いはすべて彼の軀の中に抱え込んでいたのだ。

ああっと言葉にならない息を吐いた後、「ＷＪは時代を読み違えましたね」と言った。

「でも、ケツは全部拭きましたよ」

二〇〇七年一月、長州と永島は、団体設立の際に貸し付けた総額二億円の返却を求めて福田から訴えられた。同年末、長州は三〇〇〇万円、永島は七〇〇〇万円の返済で和解が成立。

永島は二〇一〇年まで毎月五万円を返済、残りを二〇二三年に精算することになっている。二〇二三年に永島は八〇歳になっており、事実上残金の返済は不可能である。彼は返済能力がないと見なされ、三年間月五万円を払うことで容赦されたのだ。

長州は設立時に三〇〇〇万円を出しており、ＷＪで私財計六〇〇〇万円を失った計算となる。

「ぼく、最後まで裁判しました。どん底でしたけど弁護士雇ってやりました。（福田に対して）迷惑をかけたことは間違いないです。最低限迷惑の部分は責任持ちますってことで」

この時期、長州の家庭も壊れている。そのこともあり、酒浸りだったと明かした。

「アル中に陥るんじゃないかという時期がありましたね。（当時住んでいた久が原の自宅の）二階にキッチンがあったのだけれど、酒の瓶がぶわーって並んでいたもの。朝から酒を飲んでいましたね。ウイスキーだろうが、なんでもよかった。最後はコンビニで安い焼酎買って飲んでましたね。自分は酒でくたばるなと思いました。ただ、俺はみんなより体力があるから、くたばるにはちょっと時間がかかるかなとも。ずっーとテレビつけっぱなしで一日中こんな状態です」

長州は手足をだらんとさせた。

「テレビの内容なんて何も分からない」

そんなとき、頭に浮かんだのが一人の友人の顔だった。

その男とはたまに一緒に酒を飲む関係だった。あるとき、「今日は金がないから払ってくれ」と頼むと快く支払いをしてくれた。「お前、金を持っているんだったら、ちょっと貸してくれ」と冗談で言うと「いいですよ」と頷き、三〇〇〇万円を貸してくれたのだ。

「借用書も何もない。それでも電話がかかってきて〝飲みに行きませんか〟と言ってくる。借金の話は何もしない。たまらずぼくが〝もうちょっと時間がかかるから〟と言うと〝ああ、あのことですか、分かりました〟って。面白いもので、請求されないと滅茶苦茶プレッシャーがかかってくる。俺、あいつに返さないと死ねねぇな。返せなかったら、あいつまで俺のことを悪く言うのかな、あいつから借りない方が良かったな、と思った。なんとか金をつくった後、そいつへ最初に返したんです。そのとき、一番ほっとしましたね」

WJに関して、長州は一人のレスラーに対して怒りを隠さない。

「給料が出ないとかどうのこうのって……。絶対に成功すると思ってついてきたのかって、ここまで出かかりました」

長州は喉の部分を指で撫《な》でた。

「団体を作って、どうなるかなんて誰にも分からない。なのに全部俺におんぶにだっこかって。うまくいっていれば〝長州さん、長州さん〟と言っていたんだろうけど、そういうことを言われたくてやっているんじゃない。ぼくに人を見る目がなかったといえばそれまでなんだけれど……。（WJに来るのは）家族がいるから大変な決断だったかもしれない。でも決めるのは本人。考える時間もチャンスもあった。昔からの付き合いだから、（ＷＪに）来なかったらどうのこうのっていうのはまったくなかったです。プロだから少しでもお米が出るところに動くのは当然のこと。（自分で判断して）お米で動いたんでしょって……ぼく自身は給料なんて出ていないし。あんまりそういうことを言っちゃ駄目ですね。もう言っちゃっているんだけれど」

話しすぎたと思ったのか、照れ笑いした。

「たまにこんな風に愚痴がこぼれて、悔しさが出ちゃうんです」

第十五章

再び、「ど真ん中」に

長州は現在も新日本プロレスの道場で週に数回、トレーニングを続けている

プレハブの事務所

二〇〇三年一一月、ＷＪの社員が全員解雇となった際、アルバイトとしてＷＪに残ったのは二人。その一人が立石史だった。

「一度入った会社を辞めちゃいけないと思っていたところはありますね。新卒で入ってＷＪしか知らないので辞め方が分からなかったというか」

立石は短大在学中の二〇〇二年秋、ＷＪの面接を受けている。

きっかけは交際していた男性がプロレス好きで、長州力が新団体を立ち上げるという記事を読み、受けてみたらどうかと勧めたからだ。

「就活として普通の企業も受けていました。まったく若気の至りだったんですが、面白い仕事をしたくてＷＪに入ることにしました」

立石は一二月からアルバイトとして働き始めた。三月一日の旗揚げ興行が近づくと、事務所には大きな花が次々と届き、電話が鳴りっぱなしだったという。

しかし、旗揚げ興行から三ヶ月後にはもうこの会社は危ないという噂が流れていた。事務所の立石たちがいる部屋から社長室の会話が筒抜けだったのだ。

「よく揉めている声が聞こえてきました。（福田）社長は長州さんに派手なことをやってほしい。具体的にはボブ・サップと闘ってほしいとか。でも長州さんはそういうもんじゃない、みたいな。永島さんは社長寄りで客を入れることをやらないといけない、長州さんにとって嫌なこともやってもらわないと困ると話していたのを覚えています」

営業担当の谷津が姿を現し、長州たちと話した後、「あいつらは営業のこと、全然分からないんだよ」と愚痴をこぼすこともあった。

立石が長州と親しく話をするようになったのは、青葉台の事務所が閉鎖され、社員からアルバイトになってからだ。事務所は久が原の道場に隣接したプレハブに移ることになった。当初、寮として利用されていた小屋である。六畳ほどの部屋に机を二つ入れ、必要書類を置くとそれだけで足の踏み場がなくなった。余った机はどこかに売るのだとレスラーたちが運んでいった。

「お昼ご飯を道場で一緒に頂くようになったんです。ちゃんこを食べて、毎日顔を合わせて、こんなことがありました、とか報告しました。それまでも食事に連れていってもらったことはあったんですが、〝はい〟ぐらいしか喋ったことはなかったですね」

引っ越した後は、手狭だったこともあり、永島が事務所に来ることはほとんどなかった。たまに顔を出すと「資金繰りに駆け回っている」とぼやくとすぐに立ち去った。請求した金が支払われていないという抗議の電話が入ると永島に繋いだ。

社長だった福田が去り、永島とも疎遠になり、長州に変化が生まれていた。自分が道場、そして信じてついてきてくれるレスラー、スタッフを守らなければならないという強い自覚を持つようになっていたのだ。

二〇〇四年三月七日、長州は横浜アリーナで行なわれた『ハッスル2』のリングに上がっている。かつての長州ならばエンターテインメント性の強いハッスルに出ることは考えられなかった。

これは道場維持のためだったと長州は振り返る。

「ぼくにとって大切なのは道場。まず道場を維持しなければならない。家賃とあそこでみんなが飯食ったりするのに、月一〇〇万ぐらい。ハッスルのギャランティーで二ヶ月ぐらいの維持費は出ましたからね」

長州を口説いたのはゼロワンの中村だった。

リングの上で腰を振りながら「ハッスル、ハッスル」と繰り返すポーズをしてくれれば、ギャラを倍にするという主催者の言葉を中村は伝えている。すると、出場するがそれはできないと長州はきっぱりと首を振った。

ハッスルでは石井智宏が長州とタッグを組んでいる。

「長州さんはいろんな仕事をしてお金を全部道場に入れていた。申し訳ないなという気持ちがありました。でも試合は流さない。ハッスルでも長州さんのスタイルでやっていました。それは凄い。出る団体にスタイルを合わせないんです」

大衆居酒屋へ頻繁に足を運ぶようになったのもこの頃だ。道場の最寄り駅、久が原の駅前にある居酒屋を「安い」と気に入り、多いときは週に五日も通い詰めるようになった。

WJを辞めた大木麻記子はしばしば手伝いで道場を訪れていた。あるとき、長州から「一人でコンビニに入ることができたんだよ」と、にこにこと笑いながら話しかけられたことがある。WJを立ち上げたばかりの頃、大木は長州からキャッシュカードを預かり、銀行のATMまで金を下ろしに行かされたものだった。長州は、日常の些事《さじ》を少しずつ自分でこなすようになっていた。

二〇〇四年五月二七日の後楽園ホール大会を最後に、ＷＪは活動を停止した。

石井は永島が道場に現れて深刻な顔で長州と話をしていたのを覚えている。永島は「もう金がない。駄目だ」と暗い顔をしていた。長州は石井たちレスラー、立石を集めた。常駐する事務員は立石一人になっていた。社員からアルバイトになったもう一人の男性はある日、車を返しに行くと言って金を持ったまま消えた。

長州の背中を押したのはまたも石井だったという。

「ぼくはまだ長州さんの下でやりたいですと言ったら、じゃあ、このメンバーでやるか、お金借りてもうひと踏ん張りしようと」

八月一九日、「リキプロ」主催として後楽園ホールで大会を行なっている。この興行団体の代長は二一歳の立石が務めることになった。金髪で今風の女の子が代長をやるのは「インパクト」がある、という長州の発案だった。長州のテレビ出演手配、物販などは立石、通帳管理、経理は石井に任された。

その後、リキプロは後楽園ホールを中心に興行を続けた。リキプロの興行は文字通り手作りで、長州がリング設営まで手伝うこともあった。

リキプロ体制となってから石井は長州のことを深く知るようになった。

長州は普段プロレスの話をすることを好まない。久が原駅前の居酒屋が気に入ったのは、店主が長州だと分かっていても触れなかったからだ。

「ああ、この人はいい、ここでは飯を食える」

そうした店を見つけると、嬉しそうな顔をした。知人が長州と同席することになった際、石井は「絶対にプロレスの話はしないで」と必ず念を押している。

とはいえ、石井にはこれまでの経験を伝えようと思ったのか、長州は居酒屋で酒を飲みながらプロレスの話をした。いつも二人が議論しているのを、和田たちは黙って聞いていた。

この時期について長州はこう話してくれた。

「格好つけて言うわけではないですけれど、ジャパン（プロレス）でも、WJでも、リキプロでも自分が先（に金を持っていく）、というのはないですよ。俺だけが先に生き延びるというのはない。あの頃は苦しかったですよ。レスラーは好きで残っているのだからいいとして、（立石たち）女の子には給料はほとんど払えなかった。金が入ると、まずは道場の維持費を引いて、残りを女の子にあげていた。ぼくのところにいた奴はみんな苦労していますよ。好きで来ているんだから苦労という言葉が相応しいのか分からないけど。

でも自分からどこかに売り込みに行くというのは自制していましたね。余裕があるように見せて、笑っていました。自分から売り込みに行くとギャランティーを叩かれるじゃないですか、それが嫌だった」

やせ我慢をしていたのは、いつか自分のところに誘いが来るだろうと思っていたからだ。

「旗を揚げている限り、絶対に駒が落ちてくる。どんな駒か分からないけど、駒は落ちてくる。あのときは誰にも言わなかったんですけれど、新日本から来るだろうと確信はありましたね」

そして、長州の表現を借りるならば、駒が落ちてきたのだ――。

「俺は今、新日本プロレスのど真ん中に立っている」

上井文彦の著書『「ゼロ年代」狂想のプロレス暗黒期』から引用する。

〈既に長州さんの作ったWJは崩壊していた。長州さんが新日本を退団して、2年が経っていた。

(ここで長州さん、ぶち込んだら面白いやろうなぁ)

長州力という名の爆弾は、必ずや新日本にとって起爆剤となり得る。長州さんの投入を決意した私はすぐさま猪木会長に了解を取りに行った。ホテルオークラで猪木会長もすぐに「いいよ」とゴーサインを出してくれた。意外にもこの当時、猪木会長は長州さんに対して悪い印象を持っていなかったのだ。だから、積極的に「やれ、やれ！」という感じではなかったが、すんなりと了承してくれた。

猪木会長からOKをもらった私はすぐに長州さんに話をしに行った。大田区の寿司屋である。

「上井、面白いですよ、それは。ただ、乱闘とかはあり得ないぞ？　本当にアウトだぞ？　それはアウトだからな」

長州さんは乱闘なしということを条件にして、この話に乗ってきた。長州さんのもとには石井智宏しかいない。乱闘になったら多勢に無勢で大変なことになる。私はその旨を了承した。それで手はずは整った。

ただし、長州さんの新日本復帰を快く思わない人間も多数いるだろう。だから、私は猪木会長

と倍賞さん以外の誰にもこの話をしなかった。完全に極秘裏で進めていたのである〉

上井が提案した〝乱入〟の日は、二〇〇四年一〇月九日の両国国技館だった。

その日、東京は前日から雨が降り続いていた。午後三時頃から雨脚は強くなり、そのうち雨に加えて強風が吹き、嵐となっていた。

長州は石井と共にトヨタのハイエースに乗って両国に向かっていた。雨粒が窓ガラスに激しく当たる中、車を運転していたのはＷＪの輸送部長だった佐藤周治である。

前年一二月の鹿児島大会、物販の売上金を使ってなんとか東京に戻った後、佐藤はＷＪから離れたが、長州との関係は切れなかった。長州の試合があるときは、佐藤が道場から試合会場まで乗せていっていた。ハイエースは長州の送り迎えのためにわざわざ購入したようなものだった。

佐藤は行き先が新日本の大会が行なわれている両国国技館だと聞かされて、嬉々とした表情になっていた。詳しいことは分からないが長州が何かを起こすことは間違いない。再び彼が脚光を浴びることが嬉しかったのだ。

石井が両国国技館に一緒に行くように言われたのは前日だった。

「乱闘になるかもしれない。もし来たら、ボコボコにしろ」

相手は一〇人、いやそれ以上だ。向こうが来たら暴れてやろう、石井はそう思いながら、拳にバンテージを巻いていた。

車の中で長州は石井に言った。

「俺が今日リングの上で言うことをよく聞いておけよ」

佐藤は車を両国国技館の裏に止めた。試合が始まる頃には、先程までの嵐が嘘のように消え、空には星が光っていた。静かな夜の中に国技館がそびえ立っていた。

しばらくして車の扉が叩かれ、上井が顔を出した。石井は車を出るとシャドーボクシングをして軀をほぐした。そして長州と共に上井の後について、両国国技館の中に入っていった——。

黒いウインドブレーカーの上下を着た長州はリングに上がると、マイクを摑み、右手を上に突き上げた。すると観客席からどよめきが起き、その後、歓声に変わった。

「てめぇら、この状態が何を意味しているか分かるか。俺は今、新日本プロレスのど真ん中に立っているんだぞ」

長州の言葉に歓声がさらに大きくなった。

するとリングに永田裕志が上がってきた。この日、上井は永田に「休憩時間に長州さんが来るから、相手をするように」と耳打ちしていた。

六八年生まれの永田は、日本体育大学のレスリング部に所属、九二年に全日本選手権で優勝した後、新日本プロレスに入っている。長州が現場監督を務めていた時代だ。同じレスリング出身の若手として期待するところがあったのだろう、UWFインターナショナルとの対抗戦の前哨戦で長州は永田と組んで、安生洋二、中野龍雄組と対戦している。

上井によると、長州が来ると聞かされた永田は「嘘でしょ」と信じなかったという。

リング中央の自分に向かってゆっくりと近づいてきた永田に、長州はこう言った。

「永田、よーく、お前だけは上がってきたなぁ。天下を取り損ねた男がよく上がってきた」

この天下を取り損ねた男という言葉の真意ははっきりしない。

二〇〇三年、永田はＩＷＧＰヘビー級王者の連続防衛記録を更新した。しかし、同年の大晦日に総合格闘技大会の『ＩＮＯＫＩ　ＢＯＭ－ＢＡ－ＹＥ２００３』に出場し、エメリヤーエンコ・ヒョードルと対戦、一分二秒でテクニカルノックアウト負けしていた。永田の敗戦は、プロレスファンの期待を裏切ることになった。新日本プロレスで最も重要なタイトルを巻いていたにもかかわらず存在感が薄いことを長州は突いたのかもしれない。

ともかく、長州の言葉には観客の心をくすぐる何かがあった。

「一つだけ聞いとけよ。中にいる人間が信頼されなくて、外に出た人間がこのど真ん中に立っていうことは、分かるか。俺を上げた人間が罪を背負うのか。今までこういう状態になった、てめえらが罪を背負うのか」

長州は左手の人さし指でリングを指しながら続けた。長州は永田を完全に呑んでいた。

「最後に一つだけ言ってやろうか。もし、見たくもねえ、聞きたくもねえ、次にこのど真ん中に立つときには俺のパワーホール全開でこのど真ん中に立ってやる。分かったか」

両国国技館の観客席から大歓声が起こった。中には両手を突き上げて喜んでいる人間もいた。

永田は長州の頰を右手で張った。長州は手を払うことなく、何発か受けた後、張り手を返した。

その後、二人が取っ組み合いを始めたため、石井が永田に飛びつき、そこに新日本のレスラーたちも加わり揉み合いとなった。

観客は長州に味方していた。手拍子を入れ「長州、長州」という声が巻き起こったのだ。

その声を聞いたとき、上井は鳥肌が立ったという。

「新日本プロレスで一番の仕事はあれでしたよ。観客全員、総立ちでしたから。いやー、みんな俺の掌《てのひら》の上に乗っている、みたいな。長州さんには永田が来るということは伝えてありました。ただ、長州さんが何を言うのかは分からない。全部アドリブですよ。長州さんは待っている間に何を言うのか考えていたんでしょう。台詞を考える時間があった。一方、永田は考える時間がなかった。永田には絶対に手を出すなよと言っていたんです。言い返すことができず手が出た」

上井が予想していなかったのは、獣神サンダー・ライガーまでリングに上がってきたことだった。この日、ライガーは休憩前の試合に出場したばかりだった。

「いやー、なんでライガーが出てくるのって思いましたよ。それぐらい新日のリングを長州さんにジャックされたとみんなが腹を立てていたんでしょうね。当時、ライガーは長州さんのことが大嫌いだった。そのとき、俺も慌てて、ライガー来たから帰りましょうと。長州さんの方には石井一人しかいないからね」

ライガーはマイクを持つと、リングの下に降りていた長州に向かって「おい、長州力」と怒鳴った。

「出たり入ったりしているんじゃねぇぞ。おい、そうじゃないか。何が長州力だ。新日は俺たちの手にあるんだ」

ライガーはリングをぐるぐると回って観客に訴えたが、反応は薄かった。それどころか、「長州、長州」と呼ぶ声が再び会場全体から起きた。長州は両国国技館の観客の心をすっかり摑んでいた。

道場を閉める

両国国技館での長州の言葉で石井がはっきり覚えているのは「ど真ん中に立っている」だけだった。新日本のレスラーが突発的に長州を襲ってこないかと、周囲に目を配ることで精一杯だったのだ。

翌日、久が原駅前のいつもの居酒屋で長州と石井が酒を飲んでいると、店のテレビに昨日の様子が流れた。長州は他人事のように表情を変えずに画面を見ていた。

長州によるとその後、新日本の菅林直樹（現・会長）が道場にやって来たという。長州への出場要請だった。

「菅林と役員二人がやって来て、こちらは（レフェリーのタイガー）服部かな。菅林は営業（部）でぺーぺーのときから知っていたしね。大阪ドームのカードが決まっていなかった」

長州の二度目の新日本復帰戦は一一月三日の両国国技館だった。その後、一一月一三日の大阪ドーム大会で長州は蝶野正洋と組んで、永田、西村修と対戦している。このとき、長州は新日本の興行にリキプロ所属のレスラーを参戦させることを条件に付けていた。

「まだ（リキプロのレスラーを）全部移動できる力が俺にあったんだなと」

特に石井である。

「智宏を新日本のリングに上げてやることができれば……。行ったとしてもレベルが違うかもしれない。駄目ならばやめる。とにかく、いい終わらせ方をさせてやれる」

長州は石井には厳しく接してきた。

「智宏（がやっているの）は昭和のプロレスですよ。（それをやるために）あいつに足りないものは身長。あと一〇センチあったら、という話を何回もした。あいつの耳にはタコができているし、もう嫌になっていただろうね。やっぱりプロレスというのは軀があって、ガチガチ行かないといけない。そうでないとインパクトがない」

一二月一一日、大阪府立体育会館で行なわれた新日本の大会、長州は石井とタッグを組んで、中西学、獣神サンダー・ライガーと対戦している。

試合前、石井は長州からこう言われていた。

「噛みつけ」

試合は敗れたものの、終了直後のリングで長州は「よし、よくやった」と石井を褒めた。会場を出てから二人は宿舎に近い河豚《ふぐ》料理で遅い夕食を取っている。

「お前はもう新日本でできる」

石井は「お前らは絶対に新日に勝てない」と言われ続けてきた。ようやく長州が自分を認めてくれたのだと嬉しかった。

二〇〇五年一〇月七日、後楽園ホール大会終了後、長州はリキプロ所属のまま、新日本の現場監督に復帰することが発表された。長州が現場監督を務める中、石井は新日本で頭角を現し、二〇〇六年六月頃から、シリーズ全戦に参加するようになった。

二〇〇六年五月二一日、リキプロの自主興行は、新日本の協力を得て『ロックアップ』と名前を変えている。

ロックアップとは、がっぷり四つに組み合う状態を指す。プロレス独特の〝型〟である。ロックアップは長州の理想のプロレスを小規模で実現するものだったと石井は理解している。

「ロックアップではインディー団体から、使える選手をぼくが集めました。WJのときもインディーの選手を上げていたのですが、えっという選手もいた。永島さんは向こうから言われるがままにマッチメークしているんだなと思っていました。インディーだったらぼくの方が詳しいので相談してくれればいいのにとね。

いくら技が凄くてもね、そこに気迫とか魂がないとなんにもならないんですよ。そういう気持ちの入っている奴ってインディーにもいる。長州さんもインディーにもいい選手はいるんだと思ったはずですよ」

ぼくが興行を仕切るだなんて、その一年前には想像もしていませんでしたよと、石井は微笑んだ。

しかし、リキプロの経営状態は好転しなかった。

二〇〇九年、道場の閉鎖を言い出したのは石井だった。

「その半年ぐらい前からですかね、どうやっても赤字になる。いつも電卓とにらめっこですよ。長州さんがテレビに出たお金とか入れてもらったり、自分が新日から貰っている一部を入れたりしていたんですが、これ以上収入は見込めない。お金を借りたりもしていましたね。それまでも、もうちょっと頑張ろう、もうちょっと頑張ろうと先延ばしにしていたんです。でも、これ以上やっても諸経費が膨らむだけ。それで長州さんに〝もう無理です〟と言いに行ったんです」

長州は「ああ、そうか。分かった」とだけ言った。

プロレスラーにとって道場は最も大切な場所である。そう考えていた長州は、練習場所のないレスラー、資金に乏しい女子プロレス団体に道場を開放していた。夕方、道場に隣接した食堂で話をしながら酒を飲むのも好きだった。

石井自ら言い出したことではあったが、長州が守り通してきた道場を閉めるのだということを噛みしめると、とてつもない喪失感が軀の中から湧き上がってきた。まるで自分が育った家がなくなるような気持ちだった。

男の中の男、保永昇男

長州の取材を続ける中で、何度もその男の名前が出た。

――長州さんのことを一番知っているのは保永じゃないかな。

――保永さんは最後まで長州さんを守った男です。

――長州を書くんだったら保永に話を聞かないといけないよ。

保永昇男はある時期から影のように長州に寄り添ってきた男である。

保永とは夕刻、彼の自宅の最寄り駅、江戸川区の船堀駅で待ち合わせした。そろそろ帰宅の時間が始まるのだろう、都営新宿線の電車が止まるたびに人が吐き出された。足早に人が行き交う中に、身長一八〇センチ程、骨張った筋肉質の軀をした保永が現れた。現役引退してから一五年以上経っているが、軽々とした身のこなしだった。

「近くに行ったことのある居酒屋があります。そこで話をしましょうか？」

後についていくと、その場所にはフィットネスジムの看板が掲げてあった。ここにあったはずなんですがと、保永は困った顔で看板を何度も見直した。住宅地として急速に開発が進む船堀は、店の入れ替わりが激しいのかもしれない。そこで、目についた店に入ることにした。

保永は五五年八月一一日、足立区で生まれている。

「最初は金になるんじゃないかと、ボクサーになろうとしたんです。でも二週間やれば才能があるかないかは分かっちゃう。パンチドランカーになりたくもなかったので、中学生のときプロレスラー志望になりました。その頃は柔道をしていて、高校はレスリング部のある学校を選んだんです」

しかし、入ってみるとレスリング部はなく、柔道部に入ることになった。

「高校生のとき、うちからすぐのところにある運送屋さんが、全日本プロレスのリング屋さんの仕事を請けていたんですよ。うちの兄貴もそこに勤めていたので、リング屋さんの手伝いに行ったりしていました。デストロイヤーさんのベルトを運んだりとか」

運送屋の社長が「この子、プロ志望なんだけれど」と全日本プロレスの関係者に紹介してくれたが、控えめな保永は積極的に売り込むことはなかった。高校卒業後は拓殖大学北海道短期大学に進んだ。

「もともとプロレスラーになるつもりでしたし、四年間大学はきついなと。それで二年制の大学に行くことにしたんです。大学のパンフレットにはレスリング部とかいろいろ書いてあった。拓大ならば強いだろうと思って入ってみたら、前年にレスリング部は廃部になっていた。そして一年前までは凄くバンカラな校風だったらしいんですけれど、ぼくらの代からみんなギターを持ってフォークソングを歌うみたいな感じになっていた」

それでも北海道のレスリング強豪校出身の先輩が一人だけ残っており、二人で練習をしていた。

卒業後、アルバイトしていた運送屋のつてを辿って、全日本の大熊元司とグレート小鹿に会いに行ったが、軀が小さく、年が過ぎているという理由で落とされた。

「そこで植木屋で働きながらボディービルで軀を鍛えました。でも植木屋をフルタイムでやると終わるのが夜の六時とか七時。これではトレーニングができないので、すぐに午前中だけの八百屋の配達に仕事を変えました」

そして七九年四月、新日本プロレスに入門した。

「もう年も二三になっていましたし、駄目だったらどこかの植木屋に再就職するつもりでした。

それでアポを入れて、新日のビルに行ったんです。でも事務方にはいい顔をされなかった。後から来た山本小鉄さんに会ったら、〝いいよ、明日から野毛の道場に来い〟って言われて」

翌日、道場に行ってみると山本から話が通っていなかった。寮長だった小林邦昭に不審がられながらも、ヒンズースクワット、腕立て伏せなどをやらされている。

「しばらくしてから山本さんと連絡が取れて、そいつはもう入門ＯＫしたんだよとなったそうです」

保永はプロレスラーになるために植木屋を辞めたことも、新日本に入団したことも親には伝えていなかった。

「親父から〝お前、帰ってくるたびに軀がごつくなっているな〟と言われたので〝仲間でボディービルをやっているのがいるんだ。それで俺も一緒にやっている〟と誤魔化していた。新日に決まってからもしばらくは、世田谷にある新日本植木という植木屋で働いていることにしてましたから」

長州に会ったのは、入門してすぐの頃だ。

「その頃、道場の若手で免許を持っているのはぼくぐらいしかいなかった。それで合同練習が始まると、長州さんから電話がかかってくるんです。〝何やっているんだ〟と。何もしていませんと言うと〝これから迎えに来い〟〝えーこれからですか？〟〝嫌なのか？〟〝嫌ではないです〟という風なやりとりでした。道場に新日本のマークのついたバスがあったんです。それに乗って長州さんが住んでいた文京区まで迎えに行きました。二、三日すると今度は〝専修大学まで行ってくれ〟と言われて。専修大学ってどこにあるのか分からないので必死で地図で調べて連れていきました。ぼくもレスリング部の練習に参加しました」

道場で長州と初めてスパーリングをした日のことを保永はよく覚えている。

「このあんちゃん、どれぐらいの力があるのかな、みたいな感じで長州さんがスパーリングをしてくれたんです。そうしたら全然動かない。北海道で先輩に習ったいろんな技をやってみたけど全然駄目。長州さんが四つん這《ば》いになったままでひっくり返せない。横にもできない。やっぱりオリンピックレスラーというのは全然違うんだなと思いました」

新日本の道場で強さが際立っていたのは、長州、藤原喜明、木戸修だった。

入門して一週間程の頃、保永は藤原とのスパーリングで〝ラッパ〟をかまされたという。ラッパをかますとは、柔道の上四方固めのような形で、仰向けに寝ている相手の顔に腹部を乗せて呼吸を止めることだ。

「藤原さんは適当なところで逃げられるように力を抜くんです。逃げると、また押さえ込まれて、ラッパをかまされる。あとは関節を取られたり。二〇分ぐらいのスパーリングはずっとそんな感じです。その藤原さんでも（スタンドからだと）長州さんのバックは取れない。新弟子は垂涎《すいぜん》の眼差しで二人のスパーリングを見ていました」

八二年一一月、長州と入れ替わるように保永はメキシコ修行に出かけた。八四年三月に日本に戻ってみると、佐山聡の退団、新間寿によるＵＷＦの旗揚げで新日本は殺伐としていた。その空気に厭気《いやけ》がさした保永は、しばらく新日本から遠ざかっている。そして九月、長州の後を追ってジャパンプロレスへ、その後、新日本に戻った。

修繕費のために売ったロードスター

保永にレスラーとして最も充実していた時期を訊ねると、スーパー・ストロング・マシン、ヒロ斉藤、そして後藤達俊と「ブロンドアウトローズ」いうユニットを組んでいた頃だと即答した。ただ、金髪にさせられたことには閉口したと苦笑いした。

「最初は抵抗がありましたよ。本人の意思確認はなく、〝お前ら、こういうことやるから、明日から金髪に染めてこい〟。それだけですよ。美容院なんかは行ってません。自分で何時間もかけて金髪にしたんです。当時、この辺りに金髪の人なんかあまりいなくて、夜歩いていたら、会社帰りの女の子なんか逃げてました。ごつい軀でパーマの金髪、髭生えているし、みたいな。ヒロさんとか後藤さんは普段は金髪を隠すために帽子を被っていましたね」

九一年四月三〇日には、『トップ・オブ・ザ・スーパージュニア』という大会で獣神サンダー・ライガーを破って優勝した。地味な存在だった保永が勝ったことで、会場は大きく盛り上がった。これは長州が現場監督時代の成功例として挙げる大会の一つでもある。

「当時の長州さんには若手のレスラーは口もきけないような感じでした。控室で同じ空気を吸うのも嫌だと、陰で長州さんを徹底的に嫌っていたのもいましたよ。もちろん、ぼくは全然平気でしたけど」

ただ、保永の引退の引導を渡したのも長州だった。

「九五年九月にぼくはアキレス腱を切っているんです。完治した後、一年ぐらい様子見で巡業についていたんです。いよいよ頑張るかって思っているところに、長州さんから〝もういいよ〟って言われた」

長州は保永を呼んで「お前、もうレスラーとしてはこれだから」と首の部分を切る仕草をした。

「契約更新の席でレスラーならば一年契約、引退してレフェリーになるならば二年契約と提示されることになっている。黙ってレフェリーになりますと判子《はんこ》を押せ。それがお前のためなんだ」

長州はそう一方的に言うと「日本武道館で発表するから、コメントを考えておけ」と付け加えた。

「まあ、本音を言えば、あなたは新日本から請われて入った人かもしれないけど、俺は中学生からレスラーになりたくて一〇年ぐらいトレーニングして、きっかけを摑んでなんとかなれた。それでいきなり来月からクビというのは……という思いでした。内臓疾患もないし、躯も動きましたから。でも、あとから考えれば、レフェリーの席に空きっていうのはなかなか出ない。引退してレフェリーになった方が後々の生活に困らないと考えてくれたのかなと。ただ、そうした説明は一切ありませんでしたね」

九八年四月三〇日、保永は後楽園ホール大会で引退してレフェリーとなった。

二〇〇三年一月、保永はＷＪに移籍した。レフェリーの保永にも支度金の五〇〇〇万円が支払われたのは長州の心遣いだったろう。

旗揚げから天龍と六連戦をやると聞かされたとき、保永は長州の軀を案じたという。

「新日のときの馳や健介のように、フォローしてくれる若手がいれば負担が減るわけじゃないですか。でもそういうわけにはいかなかった。天龍さんも妥協しないタイプだし、リングの上でがんがんいくタイプ。WJのファンは四〇歳ぐらいの人が多くて、そのぶつかりを見たかったんです。ああいうヘビー級が激しくやるのが迫力があるし、プロレスの本筋だと思います。でもレスラーの本質はなまくらなんですよ。あんなきつい試合、年に数回ならともかく、毎試合はね」

保永はWJでレフェリーの仕事以外に、若手レスラーのコーチも務めた。

「一〇時ぐらいに道場に着いて、一一時からドッタンバッタンやっていた。稽古つけるといっても年寄りの稽古だから、石井なんかからしたら手応えがなかったかもしれませんけどね」

保永はくくくと声を出して笑った。

普段は優しい保永は怒ると怖いと教えてくれたのは石井だった。練習をさぼって朝帰りしたレスラーを竹刀でぼこぼこになるまで殴りつけたこともあった。長州も「あいつとだけは喧嘩したくない」と、保永には素直に従っていたという。

主たるレスラーが去った後も、保永は毎日自宅のある船堀から久が原の道場に通った。保永の乗っていたマツダのデミオは酷使のせいか、一年程で壊れた。

「毎日、東京を横切るわけです。車は一七万キロぐらいで壊れましたね。その後は大きなバッグを引きずり電車で通っていたこともありました。（石井たち）レスラーも無給でやっていました。

若い奴らだけでやっていると、ぐわーっと（視野が狭く）なっちゃうでしょ。ぼくはスポンジというか緩衝材の役目」

コーチだけでなく、保永が料理を作ることもあった。得意料理は鰯《いわし》の団子が入ったちゃんこ鍋だった。

「新日本のとき、北沢（幹之）さんという先輩レスラーがいらっしゃって、築地の市場かどっかに行ってたくさんの鰯を買ってくるんです。それも寒いときに。北沢さんは若手に〝おい、やれ〟と言わない人なんです。黙々と鰯の腸を出して皮を剥いていたので、ぼくもそれを手伝いました。下ごしらえを終えた後、でっかいすり鉢に、卵と刻んだネギ、味噌を入れてすっていく。味噌を入れるとすりこぎが滅茶苦茶重くなるんです」

そのほか、鉄製のトレーニング器具の作製、建物の不具合が出ると工具箱を持って保永が出て行った。WJが活動停止をした後、道場の壁に書かれた「WJ」の文字を消さなければならなかった。業者に頼む金はなかったため、手先の器用な保永がペンキで塗り直し、リキプロのロゴを描いた。

保永はWJから出て行ったレスラーを庇《かば》った。

「所詮レスラーというのは個人事業主の集まりなんですよ。だから、仕方がないんじゃないかな。健介は健介で、もっと安い場所で道場をやったらどうかという話をしていた。でも長州さんは、うんと言わない。それ以外でも、健介はよかれと思っていろいろとアイデアを長州さんに持っていっていたけど、長州さんは〝俺はやんない〟ということがあった。もう限界だったんだろうね」

ＷＪで給料が出たのは旗揚げから数ヶ月のみ、リキプロでも保永はほとんど金を受け取っていない。

「お金をもらったのは興行のときぐらいですかね。でもそれは年に数回でしたけど」

会場ではリングの設営、撤収も手伝っている。

「そこまでして、どうしてリキプロに残ったのですか」

ぼくが訊ねると、「だって、行くところがなかったんだもの」と弾けたように大きな声を出して笑った。

道場を閉めると聞かされたのは、二〇〇九年の一月末のことだった。

「みんなが集められて〝三月いっぱいでリキプロを閉めようと思うんだ〟という話になったんです。長州さんは不動産屋に行って、残務整理すれば終わりと思っていたんでしょうけれど、そうはいかない」

まず道場に掃除機をかけて、大量のタオルで床を拭いた。

「あー終わったと思って、大家に見てもらったら、いろいろと増築したのがあって、それを戻さなければならないと言われた」

保永がＷＪに移籍したとき、すでに道場は出来上がっていた。そのため、鉄製の扉を加え、トイレを作り変えたりとさまざまな改築をしていたことを知らなかったのだ。

「原状回復するために業者に見積もりを取ってもらったら八〇万円という数字が出てきた。石井もそういう仕事をしている知り合いがいるらしくて、〝安いですね。それでやってください〟と。しかし、現金がなかった」

困り切った保永は、自分が乗っていたユーノスロードスターを売って現金をつくることにした。

「生意気にも幌《ほろ》が電動で動く最新機のやつに乗っていたんですよ」

しかし――。

これで終わらなかった。修復工事が終わった後、念のためあちこち確認するとキッチン下部に水漏れを見つけた。そこで保永は部品を買って修理した後、ペンキを塗り直した。こうした作業は保永が一人で行なっている。

「石井たちはもう新日の巡業に出ていましたからね」

事も無げに言った。

後から保永が立て替えた修復費を支払いますと石井が連絡を入れると「いいよ」と断った。そういうわけにはいかないからと話して、何度目かにようやく金を受け取ってもらったという。

長州は新日本に戻る際、保永も誘っている。しかし、保永はそれを断った。

「レスラーだったら何人いてもいいですけれど、新日を見たらレフェリーの頭数は揃っていたんですよ。だから、俺はいいですと」

みんなで波を立てて、乗るのは一人だとは長州の言葉だ。保永は長州のために必死で水面を叩いていた一人だった。そして最後まで長州のために波を立て続けた。

「どうしても、この人には敵わないなというのがあった。長州さんと何回か試合をしたことがあるんですが、ロープに投げようとすると、もの凄く力がいるんです。手首が太いので、握っても指が回らない。だから、投げようとすると全身を使わなければならない。ぼくとは体幹も地力も違う。長州さんのは、ボディービルとかで鍛えた軀じゃない。生まれ持った体力なんです」

保永は眩しそうな顔をした。

エピローグ　赤いパスポート

正直なところ、この本の取材を始めたとき、これほど長く、厄介なものになるとは予想していなかった。

もちろん、甘く見ていたのではない。ただ、かつてぼくが書いた評伝の主人公、勝新太郎や伊良部秀輝と違って、長州力は存命であり、不明な点があればいくらでも訊ねられる。また、プロレスという分野には多くの書籍、映像資料が残っていた。いつものように取材を進めれば、それなりの質の作品を書き上げられるだろうと思っていた。

ところが――。

プロレスを描くことは、果実を求めて森に行ったつもりで、マングローブの密林に踏み込んだようだった。取材を進め、資料を集めてもどこまで信用していいのかはっきりしない。足を前に進めど、ずぶずぶと泥の中に沈み込んでいくのだ。灼熱の太陽の下で、泥だらけになって幹にしがみつき、途方に暮れているような気になった。

密林を抜け出す道を指し示してくれたのは、長州の取材データだった。言葉の間を埋める、あるいは丹念に裏付けを取っていく過程でぼくはある確信を持つようになっていた。記憶違い、物忘れ、話を変えて逃げることはあっても、彼は嘘をついていないということだ。

一部のプロレス関係者によくあるように、知らないことを推測で話したり、自分を大きく見せることはない。ただ、プロレスという表に出せない部分を多く含んだ世界を歩く中で、自分と仲間を守るために城壁を築いて、煙に巻いているだけだったのだ。

原稿をほぼ書き終わった二〇一五年五月の終わり、ぼくは長州と酒を飲むことになった。

当初、あなたの言葉をぼくは信用していなかった、しかし、途中から、意外にも嘘はないことに気がついたと率直に話した。

ぼくの言葉に、長州はにっこりと笑った。

「なぞなぞは凄いです。折角取材をしてもらっているのに、失礼な話ですよね」

長州らしい表現だった。「噛ませ犬」「ジャパンプロレス」「WJ」——この本は彼の言葉を手がかりに〝なぞなぞ〟を解いていったようなものだった。

取材相手とは距離を保ちつつ、信頼関係を築かなければならない。そして、正しく疑いながら話を聞く必要がある。その証言はほかの人間、あるいは資料に当たり裏付けをとること。裏付けは多ければ多い方がいい。ノンフィクションとは、頭脳、勘、胆力、経験、足、自分が持っているすべての道具を駆使して書くものだ。長州の〝なぞなぞ〟を解くことは、その基本を再確認することでもあった。

長州の話が見えにくいのは、もう一つ理由があった。それは彼の人生の大半に関わってきたアントニオ猪木という人間の存在だ。普通こう考える、こうした決まりがあるからこう動く——といった種の類推が猪木には通用しない。

その最たる例が、八三年の新日本のクーデターだ。猪木の行動が理屈や論理の埒外にあるため、ほかの人間も自然と無秩序に動く。ばらばらになった巨大なジグソーパズルにまったく別の絵を構成するピースが無理やり混ぜ込まれたようで、ぼくは何度も絶望的な気分になった。

「あの人はシュートです」

猪木は今回取材に応じてもらえなかった人間の一人である。

ただ、猪木は「自伝」を出しており、多数のインタビュー記事があった。アントニオ猪木を演じている彼から、それ以上の内容を引き出すことはできないだろうことは想像できた。

さまざまな手を使って何度も交渉したが猪木は取材を受けなかったと伝えると、長州は「ああ、そうですか」と頷いた。そして、はぁと溜め息をついて、「ああ」と意味にならない声を何度も出した。それは、長州が話すべきか考えているとき、あるいは言葉を探しているときの癖だった。

しばらくしてから長州は猪木の話を自ら始めた。

「よく猪木さんってどういう人って聞かれるんです。凄い人だとかそれぐらいしか言えない。なぜ、この人が凄いのか……（こう思っているのは）ぼくだけかもしれない」

そしてまた「ああ」と声を出し、首を振ると「これは言えない」と呟いた。言えないとは、表現できないという意味のようだった。

「ぼくはあんまり難しい話をしたくない。これが（取材の）最後だっていうので……やっぱり（言っておかなければならない）。あの人には絶対になれない。真似る人間はいたとしてもなれない。ぼくが毎日、血反吐《ちへど》を吐くぐらいの、グリーンボーイだった頃、セコンドに付くじゃないですか。ぼく、あの人のセコンドはあまり外したことはない」

長州が嚙ませ犬事件で人気を得る前、外国人レスラーを次々とぶつけられて、燻っていた時代のことだ。猪木の試合の際、長州は可能な限りセコンドに付いて、彼の一挙手一投足に目を凝らしていたことは何度も聞いていた。

「プロレスは筋書きがあるとかみんな書いている。でも、あの人はシュートです。なんのシュートというのかは……あの人のリングの中のパフォーマンスはシュートです。だから凄い。それはぼくも経験しているしね」

この場合のシュートとはどういう意味ですか、というぼくの質問に長州は答えず、話題を変えた。しかし、しばらくすると猪木の話に戻した。しかし「ああ」と言葉にならない声を何度も吐き出し、「ごめんね、これは言えない」とまたもや首を何度も振った。何かを話さなくてはならないと思っているのだが、足踏みしているかのようだった。

「長州さんが猪木さんと対戦したとき、何かを感じたんですか？」

たまらずぼくは口を出した。

「うん。試合をやっていくとリングの中でドンドン深いところに入っていく。この人はどこまで深くまで入っていくのか。オーバーと思うかもしれないけれど、深海の深いところ、どこが海底なのか分からないところまで……」

「引き込まれていく？」

「ああ、そうやって感じるのは自分だけかもしれませんけどね。猪木さんとのシングル（での対戦）はそんなに多くない。でもなんの試合か忘れたけど……」

そしてまたもや、うん、うんと小さく頷いたまま黙ってしまった。

「ある試合中、猪木さんから何か言われたんですか？」

ぼくが訊ねると、長州は観念したようにはぁと息を吐いた。

「殺せと言われた」

「殺せ、ですか？　誰を？」

「長州、殺せと。そのとき、うわっと反応するものがありました。この人はそこまで行く人なんだと」

「猪木さんは長州さんに、自分を殺せと言ったんですか？」

「最初は聞き取れなかった。あの人、本気でリングで死ぬことを求めていたのかもしれない。だからあの人には敵わないんです」

客の前で自分を殺せ――長州は猪木の言葉に背筋が凍るような恐怖を感じた。そしてその凄みが、プロレスの本質であると理解した。長州はそれをぼくにどのように伝えようかと逡巡《しゅんじゅん》していたのだ。

ぼくが子どもの頃、プロレスには心を摑んで放さない何かがあった。プロレスはインチキだ、筋書きがあるショーだと、したり顔で言う大人に対して目を伏せていたにしても、リングから目を離すことができなかった仲間は多かった。プロレス中継は、覗いてはならない、と言われれば言われるほど興味をかき立てられる覗き穴だった。その中にはアントニオ猪木というレスラーが醸し出す濃厚な空気がむせ返るほど詰まっていたのだ。長州の言葉はぼくの中にすとんと落ちた。

新日本での現場監督時代にほかのレスラーへ厳しく接して疎まれたのも、またＷＪで華がないと批判されたのも、猪木がリングの上で照らし出した凄みに長州がこだわったからだろう。

「ぼくはアントニオ猪木のように格好良くないけど、なんていうのかな、持っているものが合っているのかな。何か壊しちゃおうというパワーがここにあって……」

長州は自分の腹の部分を指した。

「ぼくが新日本から飛び出したのも、（猪木から離れようと）言い聞かせたみたいなところがある。でも、お釈迦様の掌《てのひら》の上から出られないんです」

長州は笑った。またなぞなぞだとぼくは思った。

最後の質問

「長州さんは四〇年以上プロレスをやってきました。今振り返ると、何を得て、何を失ったんでしょう」

ぼくの質問に、長州は「何を得て何を失ったか、ですか」と繰り返してから唸った。

長州は多くのものを失った。かつて親しくしていながら彼のもとを去った人間もいる。

猪木のほかに、どうしても取材をお願いしたいと何度も交渉して断られた人間が二人いる。一人はマサ斎藤だ。

斎藤が外国人格闘家をブッキングし大失敗したWJのX－1以降、二人の関係は途絶えていた。斎藤には長州が彼について話している部分の原稿を添えて手紙を送っていた。長州は何度か「マサさんは取材に応じた？」と訊ねてきた。斎藤の妻と交渉を重ねたが、長州については話したくないと言っていると断られた。そのことを伝えると長州は寂しそうな顔をした。

もう一人は佐々木健介だ。佐々木については、WJ時代に自分が五〇〇〇万円を借りたことにされていると長州が声を荒らげたことがあった。インターネットなどにもこの種の噂が流れている。

この事実関係は違う。永島によると、

「X－1のとき、会社に金がねぇから、俺が健介から金を借りたのね。そうしたら健介が俺の口座に五〇〇〇万を振り込んできた。それを会社の口座に移した。（佐々木の妻の）北斗はあの金は永島に貸したと思っている。でも借用書はWJが出している」

という。なぜ佐々木が一度、永島の口座に金を振り込んだのかは要領を得ない答えしか返ってこなかった。とにかく、永島はこの五〇〇〇万円は長州とは関係ないと断言した。

佐々木がWJから離れた後、二〇〇五年八月四日に『レッスルワン』という興行で、二人は対戦している。試合は佐々木がフォール勝ちしたものの、終了後、長州は何事もなかったように立ち上がり控室に引き揚げていった。その態度に北斗が怒り、以降、二人は完全に決裂した。長州は斎藤の場合と違って、佐々木が取材を断ってきたと聞くと鼻で笑った――。

長州はしばらく考えた後、口を開いた。

「得たものは、人を見る目。お前に俺の何が分かるって言われるかもしれないけど、なんとなく分かる」

「では、失ったものは？」

「ああ、家族ですね。自分の子どもをよく知ることができなかった。みんな元気にやっているんですけれど、ずっと一緒にいて成長を見たかった。（そうした時間は）取り返せない」

そして、ああ、無駄なことも多かったですねと、溜め息交じりに呟いた。

現在、長州は日本への帰化申請を行なっている。それは三人の娘たちが全員、日本国籍を選んだからだ。

「ぼくは九〇パーセント、日本人です。日本人じゃなかったら何人なんだ？と思いますよ」

長州は国籍をことさら取り上げられることを嫌う。

八九年五月六日、新日本プロレスが韓国で大会を開いたことがある。長州も出場しているのだが、そのことを訊ねると、ああそんなことがありましたね、と忘れていたような口調で言った。九五年四月に平壌で行なわれた『平和の祭典』には、韓国籍の長州と星野勘太郎は早い段階で不出場の意思を示した。北朝鮮のスタンプがパスポートに押されていると韓国に入れなくなるという話を聞いたからだという。それ以上、特に理由はないとあっさりと答えた。

国籍を変えるのは、娘たちの日本国籍選択に加えて、パスポートが理由だ。

「赤いパスポートは、トラブらないんですよ」

九〇年一二月、拘束された人質解放のため猪木はイラクで大会を開いた。そのとき、日本国籍でなかった長州と星野だけが入国審査で手間取ったことがあったのだ。

そろそろ長州が帰る時間が近づいていた。最後の質問はずいぶん前から決めていた。

「長州さん、もう一度人生があったら、またプロレスラーになりますか？」

「あ？　ならないですね」

すぐに答えが戻ってきた。

「もう一回の人生なんてあり得ないでしょ。深く考えたこともないですね」

「それでもあるとすれば、何になりますか？」

「職人ですかね。見習いから始めながら修行をする、みたいな」

現在の長州は静かな生活を送っている。週に数度、新日本プロレスの道場に行き、トレーニングをこなす。ウエイトを一時間程度、最後はリングの上を軽く走る。ロープに投げられたとき、歩幅の感覚を忘れないためだという。

それ以外の時間はというと——。

「普段、何をなさっていますかと訊かれるのが一番つらいです。テレビを見て、誰かから電話があったら、ちょこっと飲みに行く。それだけですよ」

そう言うと、無邪気な、そして実にいい笑い顔になった。プロレスに入る前、吉田光雄であったときは、いつもこんな顔をしていたのだろう。彼は長州力として誰もが知るプロレスラーとなって、大金を稼ぐようになった。ただ、その代償として他人を寄せつけないようなしかめ面をしてプロレスという魔界を走り続けなければならなかった。そして、多くのものを失った。ようやく楽になった、という心持ちなのかもしれない。

ぼくはこの時期の長州に出会えたことを深く感謝した。今だからこそ、彼のように常人の何倍も濃い人生を送ってきた人間と向き合えたのだから。

あとがき

この本を書くにあたって、本当に多くの方に世話になった。この場を借りて感謝の意を表したい。

高島利治、片山勝美、六藤逸美、江本孝允、鈴木啓三、加藤喜代美、呉勝立、平澤光志、新間寿、小林邦昭、タイガー服部、藤波辰爾、佐山聡、大塚直樹、グラン浜田、流智美、原悦生、上井文彦、馳浩、アニマル浜口、坂口征二、谷津嘉章、杉田豊久、キラー・カーン、越中詩郎、宮戸優光、大仁田厚、中村祥之、神尊仁、石井智宏、高田龍、大木麻記子、和田城功、永島勝司、佐藤周治、立石史、篠崎稔、保永昇男、新日本プロレスリング株式会社

高橋輝、川崎浩市、安藤啓雄、棚瀬勝次、森脇貴大、小高達也、魚桐誢《オ・ドンヒョン》、山田直義、福田信之、平井丈雅、安藤恒弘、新関光一、木村元彦、趙靖芳、谷口正人、手島裕明、吉田有里（以上、敬称略）

この本は原稿用紙七〇〇枚を超える、ぼくにとっては最長の作品となった。取材交渉、録音起こし、厖大な資料検索の手伝いはもちろん、どのようにプロレスという不思議で魅力的な世界を書けばいいのか、議論し、共に考えてくれた担当編集者の中込勇気君がいなければ、最後まで書ききることはできなかったろう。

そして、何より長州力さんには、いつも真摯な態度で向き合ってもらった。プロレス、そして長州さんの魅力が少しでも多くの方に伝わることを願って、筆を置きたい。

二〇一五年七月吉日

田崎健太

撮影　　　関根虎洸（化粧トビラ、449Ｐ）

写真提供　原悦生（カバー裏、表紙、115Ｐ、171Ｐ、227Ｐ、257Ｐ、287Ｐ、319Ｐ、351Ｐ、379Ｐ、411Ｐ）
東京スポーツ新聞社（カバー表、73Ｐ、143Ｐ）

資料提供　在日本大韓体育会（35Ｐ）
大塚直樹（201Ｐ）

本書は書き下ろし作品です。

前田日明・編『真格闘技伝説』ピンポイント
藤原喜明『復刻 幻の藤原ノート――「ゴッチ教室」の神髄』講談社
『U.W.F. 伝説』(宝島 SUGOI 文庫)
『プロレス 罪と罰』(宝島 SUGOI 文庫)
塩澤幸登『U.W.F. 戦史』河出書房新社
宮戸優光『U.W.F.最強の真実』講談社+α文庫
鈴木健『最強のプロレス団体UWFインターの真実〜夢と1億円〜』エンターブレイン
安生洋二『安生洋二　200%の真実』市屋苑
高山文彦『愚か者の伝説―大仁田厚という男』講談社
荒井昌一『倒産!FMW―カリスマ・インディー・プロレスはこうして潰滅した』徳間書店
永島勝司『背広レスラー』メディアファクトリー
永島勝司『地獄のアングル プロレスのどん底を味わった男の告白』イーストプレス
永島勝司『プロレス界最強仕掛人 永島オヤジの まぁだま〜って読んでみてよ』晋遊舎
上井文彦『「ゼロ年代」狂想のプロレス暗黒期』辰巳出版
草間政一『A級戦犯　新日本プロレス崩壊の真実』宝島社
別冊宝島『プロレス下流地帯』 宝島社
マイケル・R. ボール 著、山田奈緒子、江夏健一訳『プロレス社会学―アメリカの大衆文化と儀礼ドラマ』同文舘出版
井田真木子『プロレス少女伝説』文春文庫

「東京スポーツ」
韓国「日刊スポーツ」一九七二年四月二三日付、二四日付
「読売新聞」一九七二年九月四日付
「朝日新聞」一九七二年九月六日付

『ビッグレスラー』一九八三年一月号　立風書房
『月刊プロレス』一九八三年一月号　ベースボール・マガジン社
『ゴング』一九八三年一月号　日本スポーツ出版社
『週刊プロレス』ベースボール・マガジン社
『週刊ゴング』日本スポーツ出版社
『燃えろ!新日本プロレス　DVDでよみがえる名勝負コレクション』集英社
『Gスピリッツ』辰巳出版

『在日本大韓体育会 60 年史 1953 〜 2012』在日本大韓体育会

◉参考文献

辻義就『反骨イズム　長州力の光と影』アミューズブックス
長州力、金沢克彦『力説　長州力という男』エンターブレイン
藤波辰爾、長州力『名勝負数え唄　俺たちの昭和プロレス』アスキー新書
長州力『全面戦争だプロレス―長州力の一人一殺』ワニブックス
長州力『革命戦士長州力俺の心の叫びを聞いてくれ !!』都市と生活社
城内康伸『猛牛と呼ばれた男「東声会」町井久之の戦後史』新潮文庫
大島裕史『魂の相克　在日スポーツ英雄列伝』講談社
柳澤健『日本レスリングの物語』岩波書店
柳澤健『完本 1976 年のアントニオ猪木 』文春文庫
柳澤健『1964 年のジャイアント馬場』双葉社
猪木寛至『猪木寛至自伝』新潮社
新間寿、竹内宏介、桜井康雄『リングの目激者』都市と生活者
新間寿『さらばアントニオ猪木』ベストブック
新間寿『アントニオ猪木の伏魔殿ー誰も書けなかったカリスマ「闇素顔」』徳間書店
週刊プロレスムック『やっちゃるけん！一人間・坂口征二全仕事とプロレス史断章』ベースボール・マガジン社
遠藤幸吉『プロレス 30 年初めて言います　壮絶な男のドラマの味わい方』文化創作出版
ルー・テーズ著、流智美訳『鉄人ルー・テーズ自伝』講談社＋α文庫
流智美『詳説　新日イズム　闘魂の遺伝子がここにある！』集英社
森達也『悪役レスラーは笑う』岩波新書
山本小鉄『いちばん強いのは誰だ』 講談社＋α文庫
藤波辰爾『藤波辰爾自伝　未完のレジェンド』草思社
佐山聡『ケーフェイ』ナユタ出版会
佐山聡『佐山聡のシューティング入門』講談社
佐山聡『ブレイブ・オン・ハート』ビジネス社
ミスター高橋『流血の魔術　最強の演技―すべてのプロレスはショーである』講談社＋α文庫
松浪健四郎『長州力・野獣宣言』 芙蓉書房出版
『長州力、キラーカーン―反乱の戦士』都市と生活社
マサ斎藤『プロレス「監獄固め」血風録　アメリカを制覇した大和魂』講談社
ザ・グレート・カブキ『〝東洋の神秘〟ザ・グレート・カブキ自伝』辰巳出版
上田馬之助　トシ倉森『金狼の遺言―完全版―』辰巳出版
馳浩『黒幕』きこ書房
佐々木健介『光を掴め！―佐々木健介自叙伝』メディアワークス
『佐々木健介引退記念号―さらば愛しきプロレス』ベースボール・マガジン社

田崎健太　たざき けんた

1968年3月13日、京都市生まれ。ノンフィクション作家。早稲田大学法学部卒業後、小学館に入社。『週刊ポスト』編集部などを経て、1999年末に退社。著書に『CUBA ユーウツな楽園』(アミューズブックス)、『此処ではない何処かへ―広山望の挑戦』(幻冬舎)、『ジーコジャパン　11のブラジル流方程式』(講談社+α文庫)、『W杯ビジネス30年戦争』(新潮社)、『楽天が巨人に勝つ日－スポーツビジネス下克上－』(学研新書)、『W杯に群がる男たち―巨大サッカービジネスの闇』(新潮文庫)、『辺境遊記』(絵･下田昌克　英治出版)、『偶然完全　勝新太郎伝』(講談社)、『維新漂流　中田宏は何を見たのか』(集英社インターナショナル)、『ザ・キングファーザー』(カンゼン)、『球童　伊良部秀輝伝』(講談社)などがある。

早稲田大学スポーツ産業研究所招聘研究員。

http://www.liberdade.com/

真説《しんせつ》・長州力《ちょうしゅうりき》　1951《いちきゅうごいち》-2015《にぜろいちご》

2015年7月29日　第1刷発行
2015年8月16日　第2刷発行

著　者　田崎健太《たざきけんた》
発行者　館 孝太郎
発行所　株式会社　集英社インターナショナル
〒101-0064　東京都千代田区猿楽町1-5-18
電話　03-5211-2632
発売所　株式会社　集英社
〒101-8050　東京都千代田区一ツ橋2-5-10
読者係 03-3230-6080／販売部 03-3230-6393（書店専用）
プリプレス　株式会社昭和ブライト
印刷所　株式会社美松堂
製本所　ナショナル製本協同組合

ISBN 978-4-7976-7286-2　C0095

集英社インターナショナルの本

争うは本意ならねど

木村元彦・著

世界が注目したドーピング裁判の真実が、いま明かされる！
一通の手紙が、我那覇のもとに届いた……。彼は、なぜ立ち上がったのか？

四六判
本体1、500円
ISBN978-4-7976-7201-5

集英社インターナショナルの本

ブルネイでバドミントンばかりしていたら、なぜか王様と知り合いになった。

大河内 博・著

バドミントンが国技のブルネイで、外交官がラケット片手に武者修行。
世界一の金持ち王国、ブルネイの素顔に迫る！

四六判
本体1、600円
ISBN978-4-7976-7262-6

集英社インターナショナルの本

ウサイン・ボルト自伝

ウサイン・ボルト・著　生島淳・訳

陸上100メートル世界記録保持者「ライトニング・ボルト」初の自伝。
人類最速の男が波乱に満ちた半生を赤裸々に綴る。

四六判
本体2、300円
ISBN978-4-7976-7277-0